国家社科基金
GUOJIA SHEKE JIJIN HOUQI ZIZHU XIANGMU
后期资助项目

U1068645

马克思法哲学思想研究：基于劳动哲学视阈

Research on Marxist Philosophy of Law:
From the Perspective of Labor Philosophy

黄云明 著

科学出版社
北京

内 容 简 介

本书力图以“回到原生态”马克思哲学为研究方法，呈现马克思基于劳动哲学的法哲学思想体系，重新诠释马克思关于法律起源和发展演化规律、法律本质、法律社会功能、法律价值及法律正当性等重要问题的法哲学思想。

本书可供马克思主义理论、法学等专业研究者阅读，也可供对马克思法哲学思想感兴趣的读者参阅。

图书在版编目（CIP）数据

马克思法哲学思想研究：基于劳动哲学视阈 / 黄云明著. —北京：科学出版社，2024.3

ISBN 978-7-03-078137-6

Ⅰ. ①马… Ⅱ. ①黄… Ⅲ. ①马克思主义-法哲学-研究 ②马克思主义-劳动哲学-研究 Ⅳ. ①A811.64 ②C970.2

中国国家版本馆 CIP 数据核字（2024）第 042455 号

责任编辑：刘英红 夏水云 / 责任校对：贾娜娜
责任印制：师艳茹 / 封面设计：无极书装

科学出版社 出版
北京东黄城根北街 16 号
邮政编码：100717
http://www.sciencep.com
北京中科印刷有限公司印刷
科学出版社发行 各地新华书店经销
*
2024 年 3 月第 一 版 开本：720×1000 1/16
2024 年 3 月第一次印刷 印张：15 3/4
字数：283 000

定价：148.00 元

（如有印装质量问题，我社负责调换）

国家社科基金后期资助项目
出版说明

后期资助项目是国家社科基金设立的一类重要项目，旨在鼓励广大社科研究者潜心治学，支持基础研究多出优秀成果。它是经过严格评审，从接近完成的科研成果中遴选立项的。为扩大后期资助项目的影响，更好地推动学术发展，促进成果转化，全国哲学社会科学工作办公室按照“统一设计、统一标识、统一版式、形成系列”的总体要求，组织出版国家社科基金后期资助项目成果。

全国哲学社会科学工作办公室

前　言

进入 21 世纪后，伴随中国特色社会主义建设取得举世瞩目的成就，20 世纪 80 年代末 90 年代初由于东欧剧变、苏联解体导致的全世界范围内对马克思主义的质疑乃至全面否定，受到根本冲击。曾经断言马克思主义错误的西方学者，如弗朗西斯·福山不得不站出来修正自己在《历史的终结及最后之人》中提出的关于人类意识形态斗争的历史终结于自由民主制的学术观点；同时，以英国学者特里·伊格尔顿（代表作《马克思为什么是对的》）为代表，诸多西方学者重新站在马克思主义立场上，进一步反思资本主义社会的种种弊端。中共十八大以后，中国特色社会主义进入新时代，马克思主义思想在中国更加深入人心，人民对马克思主义的信仰更加坚定。习近平总书记指出："马克思给我们留下的最有价值、最具影响力的精神财富，就是以他名字命名的科学理论——马克思主义。这一理论犹如壮丽的日出，照亮了人类探索历史规律和寻求自身解放的道路。"[①]深入研究马克思法哲学思想，深化马克思主义法哲学中国化，推进中国特色社会主义法治建设，已经成为中国社会的共识。

一、马克思法哲学和劳动哲学思想研究的基本情况

新中国成立 70 多年来，马克思法哲学思想研究取得了丰硕成果，建构了马克思法哲学的思想体系，但是受苏联哲学影响，我国马克思哲学的研究者一直将马克思哲学理解为物质本体论哲学，导致对马克思法哲学等其他应用哲学思想的理解也存在诸多偏差。改革开放以后，在"走近马克思"或"回到原生态马克思主义哲学"等观念的指导下，马克思哲学作为一个由劳动本体论、劳动辩证法、劳动历史观和劳动人道主义价值观构成的劳动哲学体系的原生态面目，逐渐被揭开面纱，呈现在世人面前。但是这样的研究成果目前尚局限于马克思经济哲学、劳动哲学研究中，尚未深入马克思法哲学、政治哲学等其他应用哲学思想研究，不能不说是巨大的遗憾。在马克思劳动哲学视阈中梳理其法哲学等其他应用哲学思想迫在眉睫。

① 习近平：《在纪念马克思诞辰 200 周年大会上的讲话》，《人民日报》2018 年 5 月 5 日，第 2 版。

（一）国内关于马克思法律思想和劳动哲学思想的研究

1. 国内关于马克思法律思想的研究

新中国成立后，马克思主义法学研究在中国的发展大致可划分为以下三个阶段。第一个阶段是从 1949 年到 1978 年，中国法学界开始对马克思法律思想进行全面研究，基本上建构了系统的马克思主义法律思想体系。第二个阶段是从 1978 年到 2012 年，法学界对马克思法律思想史的研究更加深入，主要有李光灿和吕世伦[①]、付子堂[②]、马朱炎等[③]组织编纂了更加系统全面的马克思主义法律思想史；黎国智[④]等学者对马克思主义关于法律思想的经典著作文本进行了深入研究；张波[⑤]、毛信庄[⑥]等学者结合法治中国建设专门研究了马克思恩格斯法律思想的中国化问题。相较于对西方法学的研究，马克思主义法学作为中国特色社会主义法治建设的指导思想，其研究没有得到应有的重视。但较之第一个阶段，马克思法律思想还是得到了相应的重视，产生了一批代表性成果，公丕祥[⑦]、杜万华[⑧]等学者对马克思个人的法哲学思想进行了系统研究；迟方旭[⑨]、蔡宝刚[⑩]等学者对马克思的私法思想、环境法思想、法律的反作用等具体法律思想进行了深入研究。第三个阶段则是从 2012 年至今，中共十八大以后，特别是十八届四中全会以后，伴随法治中国进程的加快，马克思法哲学思想的研究更加全面深入，蒋传光[⑪]、武建敏[⑫]、程凯[⑬]、刘日明[⑭]、马东景[⑮]等学者结合中国社会主义法治实践对马克思的法哲学思想进行了系统研

---

① 李光灿、吕世伦：《马克思恩格斯法律思想史》，北京：法律出版社，1991 年。

② 付子堂：《文本与实践之间：马克思主义法律思想中国化问题研究》，北京：法律出版社，2009 年。

③ 马朱炎、邵诚、葛洪义：《马克思恩格斯法律思想述要》，北京：中国政法大学出版社，1992 年。

④ 黎国智：《马克思主义法学论著导读》，北京：中国政法大学出版社，1993 年。

⑤ 张波：《马克思主义法律思想中国化路径研究》，北京：人民出版社，2011 年。

⑥ 毛信庄：《〈资本论〉法律思想研究》，上海：上海三联书店，1992 年。

⑦ 公丕祥：《马克思法哲学思想述论》，郑州：河南人民出版社，1992 年。

⑧ 杜万华：《马克思法哲学与法律社会学理论研究》，北京：法律出版社，2003 年。

⑨ 迟方旭：《〈马克思恩格斯文集〉私法思想考论》，北京：中国社会科学出版社，2011 年。

⑩ 蔡宝刚：《经济现象的法律逻辑：马克思法律反作用思想研究》，哈尔滨：黑龙江人民出版社，2003 年。

⑪ 蒋传光：《马克思主义法律思想中国化理论与实践研究》，北京：中国法制出版社，2013 年。

⑫ 武建敏：《实践法哲学：理论与方法》，北京：中国检察出版社，2015 年。

⑬ 程凯：《社会转型期的纠纷解决研究：基于马克思主义法律思想中国化的研究视角》，广州：广东人民出版社，2017 年。

⑭ 刘日明：《马克思法哲学理论的当代意义》，上海：同济大学出版社，2016 年。

⑮ 马东景：《马克思法哲学思想研究》，南宁：广西人民出版社，2018 年。

究；樊晓磊[①]从占有、劳动和分配的视角研究了马克思的权利思想；司春燕[②]、房香荣[③]等学者对马克思的法律正义思想、马克思的行政法思想等具体法律思想进行了深入研究。

70多年来，马克思法哲学研究坚持了马克思主义唯物史观和辩证法，同时也借鉴了社会学、历史学甚至实证主义等研究方法，注重理论与实践相结合，将马克思主义法哲学中国化，成果丰硕，对解决中国特色社会主义法治建设中的实际问题也产生了实际的指导作用。但是对马克思法哲学思想的研究存在明显的物质本体论倾向，致使对马克思法哲学思想的研究存在诸多偏差，从劳动哲学视阈研究马克思法哲学的很少；研究具体部门法学的学者借鉴西方人文法学，片面强调法律保障公民权利，致使马克思主义法律价值观念未能在法治建设中全面彻底贯彻，同时，对马克思法律思想的研究，过分突出法律的工具合理性，对法律的价值合理性则没有给予足够重视。

2. 国内关于马克思劳动哲学思想的研究

马克思法哲学研究是其劳动哲学体系的组成部分。只有在准确把握马克思哲学核心思想的前提下，才能准确理解马克思法哲学思想。也就是说，要准确把握马克思法哲学思想就必须将其纳入劳动哲学体系中去理解。马克思扬弃了近代资产阶级思想家斯密、洛克对劳动问题的哲学研究，是第一个系统阐释劳动问题的哲学家，也是第一个以劳动为本体概念构建哲学体系的哲学家。改革开放以后，马克思主义哲学学者以“回到原生态”为方法论，深入马克思经济学文献，还原了马克思劳动哲学的本来面目。宫敬才[④]、张雄[⑤]、刘永佶[⑥]、王江松[⑦]等学者都认为马克思哲学是一个劳动哲学体系。马克思劳动哲学的研究拓宽了马克思哲学研究的视野，修正了《联共（布）党史》第四章第二节所包含的马克思主义哲学的偏差，还原了马克思哲学的本来面目。夏一璞对中国特色社会主义劳动观特别是对习近平新时代中国特色社会主义思想中的劳动观进行了系统研究。[⑧]

学者们不仅关注了马克思劳动哲学的总体性研究，而且对马克思劳动

---

① 樊晓磊：《马克思权利思想研究：以占有、劳动、分配为视角》，北京：法律出版社，2014年。
② 司春燕：《马克思恩格斯法正义观研究》，北京：人民出版社，2014年。
③ 房香荣：《行政法学视角的马克思法哲学研究》，北京：人民出版社，2018年。
④ 宫敬才：《马克思经济哲学研究》，北京：人民出版社，2014年。
⑤ 张雄：《经济哲学：从历史哲学向经济哲学的跨越》，昆明：云南人民出版社，2002年。
⑥ 刘永佶：《劳动主义》，北京：中国经济出版社，2011年。
⑦ 王江松：《劳动哲学》，北京：人民出版社，2012年。
⑧ 夏一璞：《中国特色社会主义劳动观研究》，北京：首都经济贸易大学出版社，2017年。

哲学中的具体问题，如劳动伦理、劳动幸福和体面劳动问题等进行了深入研究。1989 年王昕杰、乔法容出版了《劳动伦理学》，为我国劳动伦理学的发展奠定了基础。进入 21 世纪以后，体面劳动研究成为学界关注热点。贺汉魂较为全面系统地研究了马克思的劳动伦理思想，并以此为指导多方面分析了当下中国社会体面劳动的具体问题。[①]夏明月则从劳动伦理的角度研究了和谐劳动关系对和谐社会建设的影响。[②]自 2016 年始，由上海师范大学主办的全国“劳动人权马克思主义论坛”已经举办了 8 届。该论坛召集全国多学科劳动问题的研究者对马克思劳动哲学和中国现实劳动问题展开深入研讨。何云峰主编的会议论文集《劳动哲学研究》也已经出版到第 8 辑，该论文集全面反映了会议研讨成果。

（二）国外相关研究的学术史梳理及研究动态

1. 国外关于马克思法哲学思想的研究

国外马克思法律思想研究异彩纷呈，出现了自由主义、保守主义、实证主义、存在主义和结构主义等多个流派。英国学者伯尔基的《马克思主义的起源》是自由主义的代表作，美国学者施特劳斯、克罗波西合著的《政治哲学史》和阿伦特的《马克思与西方政治思想传统》是保守主义的代表作，法国学者雷蒙·阿隆的《想象的马克思主义》和阿尔都塞的《保卫马克思》、英国学者莱姆克的《马克思与福柯》是存在主义和结构主义的代表作，奥地利学者卡尔·伦纳的《私法的制度及其社会功能》、凯尔森的《共产主义的法律理论》是分析马克思主义的代表作，英国学者保罗·菲利普斯的《马克思恩格斯论法和法律》是新马克思主义法学的代表作。另外，德国法兰克福学派奥托·柯切恩海姆和哈贝马斯的马克思法律思想研究也产生了很大影响。苏联法学家帕舒卡尼斯的《法的一般理论与马克思主义》对马克思法哲学的研究也令人瞩目。美国著名法学家哈罗德·伯尔曼的马克思主义法学和苏联社会主义法制研究也取得了突出成绩。日本学者创立了具有日本特色的马克思主义法学理论，以广松涉的《文献学语境中的〈德意志意识形态〉》为代表。

国外马克思法律思想的研究视野广，不局限于法学视阈，而是从政治学、哲学、社会学和经济学多角度展开，研究方法新颖，并运用了结构主义、实证主义、分析哲学等多种现代研究方法。但是国外马克思法学思想

① 贺汉魂：《回到马克思、培育和谐美：马克思劳动伦理思想现代解码》，北京：光明日报出版社，2016 年。

② 夏明月：《劳动伦理研究：和谐劳动关系与和谐社会构建》，北京：人民出版社，2012 年。

的研究者都不能真正理解马克思劳动辩证法思想的重要性，甚至从根本上否认马克思劳动辩证法的意义，所以不能正确理解马克思法律思想。

2. 国外关于马克思劳动思想的研究

西方哲学家对马克思劳动哲学有全面深入的研究，主要代表性成果有卢卡奇的《历史与阶级意识》、阿伦特的《人的境况》、哈贝马斯的《作为"意识形态"的技术与科学》和《现代性的哲学话语》、鲍德里亚的《生产之镜》、马尔库塞的《单向度的人》等。西方哲学家对马克思劳动理论的研究具有以下特点：其一，充分认识到了劳动范畴在马克思思想体系中的地位；其二，重视运用现代哲学研究方法，特别是分析哲学的方法研究马克思劳动理论；其三，运用马克思劳动异化理论，批判资本主义社会的经济和政治制度；其四，在批判资本主义的过程中，对马克思关于正义、平等、权利、义务等法律价值观念进行了深入诠释。西方现代哲学家分析哲学的研究方法具有重要的理论价值，但是他们的研究视角和研究方法存在相当大的局限性，对马克思哲学的把握缺乏整体宏观性，对马克思劳动哲学的核心观点的认识也存在很大偏见。

二、马克思劳动哲学视阈中法哲学思想研究的主要方法

本书首先遵循"回到原生态"的研究方法，通过对马克思文本的梳理呈现马克思哲学和法哲学思想的原生态面目；其次，坚持逻辑与历史相统一的方法，在解读马克思的文本时将马克思的思想置于当时社会历史和文化的具体环境中去理解，同时，把马克思关于某个法哲学问题的理解与其总体方法论原则相结合；再次，坚持事实分析与价值分析相结合的方法，以分析马克思的法哲学思想；从次，以比较分析法，来分析比较马克思对不同民族文化传统和不同历史类型法律文化的差异的理解，剖析马克思的法哲学思想；最后，坚持"照着讲"与"接着讲"相结合的方法，既要"照着讲"，回归原生态的马克思哲学，又要"接着讲"，在尊重原典的基础上，依据马克思法哲学的基本精神，对马克思不曾论及的问题，做出合乎理性逻辑的推论。

（一）"回到原生态"的研究方法

改革开放之前，我国马克思主义哲学研究受苏联哲学的影响，而苏联哲学家在概括总结马克思哲学思想的时候，马克思的哲学著作尚未完全传到苏联，因此未能准确呈现马克思哲学的全貌。改革开放以后，我国马克思主义哲学研究者在"走进马克思"或者"回到原生态马克思主义哲学"

观念的指导下，依据马克思的文献，将马克思哲学概括为由劳动本体论、劳动辩证法、劳动历史观和劳动人道主义价值观构成的劳动哲学体系，试图呈现原生态马克思哲学的本来面目。“回到原生态”研究范式的要旨如下：“第一，阅读马克思文献时要顾及文献产生的社会历史背景和学术背景”；“第二，阅读马克思文献时要顾及宏观和微观的学术语境，舍此而逐他，准确和全面的理解难以做到”；“第三，阅读马克思文献时要顾及马克思的理论诉求”；“第四，阅读马克思文献时要呼应我们时代的理论诉求”[①]。本书研究继续遵循“回到原生态马克思主义哲学”的理念，依据马克思的文献来梳理马克思法哲学思想体系，将马克思法哲学纳入其整体哲学体系，并在马克思劳动哲学视阈中阐释马克思的具体法律思想，以呈现一个原生态的马克思法哲学思想体系即基于劳动哲学的法哲学思想体系。将法律纳入人类物质生产劳动实践发展的历史中去把握，是马克思法哲学思想的突出特色，是马克思超越传统唯物主义和唯心主义法哲学的革命。

（二）逻辑与历史相统一的方法

逻辑与历史相统一是马克思劳动辩证法的思维原则。本书遵循马克思劳动哲学方法论来研究马克思的法哲学思想。恩格斯认为马克思批判政治经济学的方法就是坚持逻辑与历史的统一，政治经济学的文献提供了批判所能遵循的自然线索，而“经济范畴出现的顺序同它们在逻辑发展中的顺序也是一样的”[②]，因此分析批判应该按照历史的顺序进行。但是完全按照历史的顺序，又会被许多无关紧要的材料干扰，而打断思想进程。“因此，逻辑的方式是唯一适用的方式。但是，实际上这种方式无非是历史的方式，不过摆脱了历史的形式以及起扰乱作用的偶然性而已。历史从哪里开始，思想进程也应当从哪里开始，而思想进程的进一步发展不过是历史过程在抽象的、理论上前后一贯的形式上的反映；这种反映是经过修正的，然而是按照现实的历史过程本身的规律修正的，这时，每一个要素可以在它完全成熟而具有典型性的发展点上加以考察。”[③]逻辑与历史相统一的方法也是马克思法哲学研究不可或缺的。该方法的运用要求做到以下几点。

第一，要遵循马克思哲学思想本身发展的脉络，梳理马克思法哲学思想形成和发展的历史，并结合马克思法哲学思想形成和发展的历史来把握

---

① 宫敬才：《重建马克思经济哲学传统》，北京：人民出版社，2018年，第4页。
② 《马克思恩格斯文集》第2卷，北京：人民出版社，2009年，第603页。
③ 《马克思恩格斯文集》第2卷，北京：人民出版社，2009年，第603页。

马克思法哲学思想的内在逻辑。马克思集中讨论法哲学问题的文献不是很多，马克思的法哲学思想分散在马克思经济学、政治学等各种文献中，研究马克思法哲学思想首先要将分散在各种文献中的法律思想抽绎出来，在这些具体法律思想中，寻找马克思关于法律一般规律的认识，再进一步寻找马克思关于法律发展规律的内在逻辑，最后形成马克思法哲学的逻辑体系。

第二，结合马克思法哲学思想产生的历史背景理解马克思的每一个法哲学思想，既要认识到马克思法哲学思想的具体时代内涵，也要超越具体历史局限，结合马克思法哲学思想的整体逻辑阐释马克思的具体法哲学思想，在抽象与具体的统一中把握马克思法哲学思想。

第三，结合人类法律思想发展史特别是西方社会法律思想发展史阐释马克思法哲学思想，充分阐发马克思法哲学在人类法律思想发展史上的独特地位，说明马克思法哲学的革命作用，也充分重视马克思对西方法律思想的继承和发扬，特别是马克思法哲学与西方资产阶级法学思想的批判继承关系。在法律思想发展史中探寻法律发展变化的内在逻辑。

第四，注重逻辑与历史的差异性。马克思认为逻辑与历史的关系是辩证的。逻辑与历史的统一不是逻辑顺序和历史次序的完全契合。马克思说："因此，把经济范畴按它们在历史上起决定作用的先后次序来排列是不行的，错误的。它们的次序倒是由它们在现代资产阶级社会中的相互关系决定的，这种关系同表现出来的它们的自然次序或者符合历史发展的次序恰好相反。问题不在于各种经济关系在不同社会形式的相继更替的序列中在历史上占有什么地位。更不在于它们在'观念上'（蒲鲁东）（在关于历史运动的一个模糊的表象中）的顺序。而在于它们在现代资产阶级社会内部的结构。"[①]逻辑考察注重的是更多地揭示事物发达形态的内部结构，排除事物发展中起扰乱作用的偶然性因素。因此，在马克思法哲学思想发展史的考察中，要辩证处理马克思就具体历史事件的就事论事与马克思法哲学总体发展逻辑之间的关系。在西方法律思想发展史中考察马克思法哲学思想，要辩证分析马克思法哲学思想与整个法律思想发展史的一脉相承，以及与马克思法哲学思想革命的辩证关系。

（三）事实分析与价值分析相结合的方法

马克思的劳动哲学强调把握世界既要尊重世界的客观必然性，也要发

① 《马克思恩格斯全集》第30卷，北京：人民出版社，1995年，第49页。

挥人的主观能动性。在社会实践中，人既不能完全被客观世界所左右，也不能任由主观意志率性胡为。要尊重客观必然性，就要遵循科学实证原则，强调主观认识是客观事物的反映；要发挥主观能动性，就要遵循人文价值原则，人的认识不只是对客观世界的简单摹写，所有认识都不能摆脱主观形式，而且认识世界的目的是改造世界，主观价值追求为改造世界提供价值导向。马克思的劳动哲学从社会实践出发把握世界，就是要突出事实分析与价值分析相结合；马克思劳动辩证法追求认识的确定性和灵活性的统一，确定性来自认识对客观必然性的遵循，灵活性来自认识彰显的主观价值追求。

劳动辩证法是马克思法哲学研究的方法论，事实分析与价值分析相结合的原则贯穿马克思法哲学思想始终。一方面，马克思强调要“把我们的全部叙述都建立在事实的基础上，并且竭力做到只是概括地说明这些事实”[①]，要“从世界的原理中为世界阐发新原理”[②]出发来研究社会法律，这意味着必须将法律置于人类物质生产劳动实践发展史中去认识。物质生产劳动实践是在一定客观环境基础上展开的。在一定的社会历史时期，劳动工具的水平是客观的，对劳动对象的开发利用水平也是客观的，它们综合体现物质生产劳动实践的水平。物质生产劳动实践的水平决定人们在物质生产劳动实践中的相互关系。法律是协调社会关系的文化，因此，立法、司法和执法都必须尊重现实社会生活中人们的相互关系，物质生产劳动实践的水平是法律的客观物质基础。法律不只是主观意志的产物，确定了法律的客观基础，法学就成了可以进行科学实证分析或者事实分析的社会科学。与之相较，近代以来资产阶级自然法学派的法学基础理论——社会契约论，由于以虚幻的自然状态为基础，变得荒诞离奇。从物质生产劳动实践出发把握法律，避免了资产阶级法学的唯心主义倾向。另一方面，马克思从人类物质生产劳动实践出发考察法律，强调法律在其本质上也是社会实践活动的方式，阶级社会的法律实践体现统治阶级的价值取向，是国家意识形态的组成部分。法律既是社会物质生产劳动实践的反映，也是国家意识形态的反映。

事实分析与价值分析相结合的原则是贯穿马克思法哲学思想的思维原则，也是我们研究马克思法哲学必须遵循的原则。在马克思法哲学研究中，必须避免两种错误倾向，一种是将马克思唯物史观实证主义化，忽视

---

① 《马克思恩格斯全集》第1卷，北京：人民出版社，1995年，第371页。

② 《马克思恩格斯全集》第47卷，北京：人民出版社，2004年，第66页。

马克思法哲学的人文追求，另一种则是突出马克思法哲学的人文追求，否认马克思法哲学的科学化。

（四）比较分析法

比较分析法是马克思劳动辩证法的具体应用，是通过对不同事物或同一事物不同时空内性质的对比，发现不同事物或同一事物不同时空内性质的共同性和差异性，是进一步准确把握事物性质的重要方法。在法哲学研究中，不论是事实认识还是价值评价，比较分析法都是不可或缺的研究方法，其主要对以下两点进行对比分析。

首先，要对比分析不同民族文化传统中的法律文化。法律是社会生活中物质生产劳动实践的反映。不同民族的物质生产劳动实践具有很大差别，他们在不同的物质生产劳动实践基础上，形成了不同的社会关系和生活方式。因此，法律文化也具有重大差异。马克思非常重视对不同民族法律文化差异的研究，在《黑格尔法哲学批判》中曾经对罗马私法与德国法律的差异进行了深入的对比分析。马克思主义法学理论是中国特色社会主义法治建设的指导思想，研究马克思法哲学要运用马克思法哲学思想分析中国特色社会主义法治建设中面临的实际问题。在这个过程中，必须对比分析马克思法哲学思想产生的社会背景与当下社会的差异，以此为前提探讨马克思法哲学的中国化。

其次，要对比分析不同历史类型法律文化传统的差异。在人类历史长河中，诸多民族依据自身社会生活的特殊性创造了不同的法律文化传统。马克思通过对人类法律发展史的研究，概括总结了基于不同物质生产劳动实践形成的法律传统，依据不同的法律传统对法律文化类型进行了合理分类。对比分析不同历史类型的法律文化的共性和个性，有利于分析不同法律传统的优劣，中国特色社会主义法治建设应该继承和发扬各民族法律文化的精华，抵制各种落后和腐朽思想的影响。

（五）“照着讲”与“接着讲”相结合的方法

本书遵循“回到原生态”的研究方法，力求呈现原生态的马克思法哲学思想体系，即“照着讲”。“照着讲”不仅要通过对马克思相关文献的研究来阐发原生态马克思法哲学思想，而且要深刻体会马克思法哲学的根本精神，反对本本主义和教条主义的寻章摘句、咬文嚼字。在尊重原典的基础上，依据马克思法哲学的基本精神，对马克思不曾论及的问题，做出合乎理性逻辑的推论，则是所谓“接着讲”。美国学者佩弗将这种研究称为“理性的重建”，他说：“我同意艾伦 · W. 伍德的主张，只有将下列三者区分开来才是一种‘负责任的解释实践’：（1）文本事实，（2）能够基于文本之上的阐释，（3）与文本相符合的思维上的延伸，尽管——如伍德所说——‘这种区分通常没有明显的界限’。我将把符合第三种情形的例子称为‘理性的重建’，从而从总体上将其与第二种情形区分开来。”[①]马克思法哲学思想中国化，用马克思法哲学思想的根本精神分析认识中国特色社会主义法治建设中的实际问题，与呈现原生态马克思法哲学具有同样重要的意义。

三、马克思劳动哲学视阈中法哲学思想研究的重要意义

（一）本书研究的理论价值

本书在“回到原生态马克思主义哲学”的基础上，呈现马克思建构在劳动哲学基础上的原生态的马克思法哲学体系。

以往我国马克思法哲学研究，基于《联共（布）党史》第四章第二节阐发的马克思主义哲学体系，将马克思哲学阐发为物质本体论哲学，致使对马克思法哲学诸多观点的阐发不能与传统唯物主义哲学从根本上区别开来。例如，不是在主体与客体、主观与客观的对立统一中把握法的本体、法的价值等法哲学的主要问题，把法的本体和法的价值都理解为客观的甚至是物质性的，把法律的本质理解为统治阶级的意志，把法的社会功能主要理解为维护社会和谐稳定，等等。本书则是奉行“回到原生态马克思主义哲学”的理念，将马克思哲学阐发为以劳动本体论、劳动辩证法、劳动历史观和劳动人道主义价值观构成的劳动哲学体系，突破将马克思哲学定位为物质本体论和客观辩证法哲学的局限，突出马克思劳动本体论、劳动辩证法在物质生产劳动实践即劳动中把握世界的根本特点，彰显马克思哲学在人类哲学史中的革命性，还原马克思从物质生产劳动实践出发把握人类社会每一个法律现象的法哲学思想体系，呈现马克思基于劳动哲学的法哲学体系，梳理马克思从物质生产劳动实践出发阐发的关于法律起源、法律发展的基本规律、法律的本质、法律的社会功能等法哲学的基本理论，呈现原生态系统的马克思主义法哲学。在马克思劳动哲学视阈中，马克思从物质生产劳动实践出发把握社会法律现象，强调在主客体的对立统一中把握法的本体和法的价值。法律既是统治阶级意志的体现，也是维护人民

① 〔美〕佩弗：《马克思主义、道德与社会正义》，吕梁山、李旸、周洪军译，北京：高等教育出版社，2010年，第2页。

自由的圣经；法律既是维护社会和谐的机制，也是社会成员保护自我权益的手段。马克思的法律思想凸显了其历史与逻辑、事实与价值对立统一的劳动辩证法原则。

（二）本书研究的现实价值

马克思法哲学是中国特色社会主义法治建设的指导思想。在中国特色社会主义法治建设中贯彻马克思法哲学的指导有两项工作是不可或缺的：其一，是还原原生态的马克思法哲学思想体系，依据文本更加准确地阐发马克思法哲学的每一个思想观点，排除各种对马克思法哲学思想的误解和歪曲；其二，将马克思法哲学中国化，将马克思法哲学思想与中国优秀法律文化传统相结合，与中国特色社会主义法治实践相结合，以原生态马克思法哲学思想为指导，阐发中国特色社会主义法哲学的基本理论问题。只有还原原生态马克思法哲学思想体系，才能真正把握马克思法哲学的精神实质，才能做到马克思法哲学中国化，以中国化马克思主义法哲学正确引领中国传统法治文化的现代转型，同时借鉴西方法治文明精华，抵制腐朽的西方资产阶级法律文化的消极影响。正确处理马、中、西法哲学的相互关系是正确阐发中国特色社会主义法哲学的前提，而中国特色社会主义法哲学是现代法治中国的指南。

目　　录

第一章　马克思法哲学思想的劳动哲学

马克思在对德国封建法律制度的批判中，发现仅就法律来认识法律问题，不能真正解释法律问题的根本，法律现象背后有更深刻的社会根源。马克思说："1842—1843 年间，我作为《莱茵报》的编辑，第一次遇到要对所谓物质利益发表意见的难事。莱茵省议会关于林木盗窃和地产析分的讨论，当时的莱茵省总督冯·沙培尔先生就摩泽尔农民状况同《莱茵报》展开的官方论战，最后，关于自由贸易和保护关税的辩论，是促使我去研究经济问题的最初动因。"[①]马克思发现人们行为的动机主要是由物质利益决定的，而物质利益是由社会物质生产劳动实践决定的，进而他发现物质生产劳动实践在人的一切行为中是非常重要的，认识和把握所有社会现象都不能摆脱这个根本的出发点。由此出发，马克思确立了自己的世界观和方法论，构建了一个由劳动本体论、劳动辩证法、劳动历史观和劳动人道主义价值观构成的哲学体系，超越了以往唯心主义和唯物主义哲学的论争，实现了哲学革命。马克思的哲学革命就是在对社会历史现象的研究中实现的，这个哲学革命从根本上说是社会哲学的革命，而且法哲学研究是先导。马克思基于劳动哲学的法哲学思想体系不是一般的法学知识体系，而是研究法学和法律相关问题的世界观和方法论。

第一节　马克思法哲学思想的劳动本体论基础

一、哲学的本体概念和马克思哲学的本体概念

本体是哲学家认识世界和分析问题的基本概念和核心概念。哲学家会以自己的本体概念作为自己哲学的理论出发点，同时，也会把本体概念作为贯穿哲学体系始终的思维原则。马克思以前的哲学一直处于唯物主义物质本体论和唯心主义精神本体论的对立斗争中。马克思认为不论是以往的唯物主义物质本体论还是唯心主义精神本体论都不能真正解释世界，更不能完成哲学改造世界的使命。因为唯物主义的物质本体论只是把世界作为

---

① 《马克思恩格斯文集》第 2 卷，北京：人民出版社，2009 年，第 588 页。

感性的对象，他们眼中的世界是僵死的、缺乏能动性和灵活性的；唯心主义的精神本体论把世界作为人的主观意识的外化，在他们看来世界是能动的，却是主观随意的。不论是在唯物主义的物质本体论中还是在唯心主义的精神本体论中，主观与客观之间一直存在一个难以弥合的裂缝，因为以往的唯物主义哲学和唯心主义哲学都不知道沟通主体与客体、主观与客观的社会实践的意义。

马克思不是书斋里的哲学家，他不是想单纯地告诉人们世界是什么、人从哪里来、到哪里去。作为无产阶级革命家，马克思要做的是切实改善无产阶级的历史命运。他说："哲学家们只是用不同的方式解释世界，而问题在于改变世界。"①所以马克思把握世界既不同于以往的唯物主义哲学家，也不同于以往的唯心主义哲学家。马克思的理论出发点是人创造世界、改造世界，同时创造人类自我、丰富发展人类自我的社会实践活动。他的哲学不是要单纯地解释世界，而是要考察历史。所以，他把整个世界纳入人类社会发展史中去认识，特别是纳入人类物质生产劳动发展史中去认识。因为物质生产劳动是人类历史一切活动的前提。马克思认为："一切人类生存的第一个前提，也就是一切历史的第一个前提，这个前提是：人们为了能够'创造历史'，必须能够生活。但是为了生活，首先就需要吃喝住穿以及其他一些东西。因此第一个历史活动就是生产满足这些需要的资料，即生产物质生活本身，而且，这是人们从几千年前直到今天单是为了维持生活就必须每日每时从事的历史活动，是一切历史的基本条件。"②所以，社会实践是马克思哲学的本体概念，更准确地说物质生产实践即劳动是马克思哲学的本体概念，马克思哲学的本体论是劳动本体论。

二、马克思哲学的劳动本体论对以往唯物主义的超越

从物质生产劳动出发认识世界的马克思劳动哲学，超越了以往的唯物主义和唯心主义，客观世界和主观世界的裂缝在人的生产劳动实践中被弥合。马克思在《1844 年经济学哲学手稿》中谈到自己的哲学与以往哲学的关系时说："我们在这里看到，彻底的自然主义或人道主义，既不同于唯心主义，也不同于唯物主义，同时又是把这二者结合起来的真理。我们同时也看到，只有自然主义能够理解世界历史的行动。"③由此可见，马克思将自己的哲学称为实践的唯物主义，或者彻底的自然主义或者人本主义。也就是说实践

① 《马克思恩格斯文集》第 1 卷，北京：人民出版社，2009 年，第 506 页。
② 《马克思恩格斯文集》第 1 卷，北京：人民出版社，2009 年，第 531 页。
③ 《马克思恩格斯文集》第 1 卷，北京：人民出版社，2009 年，第 209 页。

的唯物主义就是彻底的自然主义也是彻底的人本主义，实践本体实现了彻底的自然主义和人本主义的统一。马克思说："在人类历史中即在人类社会的形成过程中生成的自然界，是人的现实的自然界；因此，通过工业——尽管以异化的形式——形成的自然界，是真正的、人本学的自然界。"①

与以往唯物主义哲学不同，在马克思劳动哲学中，世界不再是完全外在于人的客观世界，而是社会历史中的世界，是作为物质生产劳动对象的世界，是人的物质生产劳动创造的世界。马克思说："非对象性的存在物是非存在物。"②马克思劳动哲学不关注劳动对象之外的世界，而是把世界理解为劳动对象。劳动哲学要把世界置于人类历史中理解，"只有在社会中，自然界对人来说才是人与人联系的纽带，才是他为别人的存在和别人为他的存在，只有在社会中，自然界才是人自己的合乎人性的存在的基础，才是人的现实的生活要素。只有在社会中，人的自然的存在对他来说才是人的合乎人性的存在，并且自然界对他来说才成为人。因此，社会是人同自然界的完成了的本质的统一，是自然界的真正复活，是人的实现了的自然主义和自然界的实现了的人道主义"③。也就是说，在社会生活中，世界伴随人的物质生产劳动产生和发展变化。成为劳动对象，才成为属人的世界，世界才真正有了生机，有了能动性。世界不再是本来的世界，变成人创造的世界。本来的脱离人的社会实践的世界，是僵死的，只有人创造的世界、社会历史中的世界才具有能动性。马克思说："世界决不是某种开天辟地以来就直接存在的、始终如一的东西，而是工业和社会状况的产物，是历史的产物，是世世代代活动的结果，其中每一代都立足于前一代所奠定的基础上，继续发展前一代的工业和交往，并随着需要的改变而改变他们的社会制度。"④也就是说，作为物质生产劳动对象的世界才是现实的、真实的世界，脱离物质生产劳动的世界是虚无缥缈的，不可言说的。因此，马克思说："非对象性的存在物是一种非现实的、非感性的、只是思想上的即只是想象出来的存在物，是抽象的东西。"⑤

当然，这不意味着马克思不承认世界的客观性，不承认世界是先于人的、开天辟地就有的。关于世界的客观性、先在性，马克思说："这种活动、这种连续不断的感性劳动和创造、这种生产，正是整个现存的感性世

---

① 《马克思恩格斯文集》第1卷，北京：人民出版社，2009年，第193页。
② 《马克思恩格斯文集》第1卷，北京：人民出版社，2009年，第210页。
③ 《马克思恩格斯文集》第1卷，北京：人民出版社，2009年，第187页。
④ 《马克思恩格斯文集》第1卷，北京：人民出版社，2009年，第528页。
⑤ 《马克思恩格斯文集》第1卷，北京：人民出版社，2009年，第211页。

界的基础，它哪怕只中断一年，费尔巴哈就会看到，不仅在自然界将发生巨大的变化，而且整个人类世界以及他自己的直观能力，甚至他本身的存在也会很快就没有了。当然，在这种情况下，外部自然界的优先地位仍然会保持着，而整个这一点当然不适用于原始的、通过自然发生的途径产生的人们。但是，这种区别只有在人被看做是某种与自然界不同的东西时才有意义。此外，先于人类历史而存在的那个自然界，不是费尔巴哈生活于其中的自然界”，“因而对于费尔巴哈来说也是不存在的自然界”[①]。也就是说，马克思承认客观世界的优先性和先在性，但是他的劳动哲学不是像以往唯物主义哲学家那样从客观世界的先在性出发认识世界，而是将世界纳入物质生产劳动中来认识，把独立于人的社会实践的世界，当成非存在物。马克思说：“被抽象地理解的、自为的、被确定为与人分隔开来的自然界，对人来说也是无。”[②]也就是说，在劳动哲学中，不是说自然界不是客观存在的，而是说，对于人来说相当于无，不与人发生关系的那部分自然可以作为无来对待。

三、马克思哲学对唯心主义本体论的超越

在唯心主义哲学中，世界要么是人的主观意识的外化，要么是客观精神力量的创造物，总之，世界是精神的幻化，没有客观实在性。在马克思劳动哲学中，世界不是外在于人的世界，也不是没有客观实在性的世界。

马克思和恩格斯在《德意志意识形态》中不仅批判了费尔巴哈和以往一切唯物主义哲学，还对唯心主义哲学，特别是对德国青年黑格尔派的唯心主义哲学进行了深刻和尖锐的批判。在黑格尔那里，市民社会是国家和法律的产物，而不是市民社会产生了国家和法律。因此，黑格尔的国家观是颠倒的。青年黑格尔派的哲学家都没有走出黑格尔唯心主义的泥沼。在马克思劳动哲学看来，“受到迄今为止一切历史阶段的生产力制约同时又反过来制约生产力的交往形式，就是市民社会”，“市民社会是全部历史的真正发源地和舞台，可以看出过去那种轻视现实关系而局限于言过其实的重大政治历史事件的历史观是何等荒谬”[③]。“由此可见，一定的生产方式或一定的工业阶段始终是与一定的共同活动方式或一定的社会阶段联系着的，而这种共同活动方式本身就是‘生产力’；由此可见，人们所达到的生产力的总和决定着社会状况，因而，始终必须把‘人类的历史’同

---

① 《马克思恩格斯文集》第1卷，北京：人民出版社，2009年，第529—530页。

② 《马克思恩格斯文集》第1卷，北京：人民出版社，2009年，第220页。

③ 《马克思恩格斯文集》第1卷，北京：人民出版社，2009年，第540页。

工业和交换的历史联系起来研究和探讨。”[①]也就是说，马克思强调要把人类历史放到物质生产劳动的历史发展中去认识，物质生产劳动不是人的精神活动，而是人与自然进行物质交换的社会实际活动。这样的活动有客观物质基础，这个客观物质基础既是自然的，也包括以往社会历史创造的环境。青年黑格尔派哲学家写不出这样的历史，他们“不仅缺乏理解能力和材料，而且还缺乏‘感性确定性’”，“由此可见，人们之间一开始就有一种物质的联系。这种联系是由需要和生产方式决定的，它和人本身有同样长久的历史；这种联系不断采取新的形式，因而就表现为‘历史’，它不需要用任何政治的或宗教的呓语特意把人们维系在一起”[②]。唯心主义哲学家将世界看成主观精神的幻化或者客观精神的创造物，在他们的哲学中，历史就是精神逻辑的展开，历史因此失去了感性、确定性，变成了神秘莫测的、政治的或者宗教的呓语。

四、马克思劳动本体论对法哲学的影响

马克思的劳动哲学将物质生产劳动作为本体概念，在主体与客体的互动中把握世界，世界作为物质生产劳动对象既具有客观性也具有主观性，既具有能动性也具有确定性。基于劳动本体论，马克思强调对一切社会历史现象都要将其放在主体与客体的互动中去把握，放在物质生产劳动发展的历史中去把握；法律作为人的社会实践方式之一，既是主观的也是客观的，既是发展变化的，也有其确定性。

以往我国法学界受苏联《联共（布）党史》第四章第二节阐发的马克思主义哲学影响，将马克思哲学的本体论理解为物质本体论，将唯物史观理解为物质决定意识在社会历史领域的运用，将物质生产劳动决定法律的本质理解为物质决定精神，明显低估了法律在人类社会生活中的地位和作用，遮蔽了马克思法哲学的革命性，把马克思哲学和法哲学都降低到传统唯物主义哲学的水平。

第二节　马克思法哲学的劳动辩证法基础

一、作为社会实践发展规律的劳动辩证法

为了揭示人类社会历史发展的秘密，马克思发现只有把世界纳入人

① 《马克思恩格斯文集》第1卷，北京：人民出版社，2009年，第532—533页。
② 《马克思恩格斯文集》第1卷，北京：人民出版社，2009年，第533页。

类社会历史发展中去认识，哲学才能完成既要解释世界又要改造世界的使命，由此创立了劳动哲学，实现了哲学革命。马克思说："对社会主义的人来说，整个所谓世界历史不外是人通过人的劳动而诞生的过程，是自然界对人来说的生成过程，所以关于他通过自身而诞生、关于他的形成过程，他有直观的、无可辩驳的证明。"①恩格斯也说，他和马克思是"在劳动发展史中找到了理解全部社会史的锁钥的新派别"②。在开启历史哲学新进程的过程中，他们也开启了认识世界的新进程。从物质生产劳动出发认识世界，将劳动作为哲学的本体概念，推动了人们认识世界方法的革新。

马克思说："只要描绘出这个能动的生活过程，历史就不再像那些本身还是抽象的经验主义者所认为的那样，是一些僵死的事实的汇集，也不再像唯心主义者所认为的那样，是想象的主体的想象活动。"③从物质生产劳动出发认识世界，不仅人类社会历史不再是抽象材料的汇集，而且整个世界都不再是哲学家的臆想，也不是僵死事实的汇集，人们关于整个世界的认识都摆脱了僵死事实和主观臆想的命运，人类世界包括自然界都有了历史，有了生命，有了灵活性、能动性，同时，也具有客观性、物质性和确定性。因此，马克思既阐明了以往唯物主义哲学形而上学僵死、孤立看问题方式的根本原因，也阐明了唯心主义哲学的辩证法不是真正的辩证法的理由，还把握了作为人类认识、改造世界的根本活动即物质生产劳动的规律——实践辩证法或者说劳动辩证法——的本质。

以往经验唯物主义哲学不能从社会实践出发来认识社会、认识世界，所以，在他们那里不要说世界是僵死的、缺乏能动性的，就是历史也是一些僵死的材料的汇集。在唯心主义哲学中，世界只是主体的想象，这样的世界有能动性，却没有客观性、确定性，而对世界的把握必须在能动性与被动性、主观与客观的对立统一中进行。如果只是就哲学而论哲学，将哲学研究局限在理论层面，那么唯心主义和唯物主义的对立仍然不能解决，马克思说："理论的对立本身的解决，只有通过实践方式，只有借助于人的实践力量，才是可能的；因此，这种对立的解决绝对不只是认识的任务，而是现实生活的任务，而哲学未能解决这个任务，正是因为哲学把这仅仅看做理论的任务。"④所以，在主体与客体、主观与客观的对立统一中把

① 《马克思恩格斯文集》第1卷，北京：人民出版社，2009年，第196页。
② 《马克思恩格斯文集》第4卷，北京：人民出版社，2009年，第313页。
③ 《马克思恩格斯文集》第1卷，北京：人民出版社，2009年，第525—526页。
④ 《马克思恩格斯文集》第1卷，北京：人民出版社，2009年，第192页。

握世界是辩证法的本质，而主体与客体、主观与客观的对立统一是实践问题，而不是单纯的理论问题。辩证法的实质是实践的，只有从实践出发，才可能辩证地把握世界，辩证法就是人类社会实践的规律。匈牙利哲学家卢卡奇关于马克思辩证法的认识是这样的，“辩证法的决定性因素，即主体和客体的相互作用、理论和实践的统一，在作为范畴基础的现实中的历史变化是思想中的变化的根本原因等等，并不存在于我们对自然界的认识中”①；“自然是一个社会的范畴。这就是说，在社会发展的一定阶段上什么被看作是自然，这种自然同人的关系是怎样的，而且人对自然的阐明又是以何种形式进行的，因此自然按照形式和内容、范围和对象性应意味着什么，这一切始终都是受社会制约的”②。也就是说，马克思辩证法的根本性质就是从物质生产劳动出发认识世界和人类社会，就是在主体与客体的相互作用中把握世界和社会历史，就是要把自然世界纳入人类历史中来认识，特别是物质生产劳动的发展史中来认识。辩证法与纯自然无关，辩证法存在于人对自然的认识、改造活动中。所以，辩证法就其根本而言是人类社会实践的发展规律。

二、劳动辩证法对形而上学方法论的超越

劳动辩证法是人类社会实践的发展规律，因此，也只有从社会实践特别是从物质生产劳动出发，才能做到辩证地把握世界。辩证地把握世界的核心是在事物的矛盾即对立统一中把握世界。社会实践是主体与客体的对立统一，在社会历史发展中，主体与客体的对立统一表现为运动与静止、逻辑与历史、事实与价值的统一，认识任何社会现象都不能脱离运动与静止、逻辑与历史、事实与价值的统一，否则，那种认识必然是错误的，是与社会实际情况相脱节的。不论是只看到运动、历史和事实，还是只看到静止、逻辑和价值，都是对社会现象的片面认识，是形而上学的。马克思之前的哲学家对社会历史现象的把握存在根本性错误，就是因为他们不能从物质生产劳动出发认识社会历史，不能在主体与客体的对立统一中认识社会现象，不能在运动与静止、逻辑与历史、事实与价值的统一中辩证地把握社会现象。

---

① 〔匈〕卢卡奇：《历史与阶级意识》，杜章智、任立、燕宏远译，北京：商务印书馆，2017年，第48页。

② 〔匈〕卢卡奇：《历史与阶级意识》，杜章智、任立、燕宏远译，北京：商务印书馆，2017年，第285页。

（一）运动与静止的统一

马克思的劳动辩证法要在静止与运动中把握世界，所以人对世界的认识包含确定性，也包含不确定性，包含对事物的肯定，也包含对事物的否定。在哲学发展史上，有的哲学家坚持形而上学的方法论，否定事物的运动、否定世界的发展变化，认为太阳底下没有新鲜事，天不变道亦不变。辩证地认识世界，就要把所有事物放到历史发展中去看。马克思说："辩证法，在其合理形态上，引起资产阶级及其空论主义的代言人的恼怒和恐怖，因为辩证法在对现存事物的肯定的理解中同时包含对现存事物的否定的理解，即对现存事物的必然灭亡的理解；辩证法对每一种既成的形式都是从不断的运动中，因而也是从它的暂时性方面去理解；辩证法不崇拜任何东西，按其本质来说，它是批判的和革命的。"[①]马克思作为无产阶级革命家，其方法论充满革命性。西方法学家不论是古代自然法学派，还是中世纪神学自然法学派，乃至近代资产阶级理性主义自然法学派，都强调法律制度以自然法为基础，法律就是世界发展的规律，就是正义，是社会永恒的原则，是不变的。马克思基于劳动哲学的法哲学思想强调，法律制度是物质生产劳动的产物，也伴随物质生产劳动的发展而变化，没有任何法律制度是永恒不变的。法学家们倡导法律制度是永恒正义的，目的是为统治阶级的阶级统治进行合理论证。马克思主义法学作为无产阶级的法学，强调要推翻资本主义法律制度，无产阶级才能真正获得解放，要推翻资本主义法律制度，就要铲除其理论基础的合理性。

在哲学发展史上，有的哲学家认为世界是发展变化的，但是他们不承认任何事物的发展变化都是运动和静止的统一，只承认事物的变化而不承认有不变，有相对静止。他们主张一个人不能两次踏入同一条河流，诸行无常（佛教认为世间万事万物都处于不断的发展变化中，世间没有恒定不变的事物）。劳动辩证法在运动和静止的对立统一中把握事物，强调相对静止是事物确定性的前提，不承认事物的相对静止就无法把握事物，就无法认识事物的本质。佛教强调诸行无常所以就有了诸法无我的结论。列宁说："如果不把不间断的东西割断，不使活生生的东西简单化、粗陋化，不加以划分，不使之僵化，那么我们就不能想象、表达、测量、描述运动。思想对运动的描述，总是粗陋化、僵化。不仅思想是这样，而且感觉也是这样；不仅对运动是这样，而且对任何概念也都是这样。这就是辩证法的

---

① 《马克思恩格斯文集》第5卷，北京：人民出版社，2009年，第22页。

实质。对立面的统一、同一这个公式正是表现这个实质。”[①]只认识到事物发展的运动性，忽视事物的相对静止，就不能真正认识事物。这种认识方法与只看到事物的静止，否定事物的运动，都是形而上学的认识论。马克思劳动哲学强调在运动和静止的统一中把握事物，既强调把握事物运动的重要性，也强调把握事物静止的重要性。所以，马克思法哲学认为，人类社会的法律现象也是动与静的统一，但就文本而言，马克思确实更多的是批判资产阶级法学家所认为的资本主义法律永恒正义的理论。因此，后来有的马克思主义法学学者没有真正把握马克思辩证思维的特色，片面强调马克思所说的法律要伴随物质生产劳动不断发展变化，完全否定资产阶级法学家所强调的作为法律基础的自然法的重要性，强调法律的阶级性、历史性，否定法律具有全民性和正义的恒定性。实际上，辩证地把握法律现象，应该认识到具体的法律制度是不断发展变化的，并且法律现象的发展也有其遵循的内在逻辑，法律制度依据的法理有超越特定历史阶段的延续性。

马克思的劳动辩证法强调要在运动和静止的对立统一中把握事物。基于劳动哲学的马克思法哲学认为，作为社会精神生产劳动实践伴随物质生产劳动实践不断发展变化，法律绝对不像资产阶级法学家所说的那样，是人的抽象理性创造的社会发展恒定不变的法则。当然，法律自身也有其内在逻辑，不同历史时期的法律也有其自身的继承，不仅法律的表现形式具有超越历史阶段的稳定性，而且法律价值观念也有其历史延续性。

（二）逻辑与历史的统一

马克思劳动辩证法强调要在逻辑与历史的对立统一中把握事物。逻辑与历史的对立统一作为劳动辩证法的思维原则意味着什么呢？“此处逻辑的指称对象不是如形式逻辑一样的表述规则，而是基于‘充分地占有材料’而来的客观事物的本质、演化规律以及这二者与其他事物间的内在关联。这里的逻辑是动态的，动态的表现是自我演化，演化过程给人造成了印象，它‘好像是一个先验的结构’。”[②]也就是说，在马克思劳动辩证法看来，人的理性对事物本质的抽象把握与事物自身的内在演化规律具有统一性。

关于马克思劳动哲学的逻辑与历史统一的思维方法，恩格斯有一个系统的总结。恩格斯说：“对经济学的批判，即使按照已经得到的方法，也

① 《列宁全集》第55卷，北京：人民出版社，2017年，第219页。
② 宫敬才：《重建马克思经济哲学传统》，北京：人民出版社，2018年，第137页。

可以采用两种方式：按照历史或者按照逻辑。既然在历史上也像在它的文献的反映上一样，大体说来，发展也是从最简单的关系进到比较复杂的关系，那么，政治经济学文献的历史发展就提供了批判所能遵循的自然线索，而且，大体说来，经济范畴出现的顺序同它们在逻辑发展中的顺序也是一样的。这种形式表面上看来有好处，就是比较明确，因为这正是跟随着现实的发展，但是实际上这种形式至多只是比较通俗而已。历史常常是跳跃式地和曲折地前进的，如果必须处处跟随着它，那就势必不仅会注意许多无关紧要的材料，而且也会常常打断思想进程；并且，写经济学史又不能撇开资产阶级社会的历史，这就会使工作漫无止境，因为一切准备工作都还没有做。因此，逻辑的方式是唯一适用的方式。但是，实际上这种方式无非是历史的方式，不过摆脱了历史的形式以及起扰乱作用的偶然性而已。历史从哪里开始，思想进程也应当从哪里开始，而思想进程的进一步发展不过是历史过程在抽象的、理论上前后一贯的形式上的反映；这种反映是经过修正的，然而是按照现实的历史过程本身的规律修正的，这时，每一个要素可以在它完全成熟而具有典型性的发展点上加以考察。”①

综合马克思和恩格斯的论述，把握逻辑与历史的统一的思维原则，必须注意以下几点。

第一，逻辑与历史的统一意味着，事物发展自身内在的逻辑起点与事物发展的历史起点具有一致性，这也就是恩格斯所说的“历史从哪里开始，思想进程也应当从哪里开始”②。事物的原始形态中往往已经包含决定事物今后命运的遗传密码，要把握现实事物的逻辑，不得不追溯其种子中的遗传密码。随着人类文明的进步，文明之间的交流越来越多，相互影响越来越大，文明的趋同性也越来越明显，但是不同文明的差异仍然很大，认识一种文明，不能忽略对其早期民族文化的考察。马克思劳动哲学考察现代资本主义社会，坚持逻辑与历史的统一。《资本论》对近代资本主义社会的考察从商品开始，商品既是资本主义的逻辑起点，也是近代资本主义的历史起点。

第二，逻辑与历史的统一意味着，事物内在逻辑的展开与事物的实际发展过程具有一致性。逻辑是事物本质的体现，也是事物发展遵循的规律。因为逻辑是理性对社会现实的把握，现实是社会历史发展的结果，所以要把握事物的本质，就必须认识现实矛盾各要素的历史来源及其相互关系，

---

① 《马克思恩格斯文集》第 2 卷，北京：人民出版社，2009 年，第 603 页。

② 《马克思恩格斯文集》第 2 卷，北京：人民出版社，2009 年，第 603 页。

必须考察事物的发展过程。读史使人明智，前事不忘后事之师。马克思劳动哲学对近代资本主义的研究，不仅建构在对近代资本主义社会产生、发展的历史考察上，而且建构在对西方整个商品经济发展的历史考察上。马克思法哲学对社会法律现象的认识，也具有深厚的法律制度发展史和法律思想发展史的基础。

第三，逻辑与历史的统一意味着，人类对事物的认识史与事物本身演进的历史具有一致性。任何事物都有一个遵循自身逻辑发展的历史过程，这个历史过程制约着人对事物的认识。在事物自身逻辑尚未完全展开的时候，人类往往难以对事物进行全面的把握。但人的抽象理性思维能力又具有一定的超前性，在事物的逻辑尚未完全展开的时候，人的抽象理性思维能力也可以在一定程度上昭示事物发展的方向。人们的主观意识对历史发展总体方向也具有引导作用，但单个人不能左右历史发展的总趋势，历史发展的总趋势与人民群众的公意总体一致，历史的方向契合人民意志的合力。恩格斯说："无论历史的结局如何，人们总是通过每一个人追求他自己的、自觉预期的目的来创造他们的历史，而这许多按不同方向活动的愿望及其对外部世界的各种各样作用的合力，就是历史。"[①]历史是有意识的人自觉创造的。旧唯物主义直观把握历史，只能得出历史是人主观精神选择的产物，使历史哲学陷入唯心主义的泥潭。他们不知道从物质生产劳动出发认识世界，所以不能看到人们看似主观随意的选择背后，有发挥决定性作用的因素，决定人们进行选择的主要是人们不得不面对的客观的物质生活条件。马克思劳动哲学主张把握社会历史现象既要注重事物内在逻辑，也要注重人民的根本意愿，逻辑与历史的统一，在一定程度上意味着事实与价值的统一。

第四，逻辑与历史的统一是辩证统一，不能机械地将二者同一化。事物发展的历史往往受多种因素的影响，其总趋势必然遵循事物的内在逻辑，但是事物发展的具体轨迹又难免有对事物内在逻辑轴线的偏离，历史常常是跳跃式地和曲折地前进的。马克思劳动哲学强调把握事物要透过现象看本质，不要被历史的某些个别现象所遮蔽，要相信道路是曲折的，前途是光明的。

（三）事实与价值的统一

马克思的劳动辩证法强调要在事实与价值的统一中把握事物。自英国

① 〔德〕恩格斯：《路德维希·费尔巴哈和德国古典哲学的终结》，中共中央马克思恩格斯列宁斯大林著作编译局编译，北京：人民出版社，2014年，第44页。

哲学家休谟提出“休谟问题”以后，西方的哲学社会科学主流都将事实与价值的二分作为学术研究的基本遵循。如经济学有实证经济学和人文经济学之分，法学有实证主义法学和人文主义法学之别。马克思最初是一个康德主义者，在大学期间也曾经试图用康德理性主义法学构建一个包罗万象的法哲学体系，但是失败了。马克思在将哲学信念从康德哲学转向黑格尔哲学的同时，其法哲学思想也随之发生了根本改变。辩证法是马克思从黑格尔哲学那里得到的最大收获，成为马克思哲学的根本方法，贯穿于其思想体系的始终。辩证法也是马克思法哲学的方法论。

康德的理性主义法学将法哲学建构在事实与价值对立的基础上，将法作为从纯粹理性的科学原则出发推演出来的先验理性原则，并且把这种先验理性原则作为永恒不变的制定法律制度的依据。马克思接受黑格尔哲学以后，就发现法不是永恒不变的，也不是绝对的，而是相对的、发展变化的。从黑格尔哲学走出来，确定了自己的劳动哲学以后，马克思进一步认识到法的变化不是像黑格尔理解的那样，是绝对精神的自我演化，而是伴随物质生产劳动产生、发展变化的历史现象。

马克思的哲学和法哲学都有一个从康德到黑格尔，再到自己劳动哲学的过程。在认识马克思哲学和法哲学思想发展过程的时候，我们要坚持逻辑与历史相统一的思维原则，要认识到马克思哲学思想发展的过程是一个不断扬弃的过程，而不是一个思维跳跃的过程。在后来的思想发展过程中，马克思不再是一个康德主义者，但是对于康德哲学的科学理性原则他并没有完全放弃，正像他走出黑格尔唯心主义哲学的泥沼后，没有舍弃辩证法一样。

在劳动哲学中，马克思反对实证主义的思维方式，反对在事实与价值之间设置一条不可逾越的鸿沟，但是接受了实证主义的科学精神，强调事实与价值的对立统一、科学精神与人文精神的统一。马克思在《资本论》第 1 卷第 1 版序言中说：“我的观点是把经济的社会形态的发展理解为一种自然史的过程。不管个人在主观上怎样超脱各种关系，他在社会意义上总是这些关系的产物。同其他任何观点比起来，我的观点是更不能要个人对这些关系负责的。”[①]马克思和恩格斯都认为应该区分科学认识与道德判断。恩格斯说：“这种诉诸道德和法的做法，在科学上丝毫不能把我们推向前进；道义上的愤怒，无论多么入情入理，经济科学总不能把它看做证据，而只能看做象征。相反，经济科学的任务在于：证明现在开始显露

① 《马克思恩格斯文集》第 5 卷，北京：人民出版社，2009 年，第 10 页。

出来的社会弊病是现存生产方式的必然结果，同时也是这一生产方式快要瓦解的征兆，并且从正在瓦解的经济运动形式内部发现未来的、能够消除这些弊病的、新的生产组织和交换组织的因素。”[①]他们都认为社会科学研究不能停留在对社会现象表面的道德批判上，必须挖掘社会道德现象背后的经济原因，通过对社会现象的经济分析，可以揭示社会发展规律，可以对社会现象进行更加精确的认识，经济科学可以达到和自然科学一样的精确。但是，马克思和恩格斯也认为，不能在事实与价值之间设置不可逾越的鸿沟，事实与价值是辩证统一的，不仅事实认识与价值判断不能完全分割，就是道德判断本身也具有一定认知价值。恩格斯说：“如果群众的道德意识宣布某一经济事实，如当年的奴隶制或徭役制是不公正的，那么这就证明这一经济事实本身已经过时，另外的经济事实已经出现，由此原来的事实就变得不能忍受和不能维持了。”[②]道德判断不仅有认知的价值，而且较之事实判断，更具超前性，只是它往往以情感判断的方式出现，缺乏理论的逻辑系统性。

三、劳动辩证法的法哲学意义

马克思的劳动辩证法体现在法哲学中就是强调，要把法律看成人的社会实践活动，法律是主体与客体、主观与客观的统一。所以，法律是人的主观愿望与事物的客观本质的统一，是事实与价值的统一。法律既要体现人民的共同利益、愿望和价值追求，也要尊重事物的法理本质。马克思认为法律不是某个人或者某些人主观任性的产物，法学家不是发明法律、创造法律，而是发现法律；法律也不是完全客观的，法学家和立法者立法不能违背大多数社会成员的意志。

马克思的劳动辩证法强调：第一，要在运动与静止的统一中把握法律，法学研究既要重视法律的历史变化，重视法律的灵活性，也要重视法律的历史继承，重视法律的确定性；第二，要坚持逻辑与历史的统一，法学研究要注重法制发展史和法律思想史的变化，在历史中把握法律的本质；第三，要在事实与价值的对立统一中把握事物，法学研究必须坚持科学精神与人文精神的统一，既要遵循事物的法理本质，也要保证法律体现人民的意志。

---

① 〔德〕恩格斯：《反杜林论》，中共中央马克思恩格斯列宁斯大林著作编译局编译，北京：人民出版社，2018年，第158页。

② 《马克思恩格斯文集》第4卷，北京：人民出版社，2009年，第204页。

第三节　马克思法哲学的劳动历史观基础

法律是一种社会现象，只有揭示人类社会的本质，才能真正揭示法律的本质。马克思从物质生产劳动出发认识社会历史现象，找到了破解历史之谜的金钥匙。

一、人类社会历史哲学的理论出发点

马克思就是在分析研究人类社会历史现象的过程中创立了劳动哲学本体论。马克思认为以往的哲学不论是唯物主义哲学还是唯心主义哲学，在社会历史哲学领域都是唯心主义的，其根本原因就是它们不能从物质生产劳动出发认识社会历史现象。马克思认为不仅把握社会历史现象要从物质生产劳动出发，而且认识人和整个世界都要从物质生产劳动出发，一定要把人和整个世界都放到社会历史发展的特定阶段中去理解。

马克思认为，要从物质生产劳动出发来认识人，因为劳动就是人的本质，人是什么是由人生产什么和怎么生产决定的。马克思说："个人怎样表现自己的生命，他们自己就是怎样。因此，他们是什么样的，这同他们的生产是一致的——既和他们生产什么一致，又和他们怎样生产一致。因而，个人是什么样的，这取决于他们进行生产的物质条件。"①在马克思的劳动哲学中，是劳动创造了人，创造了人类社会。马克思说："一当人开始生产自己的生活资料，即迈出由他们的肉体组织所决定的这一步的时候，人本身就开始把自己和动物区别开来。人们生产自己的生活资料，同时间接地生产着自己的物质生活本身。"②物质生产劳动是人之为人的第一个活动，也就是人类社会历史的开端，所以也是认识人类历史的逻辑起点。

二、人类社会历史发展的决定性因素

马克思的劳动哲学认为，"全部社会生活在本质上是实践的。凡是把理论引向神秘主义的神秘东西，都能在人的实践中以及对这种实践的理解中得到合理的解决"③。社会实践之所以是解释社会历史的关键，是因为社会实践是社会历史的本质，是社会历史的决定性力量。

---

① 《马克思恩格斯文集》第1卷，北京：人民出版社，2009年，第520页。
② 《马克思恩格斯文集》第1卷，北京：人民出版社，2009年，第519页。
③ 《马克思恩格斯文集》第1卷，北京：人民出版社，2009年，第501页。

社会实践是社会历史发展的决定性因素。在社会实践中，物质生产实践即物质生产劳动是最重要的社会实践，是能够决定其他社会实践的社会实践。马克思说："在一切社会形式中都有一种一定的生产决定其他一切生产的地位和影响，因而它的关系也决定其他一切关系的地位和影响。这是一种普照的光，它掩盖了一切其他色彩，改变着它们的特点。这是一种特殊的以太，它决定着它里面显露出来的一切存在的比重。"[①]也就是说，物质生产劳动实践作为最重要的社会实践，或者第一社会实践，决定其他社会实践在社会生活中的地位和影响，它的晕轮会给其他社会实践涂抹上它的色彩，让其他社会实践打上它的烙印，让整个社会都紧随其节拍。正是因为马克思赋予了物质生产实践的本体地位，所以他把自己的哲学称为实践的唯物主义或者历史唯物主义。这里的物不是作为物质本体论的物，而是物质生产实践的物，物质生产实践就是劳动，所以马克思的哲学就是劳动哲学，本体论就是劳动本体论，唯物史观也就是劳动历史观。也就是说，唯物史观突出强调的社会存在决定社会意识的意思，不是物质决定意识、存在决定思维、客观决定主观，而是说物质生产实践决定其他社会实践。

物质生产实践就是劳动，劳动是生产力的核心因素，劳动水平决定生产力水平。生产力决定生产关系的意思就是，社会生产关系是由物质生产劳动决定的，生产关系的总和就是社会发展的经济基础，经济基础决定上层建筑。也就是说，在社会生活中，人的物质生产实践决定人的精神生产实践。因为物质生产实践是第一社会实践，是社会发展的基础，用马克思的话说就是物质生产实践是一种普照的光，照亮了其他社会实践。马克思说："甚至人们头脑中的模糊幻象也是他们的可以通过经验来确认的、与物质前提相联系的物质生活过程的必然升华物。因此，道德、宗教、形而上学和其他意识形态，以及与它们相适应的意识形式便不再保留独立性的外观了。它们没有历史，没有发展，而发展着自己的物质生产和物质交往的人们,在改变自己的这个现实的同时也改变着自己的思维和思维的产物。不是意识决定生活，而是生活决定意识。"[②]马克思的意思是物质生活决定意识，而不是物质本身决定意识。

三、人类社会诸种社会现象相互作用的本质

物质生产劳动是社会历史发展的决定性力量，它决定其他社会实践的

---

① 《马克思恩格斯文集》第8卷，北京：人民出版社，2009年，第31页。

② 《马克思恩格斯文集》第1卷，北京：人民出版社，2009年，第525页。

发展，但是这种决定不是物质决定精神、存在决定思维、客观决定主观的决定。物质生产实践和其他社会实践就其本质而言都是社会实践，不同的社会实践有共性也有差异性。资产阶级思想家从抽象的人出发，不把人放到具体的物质生产实践中去考察，所以更多强调人的共性，而忽视人的差异性。马克思的劳动哲学强调只有在物质生产劳动中的人才是现实的人、具体的人，从现实的人出发认识社会，才能洞察不同社会历史时期的本质和特点。马克思说："对生产一般适用的种种规定所以要抽出来，也正是为了不致因为有了统一（主体是人，客体是自然，这总是一样的，这里已经出现了统一）而忘记本质的差别。那些证明现存社会关系永存与和谐的现代经济学家的全部智慧，就在于忘记这种差别。例如，没有生产工具，哪怕这种生产工具不过是手，任何生产都不可能。没有过去的、积累的劳动，哪怕这种劳动不过是由于反复操作而积聚在野蛮人手上的技巧，任何生产都不可能。"①从总体上考察不同历史时期的社会发展，要从物质生产劳动出发，考察每一个历史时期的主要社会现象如经济、政治、法律等社会文化的本质也必须这样。马克思正是从考察资本主义社会物质生产劳动出发揭示了资本主义社会的本质。因此，对人类法律制度和法律观念变化历史的考察要基于不同历史时期对物质生产劳动方式的变化的考察。

物质生产实践对其他社会实践的决定作用的本质是人的社会实践的相互影响。应如何把握这种决定作用，也不是一个单纯的理论问题，而是一个实践问题。马克思的劳动哲学发现，人类迄今为止的历史中，物质生产实践是一切社会历史的基础，因为人们要进行社会历史活动就先要满足自己的物质生活需要。在迄今为止的历史中，人们的主要社会实践是物质生产实践。物质生产实践的决定作用是由于人们长期地把自己绝大多数精力放在这种实践中，形成了思维定式，因此，这种实践才具有了普照的光的作用，才确定了其他社会实践的基本色调。但是，伴随着物质生产劳动水平的提高，人们用来满足衣食住行的物质生活需要的社会实践逐渐减少，在社会实践中不论是时间还是精力的消耗都将不断减少，人们可以用更多时间和精力去进行精神创造和文化创造，人的精神实践的地位和作用将不断增加。回顾人类文明发展史，我们不难看到，人类早期历史中，民族文化发展更多受制于所处地理环境的社会物质生产实践方式的束缚，具有更鲜明的由特定的物质生产实践决定的特色，而伴随历史发展——不仅是民族文化的交融，民族文化的特色在淡化，而且就民族文化自身来说，人的

---

① 《马克思恩格斯文集》第8卷，北京：人民出版社，2009年，第9页。

主观能动性越来越强，精神实践的作用也越来越大。确实，我们现在还不能确定，到什么时候人们在精神生活创造方面花费的时间和精力会超越在物质生产实践方面的付出，而且这种超越本身要取决于物质生产实践的发展水平，但是，从理论上来说，我们还是可以设想那应该是社会历史发展的方向。

明确在劳动哲学视域中，物质生产实践决定精神生产实践的本质是人的社会实践的相互作用后，我们就不能把这种决定作用绝对化。伴随人类文明进步，精神生产实践的地位会不断加强，我们就不仅要重视物质生产实践，更要重视精神生产实践，加强社会政治、法律及其他一切文化实践活动，推动人类文明不断进步。

四、对曲解唯物史观的思想的批判

在人类迄今为止的社会历史中，物质生产实践也就是物质生活的创造，是一切社会历史活动的基础，是社会历史存在和发展的决定性因素。物质生产实践的这种决定作用不是绝对的，只是从归根结底的意义上来说是这样的。也就是说，它决定社会历史发展的一定阶段的总体特点，是一定历史阶段的人进行一切社会活动的基础和舞台，但是在此基础上，在特定的历史阶段中，它不可能是唯一的决定性因素，相反，它也在很大程度上被其他社会因素决定。对此，恩格斯说："根据唯物史观，历史过程中的决定性因素归根到底是现实生活的生产和再生产。无论马克思或我都从来没有肯定过比这更多的东西。如果有人在这里加以歪曲，说经济因素是唯一决定性的因素，那么他就是把这个命题变成毫无内容的、抽象的、荒诞无稽的空话。"①如果经济是社会历史的唯一决定性因素，那么我们也无法解释，为什么有的民族经济繁荣却昙花一现，而有的民族经济落后仍能绵延千年，甚至是有的自然资源丰富的民族文化并不发达，有的自然资源贫乏的民族反而文化发达。不可否认，社会政治和法律制度在特定历史时期，会对社会经济发展产生决定性影响。中国改革开放40多年的历史成功经验，就是坚持了中国特色社会主义道路，这充分说明政治、经济和法律制度在特定社会历史时期的决定性作用。

五、马克思劳动历史观对法哲学的影响

马克思创造了劳动历史观，确立了人类认识社会历史的清晰脉络，揭开了人类历史神秘的面纱，找到了考察历史的切实的社会基础，开启了科

---

① 《马克思恩格斯选集》第4卷，北京：人民出版社，2012年，第604页。

学认识各种社会现象的历史。马克思说：“随着经济基础的变更，全部庞大的上层建筑也或慢或快地发生变革。在考察这些变革时，必须时刻把下面两者区别开来：一种是生产的经济条件方面所发生的物质的、可以用自然科学的精确性指明的变革，一种是人们借以意识到这个冲突并力求把它克服的那些法律的、政治的、宗教的、艺术的或哲学的，简言之，意识形态的形式。我们判断一个人不能以他对自己的看法为根据，同样，我们判断这样一个变革时代也不能以它的意识为根据；相反，这个意识必须从物质生活的矛盾中，从社会生产力和生产关系之间的现存冲突中去解释。”①也就是说，在马克思看来，社会生活中对物质生活变革的考察可以达到自然科学的精确性，但是对社会意识形态的考察则不能，要想对社会历史有更精确的认识，就要从社会物质生活的变化着手，而不是从社会意识形态的变化着手。马克思基于劳动哲学的法哲学开创了科学把握法律现象的历史先河。

马克思以前的所有法哲学思想体系都是唯心主义的，都不能科学地揭示法律这一社会现象的本质。在传统唯物主义者的法哲学那里，一切社会现象包括法律都是一些僵死材料的汇集，缺乏能动性；在唯心主义者的法哲学那里，法律是主观或者客观精神力量的创造物，缺乏现实的客观的社会物质生活基础。甚至于我们的马克思主义法学学者，都不能准确把握马克思的劳动历史观，用物质本体论解释唯物史观，如将社会存在决定社会意识解释为物质决定意识在社会历史领域的运用，不能从物质生产劳动出发认识和把握各种社会现象的本质，没有认识到物质生产实践对其他社会现象的决定作用是人的社会实践之间的相互作用，这种决定作用不是绝对的，而是相对的。在马克思劳动哲学视域中，物质生产劳动对法律的决定作用只有在归根结底的意义上是正确的，而且这种决定作用本身也与物质生产实践发展的具体历史阶段相关。

第四节　马克思法哲学的劳动人道主义价值观基础

马克思从物质生产劳动出发认识世界，认为认识世界不能脱离人、脱离人的实践，所以劳动辩证法内含了人本主义的价值追求，劳动辩证法是人道主义的特殊表达方式，即劳动人道主义。

---

① 《马克思恩格斯文集》第2卷，北京：人民出版社，2009年，第592页。

一、劳动哲学人性论

马克思认为要揭示人类社会的本质，首先要揭示人的本质，人性论是一切社会历史哲学的理论基础。马克思认为“全部人类历史的第一个前提无疑是有生命的个人的存在”[①]。

马克思与以往所有思想家不同，特别是与资产阶级思想家不同。资产阶级思想家不论是经济学家、政治学家还是法学家，他们关于人的理论假设都是，人是单个的人、抽象的人。马克思则强调作为社会历史研究出发点的个人，不能是抽象的个人，而必须是社会现实的具体的个人，所谓现实的、具体的个人，就是处于特定的物质生产劳动方式中的个人。马克思说：“在社会中进行生产的个人，——因而，这些个人的一定社会性质的生产，当然是出发点。被斯密和李嘉图当做出发点的单个的孤立的猎人和渔夫，属于18世纪的缺乏想象力的虚构。这是鲁滨逊一类的故事，这类故事决不像文化史家想象的那样，仅仅表示对过度文明的反动和要回到被误解了的自然生活中去。”[②]也就是说，作为社会历史哲学理论前提的人性理论，不是思想家凭空的假设，而应该是社会实际生活的反映。资产阶级思想家的人性理论，也不是他们完全主观想象出来的，而是对社会生活的反映。马克思认为鲁滨孙这类故事“是对于16世纪以来就作了准备、而在18世纪大踏步走向成熟的‘市民社会’的预感。在这个自由竞争的社会里，单个的人表现为摆脱了自然联系等等，而在过去的历史时代，自然联系等等使他成为一定的狭隘人群的附属物。这种18世纪的个人，一方面是封建社会形式解体的产物，另一方面是16世纪以来新兴生产力的产物，而在18世纪的预言家看来（斯密和李嘉图还完全以这些预言家为依据），这种个人是曾在过去存在过的理想；在他们看来，这种个人不是历史的结果，而是历史的起点。因为按照他们关于人性的观念，这种合乎自然的个人并不是从历史中产生的，而是由自然造成的。这样的错觉是到现在为止的每个新时代所具有的”[③]。资产阶级思想家的错误在于把对特殊历史时期的人的认识当成了不变的人性，没有认识到这种人是历史的产物，反而把这作为历史的出发点。

首先，资产阶级思想家之所以倡导抽象的人性论，是因为他们要强调人的自然属性就是人的共性。倡导将自然属性作为人性的伦理合理性，目

① 《马克思恩格斯文集》第1卷，北京：人民出版社，2009年，第519页。
② 《马克思恩格斯文集》第8卷，北京：人民出版社，2009年，第5页。
③ 《马克思恩格斯文集》第8卷，北京：人民出版社，2009年，第5—6页。

的是批判封建基督教神学对人的自然属性的压抑。基督教神学将人作为神性与魔性的复合体，认为人的自然属性、人的肉体需求是罪恶的渊薮，而人的灵魂则是神性的体现，所以，人应该用灵魂遏制自我肉体的欲望，只有扼杀了肉体欲望，才能赎清原罪。资产阶级思想家批判基督教神学，强调人的自然属性也是人性，人性高于神性。对人的自然属性的肯定，是市场经济发展的产物，同时，这对市场经济发展也具有极大的促进作用。因为市场经济发展需要释放人的肉体需要，为市场经济发展提供物质动力。

其次，资产阶级思想家之所以倡导抽象的人性论，是因为要突出个人价值的合理性，张扬个人尊严、个性自由和解放的价值追求。资本主义市场经济发展需要营造交易平等和自由竞争的社会秩序。只有对每个人自我利益的充分尊重，才会有交易平等，而自由竞争则需要张扬个性自由和解放，个性张扬才能在自由竞争中获取竞争优势。

马克思的劳动哲学从物质生产劳动出发认识人，强调不能抽象地理解人性，人的存在先于本质，人们在社会生活中特别是在物质生产劳动中不断创造、丰富和发展人本身。人是现实的，从事物质生产劳动的人，是社会生活中具体的人，社会性是人的本质属性。马克思说："人的本质不是单个人所固有的抽象物，在其现实性上，它是一切社会关系的总和。"[①]人们在物质生产劳动中的不同位置，特别是人与劳动生产资料的相互关系使社会生活中的人产生阶级分化。在阶级社会中，阶级性是人的社会性的根本表现，因此，也是人的本质属性。所以，人就其本质而言是自然属性与社会属性的统一，阶级性与类本性的统一。

基于劳动人性论的劳动人道主义价值观主张，人有满足自己肉体欲望的权利，自然属性也是人的本质属性。但是，包括肉体欲望满足在内的所有自由权利，都不是抽象存在的，都建构在物质生产劳动的基础上。所谓抽象存在的天赋人权的实现，也需要实际的社会物质生活资料基础。物质生产劳动是整个社会的基础，人都生活在由物质生产劳动决定的特殊历史阶段中，个人自我权利的实现、个性自由张扬的尺度和个性解放的界限，必须与特定历史阶段相适应。社会整体利益不是牺牲个人利益的充分理由，个人利益也不应该侵害社会整体利益，二者矛盾冲突时相互妥协的结合点，应该由物质生产劳动的发展水平决定。劳动是社会的基础，劳动神圣应该是社会倡导的根本价值信念，也应该是一切社会制度包括法律制度设计的根本指导思想。

---

① 《马克思恩格斯文集》第1卷，北京：人民出版社，2009年，第501页。

二、劳动人道主义的个人利益和社会利益的对立统一原则

在资产阶级个人主义哲学中，人是一个追求个人自我利益特别是物质利益的独立的生命个体，其本质就是自私自利的经济人。基于个人主义人性论的资产阶级人本主义价值观，把个人的自我利益保障、个性的自由和解放作为根本的价值追求，这是资本主义市场经济社会物质生产实践的产物，也为资本主义市场经济提供了源源不断的动力。资产阶级的人本主义价值观主张只有个人是社会真实的存在，只有个人才是真正的社会利益主体，所以也只有个人利益才是真实的存在，社会组织、集体和整个社会都是个人的集合，不是真正的利益主体，社会利益只是个人利益的机械累加。因此，只有个人利益具有价值合理性。个人利益是天赋人权，任何社会整体利益都不是损害个人利益的充分理由，任何损害个人利益的行为都是违背社会正义的。美国自由主义哲学家诺奇克说："并不存在拥有利益的社会实体，这种社会实体能够为了自己的利益而承受某些牺牲。存在的只是个体的人，具有他们自己个别生命的不同的个体的人。"[①]因此，在诺奇克看来，正义就是使个人占有他们应该占有的东西，不论是其他个人还是社会组织，只要侵害个人利益就是不正义的，一个理想的社会没有理由存在一个由权力调节社会利益分配的机构。自由和平等曾经是资产阶级同样高扬的旗帜，是他们反对封建统治的利器，但是，当他们成为统治阶级后，自由——尊重和保护个人权利，就变得更加重要了，但平等特别是被统治者要求的平等，因为影响他们的利益所得，就开始被他们厌弃。西方个人主义和自由主义在现代社会的代表、美国经济学家弗里德曼甚至认为企业家的任何慈善行为都是错误的，因为这伤害了股东个人利益。他说："公司领导人接受除了尽可能为自己的股东牟利以外的社会责任是一种风尚，而很少有风尚能比这一风尚更能如此彻底地损害我们自由社会的基础。"[②]弗里德曼的逻辑就是最典型的个人主义、自由主义的逻辑，认为个人利益是神圣不可侵犯的。

马克思的劳动人道主义价值观认为，物质生产劳动是确证人之为人的社会实践活动，社会是物质生产劳动进行的方式。所以，人不能脱离社会而存在，人是社会的人，社会组织、集体和社会整体也是社会利益主体。社会利益不是个人利益的累加，个人利益和社会利益的关系是辩证统一关

① 〔美〕罗伯特·诺奇克：《无政府、国家和乌托邦》，姚大志译，北京：中国社会科学出版社，2008年，第39页。

② 〔美〕弗里德曼：《资本主义与自由》，张瑞玉译，北京：商务印书馆，2011年，第145页。

系，二者有对立性也有统一性，当二者发生矛盾冲突的时候，社会需要对个体的自我权利进行约束限制，约束限制的界限不是一个抽象的理论问题。即使是资产阶级思想家所强调的那些所谓基本人权也不是天赋权利，也不是必须保障的。社会制度设计能够尊重和保障的个体权利，总体上是由物质生产劳动的发展水平决定的。在特定的物质生产劳动发展水平的基础上，社会应该给予社会成员尽可能多的自由权利保障。马克思说："全面发展的个人——他们的社会关系作为他们自己的共同的关系，也是服从于他们自己的共同的控制的——不是自然的产物，而是历史的产物。要使这种个性成为可能，能力的发展就要达到一定的程度和全面性，这正是以建立在交换价值基础上的生产为前提的，这种生产才在产生出个人同自己和同别人相异化的普遍性的同时，也产生出个人关系和个人能力的普遍性和全面性。在发展的早期阶段，单个人显得比较全面，那正是因为他还没有造成自己丰富的关系，并且还没有使这种关系作为独立于他自身之外的社会权力和社会关系同他自己相对立。留恋那种原始的丰富，是可笑的，相信必须停留在那种完全的空虚化之中，也是可笑的。资产阶级的观点从来没有超出同这种浪漫主义观点的对立，因此这种浪漫主义观点将作为合理的对立面伴随资产阶级观点一同升入天堂。"①

三、劳动人道主义的自然主义与人本主义的对立统一原则

马克思的劳动哲学把世界与人都纳入人类社会历史发展的进程中，从物质生产劳动出发去考察，就是要在主体与客体、主观与客观的对立中追求统一，在自然主义价值观和人本主义价值观的对立中追求统一。在马克思劳动哲学视阈中，历史就是自然主义与人本主义通过对立实现统一的过程。

在马克思看来，人与自然的关系有一个从统一到对立再到统一的肯定、否定再到否定之否定的过程。人最初是自然的一部分，人是自然的人，从自然界直接获取物质生活资料，完全受制于自然。此时人还缺乏人最起码的属性，只是潜在的人。当人开始自觉认识世界、控制世界的时候，自然的、潜在的人才开始书写人类历史。物质生产劳动的出现是人类历史的开端，从这个时候开始，自然开始分裂成"人化自然"和"非人化自然"，人与自然的关系也从完全的统一关系开始向对立、统一过渡。

在人类社会历史发展过程中，伴随物质生产劳动的发展变化，人化自

① 《马克思恩格斯文集》第8卷，北京：人民出版社，2009年，第56—57页。

然和非人化自然之间的界限不断变化。人化自然不断扩张，非人化自然逐渐退缩。以往一切唯物主义者，包括费尔巴哈哲学视阈中的自然，都是人之外的自然，马克思说："费尔巴哈从来不谈人的世界，而是每次都求救于外部自然界，而且是那个尚未置于人的统治之下的自然界。但是，每当有了一项新的发明，每当工业前进一步，就有一块新的地盘从这个领域划出去，而能用来说明费尔巴哈这类论点的事例借以产生的基地，也就越来越小了。"①马克思在《资本论》中把这种现象称为"产业越进步，这一自然界限就越退缩"②。这就是马克思关于人化自然和非人化自然的辩证法。

同时，在费尔巴哈的人本主义哲学中，人虽然获得高于神的至尊地位，但是，由于费尔巴哈不把人和世界放到物质生产劳动中去认识，只是就人来谈人，世界也是独立于人的世界，所以，他的人本主义哲学中的人是抽象的人，他的人本主义哲学空洞无物。马克思的劳动哲学，把人和世界放到物质生产劳动中来认识，放到社会历史发展中来认识，社会历史中融入了自然界，融入了人与自然的关系，人的历史与自然的历史是同步的，人类的每一项科学技术发明和创造，都不仅改变人自身，而且改变自然界。人在改变自然界的过程中，不断自我实现和自我完善。

当然，人化自然的过程也是一个波浪式前进和螺旋式上升的过程。在人化自然的过程中，人不仅是完善自己、发展自己，可能也会造成人类文明进步的反复、人的异化。进入资本主义社会以后，市场经济体制将人的创造潜力极大地激发出来，物质生产和科学技术获得突飞猛进的发展，人化自然的扩张与非人化自然的退缩都形成了加速度。自然越来越成为属人的自然，人们从自然中获取的用于丰富、发展和完善人的物质财富越来越多，在人与自然的关系中，人的自由也越来越多，但是这个过程同时也造成了自然生态的严重破坏，环境污染和生态危机成为世界性问题。人从自然界获得的财富越多，自然对人的报复也越严重。马克思认为，"事实上，自由王国只是在必要性和外在目的规定要做的劳动终止的地方才开始；因而按照事物的本性来说，它存在于真正物质生产领域的彼岸。像野蛮人为了满足自己的需要，为了维持和再生产自己的生命，必须与自然搏斗一样，文明人也必须这样做；而且在一切社会形式中，在一切可能的生产方式中，他都必须这样做。这个自然必然性的王国会随着人的发展而扩大，因为需

①《马克思恩格斯文集》第1卷，北京：人民出版社，2009年，第549—550页。

②《马克思恩格斯文集》第5卷，北京：人民出版社，2009年，第589页。

要会扩大”[①]。也就是说，人与自然的辩证关系可能体现为，人在自然界获得的自由越来越多，人受自然必然性的束缚也会越来越多。恩格斯也警告人们不要陶醉于人类对自然界的胜利，人的每一次胜利，可能都是暂时的，人可能会受到自然更大的报复。

另外，人对自然的征服在提高社会物质生活水平的同时，也使社会矛盾不断加剧，一些人越来越富有，另一些人却越来越贫穷，生活得越来越悲惨。环球航行和地理大发现，拓展了人对世界的认识，也开拓了人的生存空间，但是使大量的非洲人沦为奴隶，大量的美洲印第安人不仅失去自己生存的家园，而且失去了生命。

马克思的劳动哲学从物质生产劳动出发认识人和世界，揭示了资本主义社会导致的自然主义和人本主义对立的根源，就是物质生产资料的私人所有制，要实现自然主义与人本主义的统一，就要消灭私有制。所以，马克思认为人类的理想社会——共产主义，必须消灭私有制，共产主义就是人与自然、人与社会矛盾的根本解决。马克思说：“共产主义是对私有财产即人的自我异化的积极的扬弃，因而是通过人并且为了人而对人的本质的真正占有；因此，它是人向自身、也就是向社会的即合乎人性的人的复归，这种复归是完全的复归，是自觉实现并在以往发展的全部财富的范围内实现的复归。这种共产主义，作为完成了的自然主义，等于人道主义，而作为完成了的人道主义，等于自然主义，它是人和自然界之间、人和人之间的矛盾的真正解决，是存在和本质、对象化和自我确证、自由和必然、个体和类之间的斗争的真正解决。它是历史之谜的解答，而且知道自己就是这种解答。”[②]

劳动人道主义价值观警示我们，人永远是自然界的一员。在人与自然的关系的处理中，人要依赖自然生存，维护自然环境清洁和生态和谐。不论物质生产劳动多发达，自然必然性王国与人的自由王国总是相伴而行的，所以劳动人道主义强调人的自由永远都要面对自然必然性，自由永远是具体的、有条件限制的。到共产主义社会，人类实现了与自然的和解，这个和解不是人对自然的完全征服，而是包含着人对自然的顺应。同时，人与自然的矛盾对立的真正解决还依赖人与人之间矛盾对立的解决。如果人总是将对物质财富的占有作为自我实现的方式，无限制地扩张自己的物质欲望，那么人与自然的矛盾就永远也不能解决，人与自身的矛盾也不能解决，

① 《马克思恩格斯文集》第 7 卷，北京：人民出版社，2009 年，第 928 页。

② 《马克思恩格斯文集》第 1 卷，北京：人民出版社，2009 年，第 185—186 页。

人就不能实现人性的真正复归，实现人的全面自由发展。不论是人与自然的矛盾还是人与人的矛盾都是永恒存在的，所谓和解就是矛盾统一性占据矛盾的主要方面，这也是马克思法哲学的思维原则。

四、劳动人道主义的劳动神圣原则

为了适应市场经济发展的需要，资产阶级思想家在批判封建基督教神学的基础上提出了人本主义思想体系，强调自然属性也是人的本质属性，人们有平等的权利享受世俗生活的快乐、张扬自己的个性，个人人权是天赋权利，神圣不可侵犯，在个人权利中个人财产私有权是一切权利的核心，也是一切权利的基础。

马克思从劳动哲学出发，对资产阶级人本主义思想进行了深刻的批判。在劳动哲学视阈中，资产阶级人道主义所倡导的人权是抽象人权，不能在资本主义社会现实中真正实现。资产阶级人本主义价值观看起来无限美好，落实到资本主义社会现实生活中，却不能不扭曲变形。马克思说："必须承认，我们的工人在走出生产过程时同他进入生产过程时是不一样的。在市场上，他作为'劳动力'这种商品的占有者与其他商品的占有者相对立，即作为商品占有者与商品占有者相对立。他把自己的劳动力卖给资本家时所缔结的契约，可以说像白纸黑字一样表明了他可以自由支配自己。在成交以后却发现：他不是'自由的当事人'，他自由出卖自己劳动力的时间，是他被迫出卖劳动力的时间；实际上，他'只要还有一块肉、一根筋、一滴血可供榨取'，吸血鬼就决不罢休。"[①]在资产阶级人本主义价值观的指导下，物质生产资料私有制成为资本主义社会制度的基础，占有物质财富成为个人自我实现的根本方式，人的尊严来自占有财富的多寡，资本家成为个人自我实现的楷模，真正的社会主体。资产阶级学者把物质财富所有权作为思考问题的前提，而不再探究物质财富来源的合理性。资产阶级人本主义的实质就是资本人道主义，其影响社会的直接结果就是物欲横流，金钱至上观念泛滥，商品拜物教和货币拜物教统摄人的灵魂，人成为物质和金钱的奴隶，人性异化。

马克思劳动人道主义以劳动本体论和劳动历史观为基础，强调劳动是人的本质，劳动创造了人并确证了人的本质。在物质生产劳动的不断发展中，人不断完善自我，劳动是人自我实现的方式，人的尊严不是来自对物质财富的占有，而是来自对物质财富的创造。人要在劳动中，在物质生产

① 《马克思恩格斯文集》第5卷，北京：人民出版社，2009年，第349页。

劳动的不断发展中，获得自由，从自然王国走向自由王国。因此，人对自由权利的享有是具体的。物质生产劳动是权利享有的基础，也是权利享有合理性的依据。也就是说，只有通过劳动获得的权利，才是具有正当性的权利，才应该得到社会法律制度的保护，立法、司法、执法和守法也应该以此为依据。劳动神圣应该是基于劳动哲学的法哲学的核心价值观念。

本 章 小 结

马克思的劳动哲学是其法哲学的理论基础，从劳动哲学出发才能真正理解马克思在法哲学发展史上的革命性创新。从劳动本体论出发，法律就其本质而言也是一种社会实践，是主体与客体、主观与客观的对立统一，而不是纯粹的社会精神现象；从劳动辩证法出发，法律具有确定性也具有灵活性，确定性的基础是事物的法理本质，灵活性来自社会主体的主观价值追求；从劳动历史观出发，经济活动与法律之间关系的本质是两种社会实践的互动，物质生产劳动是法律实践的基础，这是因为较之法律实践，物质生产劳动是人类更基础性的社会实践；从劳动人道主义价值观出发，物质生产劳动是人的价值、尊严以及享有权利的基础。

第二章　马克思法哲学思想的形成过程

基于不同的看问题的视角，学者们将马克思法哲学思想的形成过程划分为不同阶段。我们将马克思哲学视为一个劳动哲学体系，把马克思法哲学作为其整体哲学思想的一个组成部分。依照马克思劳动哲学形成和发展的过程，我们将马克思法哲学思想也分为前劳动哲学时期、劳动哲学形成时期、劳动哲学发展时期和劳动哲学深化时期。

第一节　马克思前劳动哲学时期的法哲学思想

自 1835 年到 1844 年，马克思的哲学思想经历了一个从康德到黑格尔再到费尔巴哈，最终超越费尔巴哈的过程。到《1844 年经济学哲学手稿》从物质生产劳动实践出发去认识世界，马克思独具的劳动哲学方法论才开始形成。大学期间，马克思阅读了大量的法哲学文献，全面了解了西方法学发展的过程。后来在《莱茵报》工作期间，正逢当时德国政府出台新的书报检查令和林木盗窃法，引起了社会讨论。为此，马克思撰写了《评普鲁士最近的书报检查令》《关于出版自由和公布等级会议记录的辩论》《摩泽尔记者的辩护》《关于林木盗窃法的辩论》《论离婚法草案》《历史法学派的哲学宣言》等多篇论文。在这些论文中，马克思运用资产阶级理性主义法哲学对德国封建法律制度进行了批判。

一、康德法哲学对马克思的影响

1835 年 10 月，17 岁的马克思进入波恩大学，专业是法学。初入大学，马克思如饥似渴地学习哲学、文学和历史知识，对希腊哲学和文学的兴趣也逐渐浓厚起来。他非常重视《荷马史诗》以及希腊神话和戏剧对后来希腊文明乃至整个西方文明发展的重要意义。马克思说：“在[希腊的]悲剧作家们那里，正义和私利对立起来。”[①]马克思还撰写了很多文学作品，除了献给燕妮的大量爱情诗，还创作过小说和剧本。

① 《马克思恩格斯全集》第 31 卷，北京：人民出版社，1998 年，第 403 页。

在波恩大学的一年，马克思全面学习了康德哲学和西方传统法学，修完了“法学全书”“德意志法学史”“自然法”“罗马法史”“法学纲要”“欧洲国际法”六门法学课程。由于马克思对康德哲学的热衷只是在大学之初，时间只有一年，因此很多人不重视康德对马克思的影响。但实际上，越是早期习得的东西对人的影响越久远，只是不容易被察觉。马克思曾经试图按照康德哲学的思想，架构一个“法形而上学”的体系。但是没多久，马克思发现这种努力是徒劳的，不可能成功，于是放弃了努力。然而，这并不意味着康德哲学和法哲学对马克思影响不大。马克思认为康德在《实践理性批判》中阐发的观点，与当时德国经济和政治的现实是相适应的。马克思说：“18 世纪末德国的状况完全反映在康德的‘实践理性批判’中”，“康德的这个善良意志完全符合于德国市民的软弱、受压迫和贫乏的情况，他们的小眼小孔的利益始终不能发展成为一个阶级的共同的民族的利益，因此他们经常遭到所有其他民族的资产阶级的剥削”[①]。

康德认为人是自然的存在，也是有心智思维的主体，所以既服从自然规律约束，也有主体自觉选择的自由。康德的人的行为在主客体矛盾之中的思想，对马克思有深刻影响。马克思从物质生产劳动实践出发认识人，认为所有实践都是主体与客体的对立统一，物质生产劳动实践也是一个遵循客观规律与发挥主观意志自由相统一的过程。他认为共产主义社会的根本特点是“每个人的自由发展是一切人的自由发展的条件”[②]，这个思想中也体现了康德的哲学理想，即个体自由与共同体自由能够在社会中实现和谐统一。共产主义社会消除了异化，实现了人与人之间自由的思想，也基本契合康德哲学人为自我立法的思想。美国学者马讷里甚至认为共产主义社会就是经过科学论证的康德所设想的理想社会状态。

二、德国历史法学派对马克思的影响

1836 年，马克思从波恩大学转学到柏林大学。柏林大学法学教授萨维尼是当时德国著名的历史法学派的法学家。转到柏林大学后，萨维尼的法哲学思想很快就引起了马克思的关注。萨维尼后来还担任了普鲁士王国的修律大臣，其主要代表作有《现代罗马法体系》《论立法与法学的当代使命》等。萨维尼反对 18 世纪理性主义法学用理性观念阐释法律思想发展史的思想，主张所有法律都必须建构在习惯法的基础上，法律不是立法者主

① 《马克思恩格斯全集》第 3 卷，北京：人民出版社，1960 年，第 211—212 页。
② 《马克思恩格斯文集》第 2 卷，北京：人民出版社，2009 年，第 53 页。

观意志和理性观念的臆造物，立法者必须将社会历史文化传统、民族特有的风俗习惯以及人民的信仰作为立法的依据。萨维尼推崇罗马法，马克思也充分肯定罗马法在西方法制史上的重要地位。在马克思的“法形而上学”中可以明确看到萨维尼法学思想的影响。

马克思的大学时代，德国还处于封建国王专制统治时期，而当时法国已经爆发资产阶级革命。从理论上说，萨维尼所代表的历史法学派强调立法必须尊重民族习惯和历史文化传统，并具有充分合理性，而马克思对罗马法的重视说明马克思也非常重视法律的历史传承。但当时德国的法律制度是落后的封建法律体系，强调立法必须尊重民族习惯和历史文化传统就意味着抱残守缺，捍卫落后的封建法律体系，拒绝接受先进的资产阶级法律文化，这阻碍了德国资产阶级革命的进程。马克思敏锐地发现了德国历史法学派的问题，关注的视线很快就由萨维尼转向了黑格尔。

马克思在《莱茵报》工作期间，进一步研究了德国历史法学派创始人即萨维尼的老师——胡果的法哲学思想，专门写作了《历史法学派的哲学宣言》，对历史法学派的法哲学思想进行了系统分析。在《历史法学派的哲学宣言》中，首先，马克思强调尽管法律必须尊重民族文化传统，但是也不能夸大继承民族文化传统的重要性，历史法学派的研究方法显然过分重视了继承历史文化传统的重要性，而忽视了每个民族必须前进，必须接受先进文化的影响，不能故步自封。马克思说：历史法学派“已把研究起源变成了自己的口号，它把自己对起源的爱好发展到了极端，以致要求船夫不在江河的干流上航行，而在江河的源头上航行”[①]。也就是说，马克思不是否认尊重传统的重要性，而是反对将历史溯源的方法推到极端，强调研究社会问题既要关注其起源和历史发展，更要关注现实和未来，而不能禁锢于事物的发展史，单纯从历史出发并不能真正认识事物的本质。其次，马克思认为历史法学派的观点是其价值立场的产物，历史法学派提出尊重历史的重要性，是谱写封建制度的挽歌。马克思认为，“如果说有理由把康德的哲学看成是法国革命的德国理论，那么，就应当把胡果的自然法看成是法国旧制度的德国理论”[②]。《历史法学派的哲学宣言》虽然是针对胡果法哲学思想的批判，没有讨论其他历史法学派人物的思想，但是马克思对胡果的批判是针对历史法学派方法论的,因此也完全适合萨维尼。萨维尼是胡果的学生，继承了胡果历史法学派思考问题的方法和立场。而

① 《马克思恩格斯全集》第1卷，北京：人民出版社，1995年，第229页。

② 《马克思恩格斯全集》第1卷，北京：人民出版社，1995年，第233页。

且不论是胡果还是萨维尼，其思想实质都是为当时德国封建法律制度进行辩护的。

在《论离婚法草案》中，马克思通过对萨维尼主持修订的离婚法草案的批判，进一步批判了历史法学派的法哲学思想。后来在《〈黑格尔法哲学批判〉导言》中，马克思对萨维尼的法哲学思想进行了更深入的批判。萨维尼主张法律应该是民族精神或民族传统的体现，而习惯法是体现民族意识的，所以法律应该以习惯法为基础。马克思认为这是“以昨天的卑鄙行为来说明今天的卑鄙行为是合法的”[①]，并非历史的就是合理的。萨维尼主持修订离婚法草案，坚持贯彻传统的基督教的婚姻法精神，为把世俗婚姻宗教化，坚持天主教关于婚姻不可离异的传统，在婚姻法关于离婚条件的规定上过于严苛。马克思利用黑格尔法哲学的辩证法思想，说明婚姻法立法也应该坚持辩证法，既要捍卫婚姻的神圣性，也要反对在婚姻问题上的随意态度，应该既保护公民离婚自由的权利，又反对轻率离婚，因此，立法应该规定离婚的合理条件，宽严适度。马克思说：“对于婚姻，立法者只能规定，在什么样的条件下婚姻是允许离异的，也就是说，在什么样的条件下婚姻按其实质来说是已经离异了。法院判决的离婚只能是婚姻内部瓦解的记录。立法者的观点是必然性的观点。”[②]马克思关于婚姻法应该依据婚姻现实规定离婚条件的思想，不仅批判了萨维尼的法哲学思想，而且超越了黑格尔的法哲学思想。马克思强调法律不能脱离社会实际，立法必须以相关事物本质为基础，以事物自身规律性为依据。基于劳动哲学的法哲学思想已经萌芽，马克思对法律思想已经不囿于黑格尔抽象的理性主义法哲学了。

三、黑格尔理性主义法哲学对马克思的影响

受柏林大学刑法学教师甘斯的影响，马克思从萨维尼走向黑格尔。同时，马克思的学习兴趣也从法学转向了哲学。1837 年马克思通读了黑格尔所有哲学著作，他惊叹黑格尔哲学的博大精深，“德国的国家哲学和法哲学在黑格尔的著作中得到了最系统、最丰富和最终的表述”[③]。在黑格尔的哲学思想中，思维和存在对立统一的思想对马克思的影响最大；黑格尔在《精神现象学》中阐发的劳动哲学思想对马克思也影响深远，这些思想成为马克思劳动辩证法思想的主要来源。

---

① 《马克思恩格斯文集》第 1 卷，北京：人民出版社，2009 年，第 5 页。
② 《马克思恩格斯全集》第 1 卷，北京：人民出版社，1995 年，第 349 页。
③ 《马克思恩格斯文集》第 1 卷，北京：人民出版社，2009 年，第 10 页。

1842 年，进入《莱茵报》工作后，马克思运用黑格尔法学思想又撰写了多篇政论和法学论文。《评普鲁士最近的书报检查令》是马克思的第一篇政论文章。在这篇文章中，马克思指出普鲁士新的书报检查令，形式上是自由主义的，其实质是专制主义的。新修订的普鲁士书报检查令表面看起来赋予了人们写作的自由，但实际上规定了人们只能用一种风格写作。书报检查令对写作的过分限制，实质上剥夺了公民的出版自由。《关于出版自由和公布等级会议记录的辩论》是马克思另一篇呼吁保护出版自由立法的檄文。在《关于出版自由和公布等级会议记录的辩论》中，马克思不再像《评普鲁士最近的书报检查令》中那样抽象谈论出版自由，而是全面分析了当时德国社会各阶级对出版自由的态度，说明了立法应该具有的社会基础。封建贵族把法律自由视为只有自己才能拥有的阶级特权，而各阶级普遍享有自由则是有害的；资产阶级作为城市等级代表则认为出版自由只是行业自由，也不主张各阶级普遍享有；工人和农民则认为出版自由是普遍的各阶级都应该享有的自由。马克思已经开始认识到不同的阶级立场取决于各阶级的利益，物质利益是人们思想观念的基础。当然，在这个时期，马克思还没有对此进行深入分析。基于对封建专制主义法律的批判，马克思强调自由是人的本质，法律不能仅仅维护某个阶级的特权，不能成为压制社会成员自由的手段，而必须是保护人民自由的圣经。出版自由不是个别社会成员才能享有的特权，而应该是人类精神的普遍权利。法律应该赋予人民尽可能多的自由，法律处罚只能针对违法行为，而不能针对人们的思想，惩罚思想、限制思想自由的法律是恐怖主义的。这个时期马克思已经开始从社会实际生活出发认识法律，而且意识到社会生活物质利益的重要性，尽管还没有从物质生产劳动实践出发认识法律问题，但是其法哲学思想已经明确走出资产阶级理性主义法学的禁锢。同时，我们应该认识到马克思对资产阶级法学也不是简单的否定，自由在马克思基于劳动哲学的法哲学中占有重要地位，而这是从资产阶级理性主义法学汲取的文化资源。尽管基于劳动哲学的法律自由思想与资产阶级法律自由有本质区别，但是，马克思把自由作为人的本质，将人的全面自由发展作为最高价值追求贯彻其思想体系始终，都与西方近代法律文明一脉相承。因此，全面认识马克思法哲学思想，既要看到其前劳动哲学时期的思想与基于劳动哲学的法哲学思想的不同，也要看到二者的一致性。

《摩泽尔记者的辩护》和《关于林木盗窃法的辩论》也是马克思批判普鲁士封建专制法律的檄文。马克思尖锐地指出维护封建特权、危害社会大多数人的利益是当时德国法律的本质。马克思在《关于林木盗窃法的辩论》中强调，国家应该是政治和法律的理性的实现，法律应该肯定人民自由，而当时德国的国家和法律都被特权阶级的私人利益亵渎了。普鲁士的林木盗窃法只是单方面维护封建特权、维护林木所有者的利益，而不维护人民的基本权利。在这篇文章中，马克思开始认识到立场与物质利益的内在联系，第一次从物质利益出发解释法律问题。在《摩泽尔记者的辩护》中，马克思批判了单纯从主观意志出发认识社会的做法，明确强调研究政治法律问题不能忽视各种客观关系，“人们在研究国家状况时很容易走入歧途，即忽视各种关系的客观本性，而用当事人的意志来解释一切”[①]。为了对普鲁士封建法律进行针锋相对的批判，马克思深入社会进行了大量的调查研究。基于社会调查研究的第一手资料，他认识到摩泽尔地区农民贫困的真正原因不是自然灾害，而是封建的管理体制导致的，封建法律体系是官僚特权阶级谋利的工具。马克思关于立法必须基于社会现实、不是法律决定社会生活而是社会生活决定法律制度的思想表明，其基于劳动哲学的法哲学思想开始萌芽。因为《摩泽尔记者的辩护》和《关于林木盗窃法的辩论》对当时德国封建专制政府的法律制度进行了尖锐批判，激怒了普鲁士政府，《莱茵报》被查封。

1843 年，马克思离开《莱茵报》后，移居克罗茨纳赫。在此期间，他阅读了大量有关欧美历史的文献，以及孟德斯鸠、马基雅弗利和卢梭等人的政治学和法学文献，做了大量的读书笔记（即《克罗茨纳赫笔记》），并以此为基础撰写了《黑格尔法哲学批判》。他对法学和政治学进行了更深入的研究，也正是这样的研究促使他越来越关注社会物质生活，将研究转入经济学领域。

从利用黑格尔哲学批判历史法学派的法哲学与德国的封建政治和法律制度，到更进一步批判黑格尔法哲学，马克思逐渐认识到法律制度必须建构在市民社会的基础上，不能用理性思想观念解释法律制度，而是要从社会生活出发认识法律问题。法律问题产生的根源在社会生活中，因此，仅仅批判政治和法律制度并不能真正解决法律问题，而必须对市民社会进行批判。在这个过程中，马克思哲学世界观逐渐从唯心主义向唯物主义转化，为下一步运用劳动哲学全面批判资本主义经济、政治、法律等根本社会制度和资本主义文化奠定了基础。马克思说：“1842—1843 年间，我作为《莱茵报》的编辑，第一次遇到要对所谓物质利益发表意见的难事。莱茵省议会关于林木盗窃和地产析分的讨论，当时的莱茵省总督冯·沙培尔

① 《马克思恩格斯全集》第 1 卷，北京：人民出版社，1995 年，第 363 页。

先生就摩泽尔农民状况同《莱茵报》展开的官方论战，最后，关于自由贸易和保护关税的辩论，是促使我去研究经济问题的最初动因。”[①]马克思对法哲学思想的研究为其向政治经济学研究转向提供了历史契机，也为他开创基于劳动哲学的法哲学铺平了道路。

四、费尔巴哈的法哲学思想对马克思的影响

费尔巴哈通过对德国宗教和唯心主义哲学的批判，使德国古典哲学从唯心主义转向唯物主义，对马克思产生了深远影响，助力了马克思对黑格尔哲学的批判，强化了马克思从社会实际生活出发认识社会的信念，确立了唯物主义世界观。但需要明确说明的是，并非完全是因为费尔巴哈的影响，马克思才走出黑格尔唯心主义哲学，确立了唯物主义世界观，而主要是他自己研究德国法律制度和黑格尔法哲学，发现思想观念解释社会现象的唯心主义哲学不能真正诠释法律等一切社会现象的本质，才开始转向对法律背后更深层的原因的研究。马克思发现人们关于法律的思想背后有物质利益的动机发挥决定性影响作用。从物质利益影响人们的立场出发，他进一步发现了社会经济生活特别是物质生产劳动实践，在社会历史发展中起的决定性作用。也就是说，马克思世界观的转变与其研究法哲学，发现“物质利益难题”密切相关。在马克思世界观转变的过程中，费尔巴哈的影响尽管不能忽视，但不是决定性的。就世界观而言，马克思哲学本体论从来没有一个费尔巴哈哲学意义上的唯物主义时期，也从来没有像传统唯物主义包括费尔巴哈的唯物主义那样，强调感性客观世界是第一性的，人的思想意识是第二性的。客观物质从来不是马克思哲学的本体概念，马克思称自己的唯物主义是实践的唯物主义，其哲学的本体观念是物质生产劳动实践。

费尔巴哈认为客观存在第一性，法律为第二性，法律依赖客观存在而存在。费尔巴哈说：“法的真实性和可靠性完全依存于感觉的真实性和可靠性。”[②]马克思发现费尔巴哈对法律的认识思路与自己在《莱茵报》时期思考法律问题的思路相近，因此看到费尔巴哈哲学后很高兴。对于马克思初次接触费尔巴哈的《基督教的本质》时的兴奋，恩格斯在《路德维希·费尔巴哈和德国古典哲学的终结》中曾经说：“这部书的解放作用，只有亲身体验过的人才能想象得到。那时大家都很兴奋：我们一时都成为费尔巴哈派了。马克思曾经怎样热烈地欢迎这种新观点，而这种新观点又

---

① 《马克思恩格斯文集》第2卷，北京：人民出版社，2009年，第588页。

② 〔德〕路德维希·费尔巴哈：《费尔巴哈哲学著作选集》（上卷），荣震华、李金山等译，北京：商务印书馆，1984年，第595页。

是如何强烈地影响了他（尽管还有种种批判性的保留意见），这可以从《神圣家族》中看出来。”①从恩格斯的话中，我们也可以看出费尔巴哈哲学对马克思产生了很大影响，但是对费尔巴哈哲学，马克思从一开始就没有完全接受，就有批判性保留意见。

费尔巴哈的主要哲学贡献在于把黑格尔唯心主义哲学中物质与精神、思维与存在的关系颠倒过来了。他把黑格尔哲学中作为独立主体的精神和思维不再作为抽象的精神，而是解释为感性的人的特性和产物。实现了本体论的转向以后，费尔巴哈将唯物主义哲学运用于法学研究，提出了其唯物主义人本主义法学思想。

为了解决自己的“物质利益难题”，加之费尔巴哈的影响，马克思开始从唯物主义立场出发研究黑格尔法哲学，撰写了《黑格尔法哲学批判》。与费尔巴哈不同，马克思既反对黑格尔把主体人仅仅理解为精神和思维，又反对费尔巴哈把主体人仅仅解释为感性的人，而是强调要从社会实际生活特别是从社会物质生活出发，解释人以及一切社会现象。同时，马克思也反对只是用感觉的真实性解释法的真实性，强调要在社会物质生活以及人们的物质利益中，寻找打开神秘法律之谜的钥匙。更重要的是，马克思反对费尔巴哈不仅批判黑格尔的唯心主义法哲学，而且反对黑格尔的辩证法思想。马克思认为，黑格尔的辩证法思想是黑格尔最重要的贡献，只是黑格尔的辩证法被禁锢在其唯心主义哲学体系中，必须把辩证法从黑格尔的唯心主义哲学中解脱出来。马克思说：“既然这种辩证法无疑是整个哲学的最新成就，那末，另一方面，解除它在黑格尔那里所具有的神秘外壳就是极端重要的。”②

马克思的《黑格尔法哲学批判》主要批判了黑格尔的市民社会和国家的相互关系理论。在黑格尔的法哲学中，抽象法、道德和伦理是绝对精神发展变化的三个环节，而家庭、市民社会和国家是伦理发展的三个环节，其中家庭是直接的、自然的伦理精神，是社会生活狭窄、普遍性的领域；市民社会是社会生活的特殊领域；国家则是普遍性和特殊性的统一，是绝对精神发展的顶点。在社会生活中，国家是社会各领域的决定力量，是家庭和市民社会发展的内在目的，也是家庭和市民社会发展的内在动力。马克思认为黑格尔完全颠倒了家庭、市民社会和国家的关系，这三者之间的关系不像黑格尔所说是国家决定家庭、市民社会，而是市民社会决定国家，

---

① 《马克思恩格斯文集》第4卷，北京：人民出版社，2009年，第275页。

② 《马克思恩格斯全集》第29卷，北京：人民出版社，1972年，第540页。

社会生活特别是社会物质生活决定国家政治。

马克思在批判黑格尔市民社会和国家关系理论的过程中，揭示了法律和财产关系的内在联系。国家和法律的核心问题就是财产关系处理，法律是国家意志的外在表现，是财产所有权的权威表现形式，财产关系是法律具体的、实在的内容。统治阶级创立国家政治和法律制度，根本宗旨就是保护财产所有权、捍卫财产关系。占有私有财产是私有制社会的事实，在私有制社会的统治者看来，私人财产所有权是天赋人权，国家保护财产私有权是天经地义的。但是马克思认为财富私有只是一种事实，而不一定是一种应该的权利，国家对私有财产占有权的法律保护，不能不区分财产所有权的来源。法律规定只是使实际占有具有了合法的性质，却并不意味着这种占有是公平合理的。占有私有财产的合理性不应该取决于法律规定，法律规定应该反映社会财产关系，依据社会生活规定哪些财产所有权应该得到法律保护。通过对黑格尔法哲学的批判，马克思阐明了法律的客观性，强调了法律应该以社会生活为基础。在《黑格尔法哲学批判》中，马克思已经开始从社会实际生活出发去阐释法律等社会现象，但是，这个时期，马克思的劳动哲学世界观尚未形成，他尚未从物质生产劳动实践出发认识社会历史，还没有把财产关系作为物质生产劳动实践发展的结果，因此，也尚未真正阐明法律和物质生产劳动实践之间的关系。

总之，这个时期马克思劳动哲学尚未形成，但是他已经开始超越传统唯物主义和唯心主义哲学的世界观和方法论。虽然马克思的哲学革命尚未实现，其法哲学思想仍然是以资产阶级理性主义法学反对封建专制法律制度，但这不意味着马克思这个时期的法哲学思想与其后来基于劳动哲学的法哲学思想是完全对立的，因为劳动哲学的方法论是劳动辩证法，而劳动辩证法对传统法哲学的态度是扬弃，是在批判的基础上继承。马克思对资产阶级理性主义法哲学不是全盘否定，而是有批判有继承。

第二节　马克思劳动哲学形成时期的法哲学思想

1844 年到 1848 年是马克思劳动哲学思想的形成时期。1844 年，马克思在《1844 年经济学哲学手稿》中，开始提出应该从物质生产劳动实践出发认识世界的劳动哲学思想，揭开了人类哲学革命的序幕。随后，在《关于费尔巴哈的提纲》《神圣家族》《哲学的贫困》《德意志意识形态》中，马克思劳动哲学的思想体系逐渐展开。

一、《巴黎手稿》和《巴黎笔记》的法哲学思想

（一）劳动哲学本体论的初步确立

在《莱茵报》工作期间，马克思发现只是用理性观念不能真正认识法律等社会现象的本质，只有从物质利益出发，才能真正揭开政治、法律等社会现象的谜底。伴随将研究视野从法哲学转向国民经济学，马克思逐渐明确物质利益是由物质生产劳动实践决定的。马克思转向经济学研究的最初成果就是《巴黎手稿》和《巴黎笔记》。转向经济学研究后，马克思发现了以往哲学社会历史观错误的根源，不论是唯物主义哲学还是唯心主义哲学，在社会历史领域都是唯心主义的。以往的唯物主义哲学片面强调物质第一性，单纯从客观物质出发，不能解释社会现象的主观性；唯心主义哲学强调精神第一性，单纯从主观精神出发，不能解释社会现象的客观性。两者都不能真正理解社会历史的发展。因此，只有超越唯物主义和唯心主义的对立，既不单纯从物质出发，也不单纯从精神出发，将唯物主义和唯心主义哲学的优势综合起来去认识社会现象，在社会现象的客观规律性与主观能动性的对立统一中，才能真正把握社会历史。马克思说："我们既要说明这一运动在黑格尔那里所采取的抽象形式，也要说明这一运动在黑格尔那里同现代的批判即同费尔巴哈的《基督教的本质》一书所描述的同一过程的区别；或者更正确些说，要说明这一在黑格尔那里还是非批判的运动所具有的批判的形式。"[①]也就是说，对黑格尔哲学和费尔巴哈哲学，都要采取辩证批判的态度，既要避免黑格尔和费尔巴哈哲学的错位，又要充分发挥二者各自的优势。马克思说："我们在这里看到，彻底的自然主义或人道主义，既不同于唯心主义，也不同于唯物主义，同时又是把这二者结合起来的真理。我们同时也看到，只有自然主义能够理解世界历史的行动。"[②]在《1844 年经济学哲学手稿》中，马克思将自己的哲学称为彻底的自然主义或人道主义，就是要将以往的自然主义与人道主义结合起来，将传统哲学的优势发挥出来，同时避免传统哲学的错误，在主体与客体、主观与客观的对立统一中，认识社会历史乃至整个世界。主体与客体、主观与客观的对立统一只有在社会实践中才能做到，所以，社会实践是认识世界唯一正确的出发点，哲学必须将社会实践，而不是物质或者精神作为本体概念。物质生产劳动实践是最重要的社会实践，从社会实践出发，更进一步说，就是从物质生产劳动实践出发。马克思也称自己的哲学是实践

---

① 《马克思恩格斯文集》第 1 卷，北京：人民出版社，2009 年，第 201 页。

② 《马克思恩格斯文集》第 1 卷，北京：人民出版社，2009 年，第 209 页。

的唯物主义即实践哲学，更准确地说该哲学就是物质生产劳动实践哲学，可以简称为劳动哲学。马克思的劳动哲学不是将物质本体论运用于社会历史的结果，而是从发现物质利益在人们的立场和行为中起决定作用，到发现物质利益关系的根本在于社会财产关系，而财产关系取决于生产关系，或者说财产关系就是生产关系。生产关系的本质是人们在物质生产劳动实践中的地位和关系，其中人与物质生产资料的关系即物质生产资料所有制具有决定性意义。因此，物质生产劳动实践是社会历史发展的最终决定力量，物质生产劳动实践即劳动，是哲学的本体概念，即把握这个世界和社会历史的出发点。

（二）马克思基于劳动哲学的法哲学的人性论基础

社会是人的存在方式，人性理论是一切社会历史哲学的理论基础。资产阶级经济学、政治学和法学都把人理解为抽象的自然人、理性的和自私的“经济人”、独立存在的个人，而不是处于现实的、具体的社会生活中的人，个人主义或者说权利主义、自由主义是一切资本主义社会制度的价值观基础。

马克思的劳动哲学从物质生产劳动实践出发认识人，认为人不是孤立的、抽象的自然存在，人是从事现实的物质生产劳动实践的人，是具体的社会生活中的现实的人，是能动的、改造世界的人，是活生生的具体的人。劳动是人与动物的根本区别，是人的本质。劳动是创造世界、人和社会的社会实践活动。劳动不仅创造社会物质生活，而且是整个社会历史发展的决定力量。劳动不是单个人的活动，社会是其得以展开的唯一方式，因此，也是人存在的唯一方式，人不可能脱离社会而存在，社会性是人的本质属性。人通过劳动不仅生产人自身，而且生产社会乃至整个世界包括自然界。作为劳动对象的自然界不是纯粹客观的自然界，是“人化自然”。这是马克思的劳动哲学与传统唯物主义哲学在世界观和本体论上的根本不同。传统的唯物主义哲学将世界作为脱离人的客观存在，将人作为感性的自然人，传统的唯心主义哲学则将世界和人都看作主观精神的幻化，而马克思的劳动哲学将世界作为劳动对象，既具有客观性又具有人性和社会性，自然是人的自然，是社会历史中的自然。“无论是劳动的材料还是作为主体的人，都既是运动的结果，又是运动的出发点（并且二者必须是这个出发点，私有财产的历史必然性就在于此）。因此，社会性质是整个运动的普遍性质；正像社会本身生产作为人的人一样，社会也是由人生产的。活动和享受，无论就其内容或就其存在方式来说，都是社会的活动和社会的享受。自然界的人的本质只有对社会的人来说才是存在的；因为只有在社会中，自然界对人来说才是人与人联系的纽带，才是他为别人的存在和别人为他的存在，只有在社会中，自然界才是人自己的合乎人性的存在的基础，才是人的现实的生活要素。只有在社会中，人的自然的存在对他来说才是人的合乎人性的存在，并且自然界对他来说才成为人。因此，社会是人同自然界的完成了的本质的统一，是自然界的真正复活，是人的实现了的自然主义和自然界的实现了的人道主义。”①

马克思批判了资产阶级自然人性论，说明了人性是自然性与社会性的统一，并特别强调社会性作为人的本质属性的重要性，还进一步分析了在物质生产劳动实践发展的不同阶段人的社会性的具体状态。

在原始社会初期，物质生产劳动实践水平低，只能生产生活必需品，而不能生产多余的产品，产品被直接消费，所以没有物质产品的交换。马克思说：“我是为自己而不是为你生产，就象你是为自己而不是为我生产一样。我的生产的结果本身同你没有什么关系，就象你的生产的结果同我没有直接的关系一样。换句话说，我们的生产并不是人为了作为人的人而从事的生产，即不是社会的生产。”②物质生产劳动实践发展到生产的产品超出人生存的直接需要，能够生产剩余产品，人们之间才有了真正的物质交往，开始进行产品交换、互通有无。这种“交换只能导致运动，只能证明我们每一个人对自己的产品从而对另一个人的产品的关系的性质。我们每个人都把自己的产品只看作是自己的、物化的私利，从而把另一个人的产品看作是另一个人的、不以他为转移的、异己的、物化的私利”③。在产品交换中，产品变成了商品，商品交换使人获得了更多自我实现的机会。

伴随物质生产劳动实践的进一步发展，产品的交换方式也不断丰富。货币的产生是商品交换发展的产物，又进一步促进了商品交换的发展，而且货币作为商品交换的中介成为当事人之间彼此交换所有物的桥梁。货币进一步发展逐渐使人同物所进行的活动，变成了人之外的、人之上的异己活动，商品交换的互通有无转化为彼此竞争逐利。马克思说：“在这里，掠夺和欺骗的企图必然是秘而不宣的，因为我们的交换无论从你那方面或从我这方面来说都是自私自利的，因为每一个人的私利都力图超过另一个

---

① 〔德〕马克思：《1844年经济学哲学手稿》，中共中央马克思恩格斯列宁斯大林著作编译局编译，北京：人民出版社，2018年，第79—80页。

② 《马克思恩格斯全集》第42卷，北京：人民出版社，1979年，第34页。

③ 《马克思恩格斯全集》第42卷，北京：人民出版社，1979年，第34页。

人的私利，所以我们就不可避免地要设法互相欺骗。”“就整个关系来说，谁欺骗谁，这是偶然的事情。双方都进行观念上和思想上的欺骗，也就是说，每一方都已在自己的判断中欺骗了对方。”[①]

马克思认为人的社会性不是反思的产物，而是对社会生活的真实反映，物质生产劳动实践决定人的具体生存状态。在社会生活中，人首先在社会分工和商品交换中获得外在表现形式，物质生产劳动实践与主体处于异化状态，商品交换使劳动不再是对主体的肯定，而主要表现为对主体的否定。

（三）对资本主义社会法律制度基础和本质的揭示

马克思在《巴黎手稿》和《巴黎笔记》中，首先批判了资产阶级经济学的理论出发点。资产阶级国民经济学主张，财产私有制特别是物质生产资料私有制是物质生产的前提，也是一切社会生活的基础，所有的经济学理论都应该以此为基点展开理论研究，因此，法律制度的核心应该是尊重和保护个人财产的私人所有权。马克思认为资产阶级国民经济学和法学，将个人财产私有权作为理论研究的出发点，是一种因果颠倒的研究方法。个人财产私有制不是从来就有的，个人财产私有权也不是天经地义的，私有财产是物质生产劳动实践发展到一定阶段的产物。资产阶级经济学和法学不问个人私有财产的来源，就将私有财产所有权作为天赋人权，是不合理的。作为资本主义法律制度设计的核心价值观的私有财产所有权，使天赋人权缺乏坚实的理论基础。

马克思认为黑格尔在《精神现象学》中用异化概念对财富、国家和法律等问题的分析体现了辩证法精神，这是黑格尔哲学的重大贡献。因此，他将《精神现象学》作为黑格尔辩证法的真正诞生地。马克思继承黑格尔关于异化的辩证法思想，将异化概念用于分析资本主义社会的物质生产劳动问题，揭示资本主义社会经济和法律制度的本质。马克思认为资本主义社会是私有制发展的极端表现，私有制导致劳动异化，在资本主义社会中，物质生产劳动异化表现在五个方面：劳动者在劳动对象面前的异化、劳动者在劳动产品面前的异化、劳动者在劳动活动中的异化、人与人之间关系的异化以及人的类本质的异化。马克思批判资产阶级法学纯粹抽象思辨的认识方式，从社会物质生产劳动实践出发认识资本主义法律制度，强调资本主义法律的本质是维护资本主义经济制度，维护资产阶级的物质利益，

---

① 《马克思恩格斯全集》第42卷，北京：人民出版社，1979年，第35页。

资产阶级法学则是为资本主义经济和法律制度辩护的意识形态理论。为了揭穿资产阶级法学的虚伪性，马克思强调私有权和私有财产是两个根本不同的概念，私有权是法学范畴，私有财产是经济学范畴，私有财产是私有权的现实社会基础，私有权是私有财产的法律表现。如果现实社会没有私有财产，法律就不会有规定财产私有权的内容，法律赋予的财产私有权使私有财产获得了国家制度保护的社会存在方式。经济现实中的私有财产和法律的财产私有权，是物质生产劳动异化的社会根源。马克思说："因此，在私有权关系的范围内，社会的权力越大，越多样化，人就变得越利己，越没有社会性，越同自己固有的本质相异化。"[①]"这种物质的、直接感性的私有财产，是异化了的人的生命的物质的、感性的表现。私有财产的运动——生产和消费——是迄今为止全部生产的运动的感性展现，就是说，是人的实现或人的现实。宗教、家庭、国家、法、道德、科学、艺术等等，都不过是生产的一些特殊的方式，并且受生产的普遍规律的支配。"[②]马克思认为，法律也是社会物质生产的表现形式，受物质生产劳动实践的普遍规律的支配。物质生产劳动实践决定社会法律制度，以及一切与法律相关的社会实践，至此，马克思基于劳动哲学的法哲学思想更加明确了。

（四）马克思基于劳动哲学的法哲学的方法论逐渐形成

在《巴黎手稿》和《巴黎笔记》中，马克思开始从物质生产劳动实践出发认识世界，确立了物质生产劳动实践本体论，也就为基于劳动哲学的法哲学奠定了劳动辩证法的方法论基础。

首先，马克思批判继承了资产阶级政治经济学家的研究方法。马克思认为资产阶级政治经济学家从劳动、资本和土地出发认识资本主义社会，也就是从社会物质生活出发认识资本主义社会，较之政治学家和法学家从抽象的理性观念出发认识资本主义社会，更准确地抓住了资本主义的根本问题。马克思继承并进一步创新了资产阶级政治经济学家从社会物质生活出发认识资本主义社会的方法，创立了从物质生产劳动实践出发认识世界的劳动哲学。与资产阶级政治经济学的方法论不同，马克思不是将资本、土地等物质生活因素看成是固有的，而是将资本、土地等都纳入人类物质生产劳动实践发展的具体历史中去认识。在资产阶级政治经济学家那里，私有财产是思考一切问题的前提，而不问个人对私有财产的占有是否合理。

---

① 《马克思恩格斯全集》第42卷，北京：人民出版社，1979年，第29页。

② 〔德〕马克思：《1844年经济学哲学手稿》，中共中央马克思恩格斯列宁斯大林著作编译局编译，北京：人民出版社，2018年，第78页。

政治经济学的研究宗旨就是私有财产的增值规律，资产阶级法学研究的宗旨就是维护私有财产不受侵犯，也不问私有财产是从哪里来的，怎么来的。马克思说："国民经济学从私有财产的事实出发。它没有给我们说明这个事实。它把私有财产在现实中所经历的物质过程，放进一般的、抽象的公式，然后把这些公式当做规律。它不理解这些规律，就是说，它没有指明这些规律是怎样从私有财产的本质中产生出来的。国民经济学没有向我们说明劳动和资本分离以及资本和土地分离的原因。"[①]他又说："我们是从国民经济学的各个前提出发的。我们采用了它的语言和它的规律。我们把私有财产，把劳动、资本、土地的互相分离，工资、资本利润、地租的互相分离以及分工、竞争、交换价值概念等等当做前提。"[②]马克思的劳动哲学认为，不能将私有财产作为预定的讨论问题的前提，关于私有财产首先还要考察其产生的历史、存在的合理性等问题。私有财产是物质生产劳动实践发展的结果，而不是物质生产劳动实践开展的前提；私有财产绝不是像资产阶级思想家想象的那样是固有的、永恒的存在，伴随物质生产劳动实践，私有财产有一个产生、发展和灭亡的过程。

其次，马克思批判继承了黑格尔的劳动理论和辩证法的方法。绝对精神是黑格尔哲学的哲学本体概念，其通过自我否定实现自我发展变化。黑格尔将绝对精神的发展变化阐释为一个扬弃的辩证过程，绝对精神的每一个发展环节彼此相互联结、不断递进，是一个否定之否定的辩证发展过程。黑格尔将人生阐释为一个通过劳动自我产生发展、自我扬弃的辩证过程，将人自我异化理解为自我获得本质的过程，把劳动看成人的本质自我确证的过程。黑格尔把所有事物的发展变化都理解为肯定和否定的对立统一、不断扬弃旧事物创造新事物的辩证过程，认为扬弃是使外化返回到自身的、对象性的运动，人的劳动过程就是不断外化自我的对象性活动，一种自我扬弃的活动。马克思高度评价黑格尔的劳动理论和辩证法思想，他的劳动哲学的根本思想，包括世界观、方法论、历史观和价值观都与此密切相关。马克思的法哲学思想建构在劳动哲学体系之上，也可以说是其劳动哲学体系的组成部分。当然，马克思的劳动辩证法与黑格尔的辩证法也存在根本差异。黑格尔的辩证法是绝对精神发展的规律，劳动只是绝对精神发展的表现形式，而在马克思劳动哲学中，劳动是主体与客体相互作用的社会

① 〔德〕马克思：《1844年经济学哲学手稿》，中共中央马克思恩格斯列宁斯大林著作编译局编译，北京：人民出版社，2018年，第46页。

② 〔德〕马克思：《1844年经济学哲学手稿》，中共中央马克思恩格斯列宁斯大林著作编译局编译，北京：人民出版社，2018年，第45页。

实践活动，在现实的社会实践中实现主观与客观的对立统一，在劳动中人不仅创造自己而且创造这个世界，所以世界不是绝对精神的外化，世界既具有客观性也具有主观性，辩证法不是绝对精神的演化规律，而是人的社会实践发展规律，因此，也是整个社会乃至自然界的发展规律。

总之，《巴黎手稿》和《巴黎笔记》呈现了马克思的劳动哲学雏形，马克思开始以物质生产劳动实践为哲学本体，揭示人和社会的本质、个人与社会的关系等问题，人类社会历史哲学革命的序幕已经拉开。同时，马克思也以劳动哲学为方法论探讨了法哲学的诸多问题，提出了法律产生、发展和变化取决于物质生产劳动实践的思想，并开始构筑基于劳动哲学的法哲学思想体系。

二、《关于费尔巴哈的提纲》的法哲学思想

《关于费尔巴哈的提纲》进一步丰富发展了《巴黎手稿》和《巴黎笔记》中的劳动哲学思想，劳动哲学的逻辑体系初步形成。恩格斯对《关于费尔巴哈的提纲》给予了高度评价："它作为包含着新世界观的天才萌芽的第一个文献，是非常宝贵的。"[①]

（一）《关于费尔巴哈的提纲》明确了实践的唯物主义哲学世界观

马克思开宗明义，在《关于费尔巴哈的提纲》的第一段就指出了以往哲学的根本缺陷。他认为旧唯物主义哲学对事物、现实、感性，只是从客体的或者直观的形式去理解，而不是从社会实践出发认识世界，导致他们对世界的认识只是感性材料的堆积，世界是僵死的，没有能动性；以往唯心主义哲学只是从主观精神出发认识世界，而不是从社会实践出发认识世界，因此他们认为世界是主观精神的外化，世界具有能动性，但是没有客观性。马克思认为只有从社会实践出发认识世界，在主观性与客观性的对立统一中把握世界，才能超越以往一切哲学，弥补唯物主义和唯心主义各自不同的缺陷，同时发挥它们的优势。马克思说："从前的一切唯物主义——包括费尔巴哈的唯物主义——的主要缺点是：对对象、现实、感性，只是从客体的或者直观的形式去理解，而不是把它们当做人的感性活动，当做实践去理解，不是从主体方面去理解。因此，结果竟是这样，和唯物主义相反，唯心主义却把能动的方面发展了，但只是抽象地发展了，因为唯心主义当然是不知道现实的、感性的活动本身的。"[②]马克思强调只有

① 《马克思恩格斯文集》第4卷，北京：人民出版社，2009年，第266页。
② 《马克思恩格斯文集》第1卷，北京：人民出版社，2009年，第503页。

从社会实践出发，才能使我们认识的世界既具有客观性，又不是僵死的感性材料堆积，所以他把自己的哲学称为实践的唯物主义，世界既是人实践的客观环境，也是人社会实践的创造物，是主体与客体相互作用的结果，是主观与客观的统一。因此，人和社会的本质都是实践的，社会实践中蕴含着破解所有社会现象之谜的金钥匙，揭示法律的本质也必须以社会实践作为理论研究的出发点。

（二）马克思实践的唯物主义哲学的人的本质理论

人性论是社会历史哲学和一切社会科学的理论基础。马克思的劳动哲学对资产阶级经济学家、政治学家和法学家的人性理论进行了全面批判。马克思认为资产阶级思想家都认为人是抽象的、孤立的个体存在，但他认为，人不是抽象的存在，而是从事社会实践的、具体的、现实的人，人不是孤立的个体存在，而是社会的人。马克思说："人的本质不是单个人所固有的抽象物，在其现实性上，它是一切社会关系的总和。"[①]

资产阶级经济学、政治学和法学的人性论都将人理解为理性的、自私自利的经济人，并认为这种理性的自私性是永恒不变的。资产阶级法学家把自私的抽象人性论思想，作为所有法律理论的基础和资本主义法律制度的理论基础，因为人永远是自私的，所以资本主义法律制度必须将维护自私的人性作为根本宗旨，具体表现为将财产私有权作为设计法律制度的核心价值观念，而且由于人的自私性是永恒的，所以维护自私人性的资本主义法律制度也永远具有合理性。马克思认为人性不是固有的，是社会实践的产物，人性与一切社会现象一样都伴随社会实践不断变化，资本主义法律制度也是社会实践发展到一定阶段的产物，没有永恒的人性，更没有永恒合理的法律制度。

（三）马克思实践的唯物主义哲学的社会本质理论

马克思认为人的本质是社会实践，而社会是社会实践开展的唯一方式，所以社会生活的本质也是实践，必须把一切社会现象乃至整个世界都纳入社会实践中去把握。以往的社会历史哲学不论是唯物主义的还是唯心主义的，因为没有认识到社会实践是社会历史的本质，所以是唯心主义的。只有实践的唯物主义哲学，将一切社会现象都作为社会实践活动及其活动结果，才真正把握了社会的本质，社会历史哲学才摆脱了要么是僵死材料的汇集要么是主观精神的幻想的命运，社会现象作为社会实践方式既具有

① 《马克思恩格斯文集》第1卷，北京：人民出版社，2009年，第505页。

客观规律性又具有主观能动性。

以往资产阶级法学认为法律是立法者主观意志的产物，马克思批判这种唯心主义法哲学理论，强调不是法律决定社会生活，而是社会生活决定法律。同时，马克思也批判以往的唯物主义哲学，因为他们认为人是环境的产物。马克思强调环境也是人创造的，人和环境是互动的，他说："环境的改变和人的活动的一致，只能被看做是并合理地理解为变革的实践。"[①]因此，社会生活决定法律，同时，社会生活又不是完全客观的，社会生活是实践的产物，其中包括法律实践。从社会实践出发把握法律现象，既要看到法律是社会生活的反映，也要看到法律是社会生活的塑造者。人的法律实践是受动的也是能动的。

三、《哲学的贫困》和《神圣家族》的法哲学思想

在《哲学的贫困》中，马克思针对蒲鲁东在《什么是财产》和《贫困的哲学》中的法哲学思想进行了深刻的批判。《神圣家族》是马克思和恩格斯合作的第一部作品，是针对德国青年黑格尔派的鲍威尔法哲学思想进行的批判。

蒲鲁东的《什么是财产》是政治经济学系统研究私有制的开创性著作。马克思说："国民经济学的一切论述都以私有财产为前提。国民经济学把这个基本前提当做确定不移的事实，而不作任何进一步的考察，甚至像萨伊所坦率承认的那样，国民经济学只是'偶然'提到这一事实。蒲鲁东则对国民经济学的基础即私有财产作了批判的考察，而且是第一次具有决定意义的、无所顾忌的和科学的考察。这就是蒲鲁东在科学上实现的巨大进步，这个进步在国民经济学中引起革命，并且第一次使国民经济学有可能成为真正的科学。"[②]蒲鲁东作为小资产阶级法学家，改变了资产阶级政治经济学将私有制作为一切理论研究出发点的做法，不再将私有制看成固有的、天经地义的，开始批判资本主义私有制。蒲鲁东认为私有制是资本主义社会的基础，也是工人阶级贫困的根本原因。马克思赞同蒲鲁东对资本主义私有制的批判，但他认为蒲鲁东在私有制的框架之内反对私有制，而不是彻底否定私有制，并不能真正解决资本主义存在的根本问题。

马克思在《神圣家族》中批判了蒲鲁东的思想，同时也批判了以鲍威尔为代表的青年黑格尔派对蒲鲁东思想的歪曲。蒲鲁东把法律看成是一种

---

① 《马克思恩格斯文集》第1卷，北京：人民出版社，2009年，第504页。

② 《马克思恩格斯文集》第1卷，北京：人民出版社，2009年，第255—256页。

有客观依据的宣告，而鲍威尔故意将蒲鲁东所说的宣告解释为规定，以此遮蔽蒲鲁东的法律有客观依据的思想。但是，马克思认为蒲鲁东将抽象的公平作为法律的客观依据是错误的，主张公平应建立在具体的社会生活基础上，公平是具体的，是由特定的社会生活特别是社会物质生活决定的，没有脱离具体社会生活的抽象公平。物质生活是人和社会生活存在的前提，人的自由和权利都不是抽象的存在，都存在于具体的社会实际物质生活之中。资产阶级法哲学和政治哲学弘扬天赋人权论，其目的是为个人财产私有制提供理论基础，是为资本主义私有制进行合理性论证。

马克思在《神圣家族》中，不仅批判了蒲鲁东和青年黑格尔派的法哲学思想，而且批判继承了法国唯物主义的法哲学思想。法国18世纪唯物主义哲学家认为人的感性欲望和自存自保是人的本性，是一切社会哲学和社会秩序的基础，因此，道德都是功利性的，凡是脱离利益的道德都是虚伪的。人是外界环境和教育的产物，人的品格高低、是否能够遵守社会规范乃至犯罪与否都是由外部环境决定的。立法者将个人利益和公共利益对立起来导致社会生活中人与人之间利益的冲突，客观环境中的利益冲突是导致犯罪的根本原因。马克思赞同他们将道德建立在利益基础上的观点，但是反对他们的抽象人性论，反对他们对人的主观能动性的否定，主张教育不是万能的，教育者也要受教育，外在客观环境确实是犯罪的重要原因，但不是唯一原因，犯罪也有个体内在的主观原因，因此，社会治理既要不断改变导致人们犯罪的外在环境，也要惩罚犯罪的个人，承认人的主观能动性是法律制裁个人犯罪行为的依据。

1847年，马克思发表《哲学的贫困》以批判蒲鲁东。蒲鲁东主张通过批判资本主义经济制度，找到限制大资本的途径，再加上对资本家进行自由和平等的宣传和感化，就可以解决资产阶级剥削工人的问题，实现永恒的正义和平等。马克思认为蒲鲁东在资本主义私有制框架内批判资本主义，主张感化资本家以实现自由和平等是不切实际的，基于此而反对工人阶级用暴力革命推翻资本主义制度，这对工人运动是非常有害的。马克思和恩格斯反对蒲鲁东的抽象正义观，主张正义是与物质生产劳动实践的发展水平相联系的，是伴随物质生产劳动实践不断发展变化的，没有永恒正义。宣传和道德感化不是实现正义的根本途径，不是解决资本主义问题的根本手段，在资本主义制度内不能真正解决资本主义的根本问题。工人阶级只有通过暴力革命推翻资本主义私有制，才能真正改变自己被剥削、被压迫的命运。

蒲鲁东用神秘的心理现象解释法律问题，而不是从社会生活实际特别是从物质生活出发认识法律问题，其法学思想是脱离实际的。他认为私有制产生的根本原因是意志专横，与社会经济因素关系不大，私有观念主要是心理因素和道德因素发挥作用的结果。马克思认为蒲鲁东的法哲学是用人的主观精神现象解释法律问题，而不是从物质生产劳动实践出发认识法律问题，其法哲学缺乏坚实的社会基础。私有财产所有权是社会经济发展的产物，是社会经济关系的法权表现，形式上表现为财产关系，实质是生产关系。马克思说："因此，在蒲鲁东先生看来，君主的专横就是政治经济学中的最高原因！其实，只有毫无历史知识的人才不知道：君主们在任何时候都不得不服从经济条件，并且从来不能向经济条件发号施令。无论是政治的立法或市民的立法，都只是表明和记载经济关系的要求而已。"① 也就是说，社会生活中的每一个成员，都不能摆脱现实物质生产劳动实践的约束，即使是封建君主。法律及所有社会意识，也都不能摆脱社会物质生活的束缚。资本主义私有制的实质就是资本主义生产关系的法律体现，但资本主义法律只是资本主义社会财产所有权的反映，本身并不能决定人们的财产所有权。

四、《德意志意识形态》的法哲学思想

一般来说，学者们都认为《关于费尔巴哈的提纲》是《德意志意识形态》的创作提纲。恩格斯把《关于费尔巴哈的提纲》称为包含天才思想的第一个文献。马克思和恩格斯在《德意志意识形态》中，把《关于费尔巴哈的提纲》中的实践的唯物主义思想，进行了全面深入且系统的阐发，把作为哲学本体概念的社会实践进一步具体化为物质生产劳动实践，提出了劳动本体论，从而超越了以往一切哲学本体论。《德意志意识形态》标志着马克思劳动哲学思想体系的基本形成。

（一）马克思劳动哲学的社会发展终极原因论

在《关于费尔巴哈的提纲》中，马克思强调社会生活在本质上是实践的，社会历史发展最终取决于社会实践。在《德意志意识形态》中，马克思进一步说明，在人类所有的社会实践中，物质生产劳动实践是第一社会实践，也是最重要的社会实践，是社会历史发展的最终决定力量。

马克思和恩格斯认为现实的个人是一切历史的前提，人为了生存不得不生产生存所需要的物质生活资料，现实的人就是从事具体的物质生产劳

---

① 《马克思恩格斯全集》第 4 卷，北京：人民出版社，1958 年，第 121—122 页。

动实践的人，人们生产什么和怎样生产决定人和社会乃至整个世界的存在状态。马克思说："个人怎样表现自己的生命，他们自己就是怎样。因此，他们是什么样的，这同他们的生产是一致的——既和他们生产什么一致，又和他们怎样生产一致。因而，个人是什么样的，这取决于他们进行生产的物质条件。"[①]人们物质生产劳动实践的水平，标志人从自然界获取物质生活资料的能力。物质生产劳动实践的能力就是生产力，生产力决定人们在社会生活中的相互关系，"生产本身又是以个人彼此之间的交往为前提的。这种交往的形式又是由生产决定的"[②]。人们在物质生产中的相互关系决定其他社会关系，人们的物质生产方式决定人们之间总体的交往方式。在物质生产劳动实践中，人们与物质生产资料的关系是人们相互关系的中心，物质生产资料所有制是人们交往方式即社会关系的核心。伴随物质生产劳动实践的发展，人们与物质生产资料的关系不断变化，物质生产资料所有制也随之不断发展。物质生产资料所有制经历了部落所有制、古典古代的公社所有制和国家所有制、封建的或等级的所有制、资产阶级私有制等几个主要的发展阶段，未来人类社会将实现物质生产资料公有制。总之，人们的物质生产劳动实践方式主要表现为物质生产方式和物质交往方式，它们共同构成一个社会存在和发展的经济基础，是社会历史的最终决定力量。马克思劳动哲学的本体概念是物质生产劳动实践，可以简称为劳动，是认识社会、人和世界的出发点和基本原则。物质生产劳动实践也是马克思法哲学的本体概念，将法律纳入物质生产劳动实践发展史中去把握，是马克思法哲学最突出的特点。

（二）劳动历史观的社会发展动力论

物质生产劳动实践决定社会历史发展的思想，不是马克思把物质本体论运用于社会领域的产物。虽然马克思承认客观物质世界的先在性，但是他反对传统唯物主义物质本体论哲学片面强调物质世界的先在性和客观性，把世界只是作为感性的对象。马克思的劳动哲学以物质生产劳动实践为本体，就是要突出世界的能动性，自然不仅是客观的，更是人化的自然。马克思指出以往唯物主义包括费尔巴哈的唯物主义哲学的问题就在于"他没有看到，他周围的感性世界决不是某种开天辟地以来就直接存在的、始终如一的东西，而是工业和社会状况的产物，是历史的产物，是世世代代活动的结果，其中每一代都立足于前一代所奠定的基础上，继续发展前一

① 《马克思恩格斯文集》第1卷，北京：人民出版社，2009年，第520页。
② 《马克思恩格斯文集》第1卷，北京：人民出版社，2009年，第520页。

代的工业和交往，并随着需要的改变而改变他们的社会制度”[①]。他又说："工业和商业、生活必需品的生产和交换，一方面制约着分配、不同社会阶级的划分，同时它们在自己的运动形式上又受着后者的制约。”[②]马克思劳动哲学的劳动本体论，就是劳动历史观或者称为唯物史观，强调要从物质生产劳动实践出发认识世界、认识社会，将一切社会现象都纳入物质生产劳动实践发展史中去认识。

不论是物质生产方式还是物质交往方式，都是物质生产劳动实践的活动方式。物质生产劳动实践不能脱离客观环境，在物质生产劳动实践中，人必须尊重客观必然性，但是人也不是完全被客观世界左右，物质生产劳动实践是人与外在客观世界互动的过程，是人认识和改造客观世界的过程。而且马克思对其劳动哲学使命的定位就不是解释世界，而是改造世界。在物质生产劳动实践中，劳动者不断提升自己改造世界的能力，这种改造世界的能力就是生产力。劳动者在物质生产劳动实践中的相互关系就是生产关系，生产关系是劳动者劳动创造性发挥的决定性因素。生产力和生产关系构成物质资料生产方式，决定人们的物质利益所得，决定人们在社会生活中的地位。人们在生产关系中的定位决定人们分成不同的阶级，为了谋求社会利益特别是物质利益，各阶级之间进行激烈的阶级斗争。在阶级社会中，阶级斗争是社会历史发展的根本动力，法律在阶级斗争中发挥重要作用，是阶级斗争的主要工具。

（三）劳动历史观的社会发展基本规律论

马克思和恩格斯在《德意志意识形态》中，不仅明确指出物质生产劳动实践是社会历史的最终决定因素，是社会历史发展的根本推动力，还进一步说明物质生产方式决定物质交往方式，生产力决定生产关系的社会历史发展的客观规律。物质生产方式和物质交往方式构成整个社会的经济基础，经济基础决定政治、法律、道德、艺术、哲学和宗教等上层建筑即社会精神生活。唯物史观关于社会存在决定社会意识的社会基本规律，在《德意志意识形态》中表述为物质生产劳动实践决定精神生产劳动实践、社会物质生活决定社会精神生活。

生产力决定生产关系。马克思和恩格斯说：“一个阶级是社会上占统治地位的物质力量，同时也是社会上占统治地位的精神力量。支配着物质生产资料的阶级，同时也支配着精神生产资料，因此，那些没有精神生产

---

① 《马克思恩格斯文集》第1卷，北京：人民出版社，2009年，第528页。
② 《马克思恩格斯文集》第1卷，北京：人民出版社，2009年，第529页。

资料的人的思想，一般地是隶属于这个阶级的。占统治地位的思想不过是占统治地位的物质关系在观念上的表现，不过是以思想的形式表现出来的占统治地位的物质关系；因而，这就是那些使某一个阶级成为统治阶级的关系在观念上的表现，因而这也就是这个阶级的统治的思想。”[①]同时，他们还强调建构在经济基础之上的上层建筑可以分为政治上层建筑和思想上层建筑：政治上层建筑与经济基础具有更直接更密切的关系；思想上层建筑与经济基础的相互作用往往是通过政治上层建筑进行的。他们说：“思想、观念、意识的生产最初是直接与人们的物质活动，与人们的物质交往，与现实生活的语言交织在一起的。人们的想象、思维、精神交往在这里还是人们物质行动的直接产物。表现在某一民族的政治、法律、道德、宗教、形而上学等的语言中的精神生产也是这样。人们是自己的观念、思想等等的生产者，但这里所说的人们是现实的、从事活动的人们，他们受自己的生产力和与之相适应的交往的一定发展——直到交往的最遥远的形态——所制约。意识在任何时候都只能是被意识到了的存在，而人们的存在就是他们的现实生活过程。”[②]生产力决定生产关系，经济基础决定上层建筑是社会历史发展的基本规律，人们在物质生产劳动实践中的关系即生产关系，这一关系在阶级社会主要表现为阶级关系。阶级矛盾和阶级斗争是阶级社会矛盾冲突的主要表现形式，也是推动社会基本矛盾发展变化的主要动力。

马克思劳动历史观关于社会历史发展基本规律的思想，对于理解马克思的法哲学思想具有重要意义。在将一切纳入物质生产劳动实践发展史把握的劳动历史观中，法律就是精神生产劳动实践，而不是纯粹的精神。作为精神生产劳动实践，法律是被物质生产劳动实践决定的，经济和法律的关系不是物质和精神的关系，而是物质生产劳动实践和精神生产劳动实践这两种社会实践之间的关系。所以，既不能像以往唯物主义哲学那样把法律理解为感性的、僵死材料的堆积，也不能把法律看成是某个人主观意志的体现，更不能把法律看成是超自然的精神意志。在社会生活中，法律是人创立的社会制度，法律制度的创立必须建立在社会实践特别是物质生产劳动实践的基础上，既要尊重物质生产劳动实践的客观实际情况，也要体现物质生产劳动者的主观价值追求。

---

① 《马克思恩格斯文集》第1卷，北京：人民出版社，2009年，第550—551页。

② 《马克思恩格斯文集》第1卷，北京：人民出版社，2009年，第524—525页。

（四）法律发展变化的一般规律

马克思认为要考察法律产生、发展的一般规律必须将法律纳入物质生产劳动实践发展史中去认识，必须结合物质生产劳动实践发展的具体阶段的具体情况去认识法律的每一个问题。在马克思基于劳动哲学的法哲学中，物质生产劳动实践的发展是法律产生和发展变化的根本原因，并特别强调物质生产劳动实践中的社会分工在法律产生和发展变化中的作用。物质生产劳动的进步导致并促进了社会分工，社会分工则推动了物质生产方式和交往方式的进一步变革。社会物质生产关系不断变化导致了私有制产生，而私有制是法律产生的直接原因，法律最初就是为了维护物质生产资料私有制而建构的社会制度。物质生产劳动实践的发展，导致物质生产资料所有制不断变化，物质生产资料所有制的不同形式，致使社会呈现不同的形态。在不同的社会形态中，法律的表现形式和价值导向都会发生相应的变化。

总之，1844 年到 1847 年马克思的世界观发生了根本转变，独具特色的劳动哲学体系逐渐形成，基于劳动哲学的法哲学体系也随之诞生，具有鲜明劳动哲学特色的法哲学思想的核心观点也已经明确提出，只有个别表述尚不够准确。当然，这个时期马克思基于劳动哲学的法哲学思想，基本上处于形而上的形态，已经结合资本主义社会实际情况进行分析，但是还没有将其全面用于对现实的资本主义制度的具体深入分析，特别是对资本主义具体的法律规定的全面系统分析，这些是在 1848 年以后才展开的。

第三节　马克思劳动哲学发展时期的法哲学思想

从 1848 年到 1871 年，马克思劳动哲学思想不断发展深入，伴随劳动哲学的发展其法哲学思想也不断丰富。马克思在这个时期创作的《共产党宣言》《共产党在德国的要求》《1848 年至 1850 年的法兰西阶级斗争》《路易·波拿巴的雾月十八日》《1857—1858 年经济学手稿》《1861—1863 年经济学手稿》《1863—1865 年经济学手稿》《资本论》等文献都包含着丰富的法哲学思想。其中，《资本论》作为研究资本主义社会的百科全书更是法哲学思想的宝藏。在此书中，马克思运用劳动哲学对资本主义制度进行了全面分析，揭示了资本主义法律制度的本质。马克思应用在此前确立的劳动哲学的世界观和方法论，说明了资产阶级民主革命的性质和任务，以及无产阶级在资产阶级民主革命中的作用和任务，更重要的是对资本主义社会经济、政治和法律制度进行了全方位解剖，并推论出了资本主义必然灭亡的历史命运。

1848 年《共产党宣言》的发表，标志着马克思基于劳动哲学的思想体系正式形成。伴随劳动哲学体系的成型，马克思基于劳动哲学的法哲学思想体系也逐渐形成。

一、《共产党宣言》的法哲学思想

1848 年，马克思和恩格斯共同为共产主义者同盟起草了纲领——《共产党宣言》。在《共产党宣言》中，马克思和恩格斯运用劳动哲学对资本主义社会进行了深入研究，揭示了资本主义社会的本质、产生的原因和过程以及发展的必然趋势，阐明了无产阶级的历史使命以及实现使命的方式和途径。《共产党宣言》被公认为马克思主义诞生的标志。

（一）对资本主义社会法律基础的揭示

马克思将资本主义社会法律制度纳入物质生产劳动实践发展史中去认识，指出资本主义法律是物质生产劳动工业化、机械化和物质交往市场化的产物，物质生产劳动工业化与物质交往市场化，是资本主义社会的物质生产方式，是资本主义社会法律制度的社会经济基础。

14 世纪后，欧洲手工工场不断壮大，推动了市场经济不断发展，工业产品供给超越了国内市场需求，激发了资产阶级寻求海外市场的需求。美洲的发现和环球航行拓展了海外市场，使商业、航海业和工业都快速发展，“现代大工业代替了工场手工业，工业中的百万富翁、一支一支产业大军的首领、现代资产者，代替了工业的中间等级”①。现代资产阶级是物质生产方式和交换方式变革的产物。大工业和市场经济不仅创造了资产阶级，也创造了它的对立面——无产阶级。技术进步致使“小工业家、小商人和小食利者、手工业者和农民”都经受不住资本竞争，他们丧失了手中的生产资料，落入无产者阶层。工业化大生产和市场经济发展创造了资本主义发展的社会关系，扯下了封建社会人际关系之上所有温情脉脉的面纱，把人与人之间的关系变成纯粹的金钱关系，抹去了以往社会所有令人尊敬的职业的神圣光环，使每一个社会成员都成为物质利益竞争者，沉入利己主义的冰水中。维护个人利益特别是维护个人私有财产所有权成为资本主义的核心价值导向。

---

① 《马克思恩格斯文集》第 2 卷，北京：人民出版社，2009 年，第 32 页。

（二）对资本主义社会法律本质的揭示

资产阶级和无产阶级的斗争是资本主义社会关系的主要矛盾，资本主义社会所有社会制度的宗旨都是维护资产阶级对无产阶级的统治。资产阶级法学家所说的法是超阶级的公共意志的表现，成为不切实际的空话。自由、平等、秩序和正义曾经是资产阶级唤起人民反封建斗争的旗帜，但在他们获得政权以后，这些曾经耀眼的旗帜变成了他们压迫无产阶级的遮羞布。马克思和恩格斯对资产阶级掌握政权，将本阶级意志上升为法律的历史过程，进行了回顾。他们说："封建的农业和工场手工业组织，一句话，封建的所有制关系，就不再适应已经发展的生产力了。这种关系已经在阻碍生产而不是促进生产了。它变成了束缚生产的桎梏。它必须被炸毁，它已经被炸毁了。起而代之的是自由竞争以及与自由竞争相适应的社会制度和政治制度、资产阶级的经济统治和政治统治。"①

资本主义社会法律是资产阶级实现经济统治和政治统治的具体方式，是资产阶级依据其意志和价值观念设计制定的社会制度，是资产阶级维护和获取阶级利益的手段。资本主义社会法律将个人自由和权利，特别是私有财产所有权，作为天赋权利即神圣不可侵犯的权利。从外在形式上看，国家对每一个公民的财产权给予平等保护，但实质上是保障资产者的权利不受无产者的侵害，保护资本在市场竞争中的自由，因为无产者没有财产需要法律保护，无产者的自由也只是不得不出卖劳动力的自由。资本主义法律是资产阶级意志的体现。

（三）无产阶级的历史使命及其使命的实现途径

物质生产资料私有制是市场经济的基础，而市场经济是资本主义法律制度的经济基础，无产阶级要改变自身命运就必须推翻资本主义制度。人类社会历史是人类通过不断提高物质生产劳动实践效率获取自由的过程，劳动自由不仅要摆脱自然的束缚，更要摆脱物质生产资料私有制的束缚。无产阶级解放，不仅要争取政治解放、宗教解放，更要争取劳动自由，在不断寻求人与自然和解的基础上，进一步摆脱物质生产资料私有制，使自己乃至全人类从物质财产的束缚中解放出来。马克思和资产阶级思想家在自由问题上的根本区别是重视政治自由、宗教自由，还是重视劳动自由。资产阶级法学家设计的资本主义法律制度只是给予公民政治平等、宗教信仰自由和占有财产的自由，而马克思却要让所有被压迫、被剥削的社会阶

---

① 《马克思恩格斯文集》第2卷，北京：人民出版社，2009年，第36—37页。

级都不再受宗教和财产的束缚。但只要社会生活中还存在私有财产，人们还把占有财产作为自我实现的方式，人就是财产的奴隶、物质的奴隶，人就仍然处于被物质奴役的状态。只有实现物质生产资料的自由，人才能获得真正的自由。

维护私有制是资本主义法律制度的根本宗旨，在资本主义制度内不可能消灭私有制。强化资本主义法律制度建设，是资产阶级维护自身利益的主要手段。因此，马克思和恩格斯认为空想社会主义者想通过道德劝善的方式，消灭私有制实现公有制是不切实际的幻想，要消灭私有制，无产阶级只有采取暴力革命推翻资本主义社会制度。马克思和恩格斯在《共产党宣言》中说："总之，共产党人到处都支持一切反对现存的社会制度和政治制度的革命运动。在所有这些运动中，他们都强调所有制问题是运动的基本问题，不管这个问题的发展程度怎样。""共产党人不屑于隐瞒自己的观点和意图。他们公开宣布：他们的目的只有用暴力推翻全部现存的社会制度才能达到。"①

二、《共产党在德国的要求》的法哲学思想

1848 年，马克思、恩格斯积极投入欧洲革命，并特别关注德国革命。3 月，他们共同为共产主义者同盟撰写了《共产党在德国的要求》，明确了无产阶级政党在资产阶级革命中的地位和任务。

马克思和恩格斯认为，德国民主革命首先要结束封建割据、实现民族统一，民主革命与民族革命不可分割。经济上，民主革命既要推翻封建政治制度，更要摧毁封建政治制度的经济基础，而且必须废除封建土地所有制，将各邦君主的领地、农民的抵押地和其他一切封建地产，以及一切矿山都收归国有，取消农民的一切封建义务，限制对农民的剥削；由国家成立国有银行发行纸币；将所有交通运输业和通信行业都收归国有；限制继承权，实施高额累进税率，取消消费品税；建立国有制工厂，保障工人阶级基本生活需求；实施普遍国民教育，使国民享有平等的受教育权。政治上，只要未受过刑事处罚、年满 21 岁的公民就应该享有选举权和被选举权；选举人民代表，国家为人民代表颁发薪金，使无产者也能够作为人民代表出席国会，参与国家管理；实行全民皆兵，打击反革命势力；改革司法制度，实现法律面前人人平等。这些经济和政治上的追求是德国民主革命中无产阶级的奋斗目标，但是无产阶级政党不能

① 《马克思恩格斯文集》第 2 卷，北京：人民出版社，2009 年，第 66 页。

以此为政党追求的最终目的，无产阶级应该通过民主革命为日后的社会主义革命创造条件。

三、《路易·波拿巴的雾月十八日》的法哲学思想

1848 年欧洲革命后，法国成为欧洲无产阶级运动的中心。1851 年 12 月到 1852 年 3 月，马克思创作了《路易·波拿巴的雾月十八日》，全面总结了法国大革命的经验。

马克思从物质生产劳动实践出发揭示法国大革命的根源和本质，强调政治革命的根源是物质生产劳动方式的变化。任何时候人都不能完全凭借主观意愿行事，人的行为选择不是随心所欲的，以往历史遗留下来的社会物质生产劳动方式，是人们进行行为选择的客观前提，是人民创造历史的舞台，“一切已死的先辈们的传统，像梦魇一样纠缠着活人的头脑”[①]。

马克思通过分析法国革命的进程，说明国家权力都建立在特定的社会经济基础之上。大革命时期的法国，农民尽管占社会成员的多数，但是农民受传统的物质生产资料的制约，不能代表先进的物质生产方式的发展方向，这使他们寄希望于路易·波拿巴，而路易·波拿巴不可能成为他们的利益代言人。在马克思看来，一家一户进行生产的农民过着自给自足的生活，物质生活使他们像一布袋的马铃薯一样，互相不结合，没有维护彼此关系的利益纽带，其利益的共性不足以使他们形成一个全国性、有内在凝聚力的政治组织。农民不能代表自己的利益，为此不得不寻找权威和主宰代言自己的利益。农民的自发政治倾向是专制而不是民主，是人治而不是法治，他们不能准确把握社会历史发展方向，只能使社会在旧制度的窠臼中轮回。

1848 年法国资产阶级共和派颁布了法兰西共和国宪法。在《1848 年至 1850 年的法兰西阶级斗争》中，马克思对该宪法进行了批判，在《路易·波拿巴的雾月十八日》中则进行了更深入的批判。

马克思认为 1848 年法国宪法基本上是 1830 年路易·菲利普颁布的宪章的翻版，其保留了 1830 年宪章的主旨，仅仅对选举资格进行了部分修改，其他没有本质改变。1830 年宪章对于选举资格的要求过高，将资产阶级大多数成员都排除在外，只有大资产阶级和金融贵族才拥有选举资格，这与资产阶级的利益相差甚远。1848 年法国宪法对选举资格有所放宽，宣布了直接普选权，但仍然强调只有在选区居住 6 个月以上的选民才有选举资格。这样的规定解决了资产阶级成员的选举资格问题，但是剥夺了大量工人的

① 《马克思恩格斯文集》第 2 卷，北京：人民出版社，2009 年，第 471 页。

选民资格。

1848 年法国宪法，在形式上规定了公民人身、出版、言论、结社、集会、教育和信仰等多种自由权，但实质上对公民的自由权做了多种限制，使公民权利流于形式："这些自由中的每一种都被宣布为法国公民的绝对权利，然而总是加上一个附带条件，说明它只有在不受'他人的同等权利和公共安全'或'法律'限制时才是无限制的，而这些法律正是要使各种个人自由彼此之间以及同公共安全协调起来。"[①]马克思认为资产阶级立法经常玩弄这种形式主义的把戏，一方面宪法对公民自由权作出明确规定，另一方面在具体法律解释中，对公民自由权增加多种附加条件，使资产阶级可以真正享有宪法赋予的自由权，而一般公民的自由权仅仅停留在宪法条款上，不能真正落实。

1851 年路易·波拿巴政变以前，法国的议会制度在欧洲是最发达的。在执行这种议会制度的过程中，无产阶级逐渐破除了对资产阶级议会制的幻想。资产阶级议会制维护的是资产阶级的利益，代表的是资产阶级的立场，要维护无产阶级利益就必须建立无产阶级国家，实行无产阶级专政，制定无产阶级的法律体系。

四、《资本论》的法哲学思想

《资本论》是马克思的代表作，是资本主义社会的百科全书。马克思运用劳动哲学，对资本主义社会物质生产资料进行了全面且深入的分析，揭示了资本主义社会的本质、产生发展的过程及其灭亡的必然规律。同时，他还对资本主义生产、交换、流通、分配各个经济环节相关的法律规定进行了全方位的深入剖析，揭示了资本主义法律制度的本质和主要特征，深化了法哲学对法律的本质、法律与经济的关系、法律的社会作用、法律发展变化的历史规律等一系列重要问题的认识。为了创作《资本论》，马克思阅读了大量文献，撰写了大量的读书笔记，包括《1857—1858 年经济学手稿》《1861—1863 年经济学手稿》《1863—1865 年经济学手稿》《剩余价值理论》等。《1857—1858 年经济学手稿》更集中地体现了马克思的法哲学思想，从中可以看出《资本论》法哲学思想的基本轮廓。

（一）劳动哲学方法论的具体应用

《资本论》既是马克思劳动哲学的运用，也是马克思劳动哲学的集中

---

① 《马克思恩格斯文集》第 2 卷，北京：人民出版社，2009 年，第 483 页。

体现。《资本论》的哲学方法就是劳动辩证法。马克思在《资本论》“第二版跋”中说：“因此，我公开承认我是这位大思想家的学生，并且在关于价值理论的一章中，有些地方我甚至卖弄起黑格尔特有的表达方式。”[①]当然，马克思的辩证法与黑格尔的辩证法也存在根本不同。马克思说：“我的辩证方法，从根本上来说，不仅和黑格尔的辩证方法不同，而且和它截然相反。在黑格尔看来，思维过程，即甚至被他在观念这一名称下转化为独立主体的思维过程，是现实事物的创造主，而现实事物只是思维过程的外部表现。我的看法则相反，观念的东西不外是移入人的头脑并在人的头脑中改造过的物质的东西而已。”[②]黑格尔的辩证法是精神的辩证法，世界是绝对精神演化的过程，辩证法是绝对精神固有的属性；马克思的辩证法是实践辩证法，观念的东西不是独立存在的，而是移入人的头脑的物质的东西。外界的、物质的东西移入人脑而变成观念是人的社会实践的过程，实践是客观必然性与主观能动性的统一，因为实践，世界具有了能动性、灵活性。物质生产劳动实践是第一社会实践，也是最主要的社会实践，所以，马克思的辩证法也是劳动辩证法。劳动辩证法就是要在主体与客体的对立统一中即社会实践中，特别是在物质生产劳动实践中把握世界，在理想与现实、逻辑与历史、主观与客观、价值与事实的对立统一中，把握人类社会的各种现象，既不把任何社会现象看成是完全客观的、物质的，更不将任何社会现象看成是主观精神的幻化，而是将所有社会现象以及人们对它们的认识，都看成主观与客观的对立统一。人的认识是对客观世界的反映，具有客观性；人的认识也是主观对客观事物的反映，因主体的不同，对同一客体的认识会有巨大差别，认识也因此具有主观性。

市场经济是资本主义的社会基础，劳动产品的市场流通也是资本主义物质生产劳动实践的重要组成部分。马克思在《资本论》中，将商品作为揭示资本主义社会制度秘密的理论体系的起点，在对资本主义社会生产、交换、分配和消费等社会经济活动全过程的分析中，揭示了资本主义所有的秘密。同时，马克思的法哲学还揭示了资本主义法律制度的本质和发展规律。商品所有者按照法律对商品进行自觉自愿的交换，商品概念中隐含着资本主义社会的法权关系，也隐含着商品所有者对彼此之间法律关系的认识，“他们在交换行为中作为这样的人相对立：互相承认对方是所有者，是把自己的意志渗透到自己的商品中去的人，并且只是按照他们共同的意

① 《马克思恩格斯文集》第5卷，北京：人民出版社，2009年，第22页。
② 《马克思恩格斯文集》第5卷，北京：人民出版社，2009年，第22页。

志，就是说实质上是以契约为中介，通过互相转让而互相占有。这里边已有人的法律因素以及其中包含的自由因素”[①]。

英国古典政治经济学创建了系统的市场经济理论，为资本主义政治制度和法律制度奠定了经济学基础。马克思超越古典政治经济学，将经济学研究从资本主义市场经济的交换领域，延伸至生产领域，揭示了资本主义市场经济的秘密，摧毁了资本主义政治制度和现代法权的经济基础。资产阶级法学高举的自由、平等和正义旗帜，在资本主义经济交换领域焕发着迷人的光彩，然而这些光彩进入生产领域后则瞬间黯淡。马克思通过对资本主义生产过程奥秘的揭示，摧毁了资产阶级法学物质生产资料私有制具有天然合理性的神话，对资本主义社会政治和法律制度的根基给予了毁灭性打击。

马克思在《资本论》中，通过对资本主义社会制度的研究，进一步阐明了劳动哲学的历史观，更加深刻地说明了物质生产劳动实践也是社会的基础，社会经济关系是一切社会关系的基础；法律作为社会意识形态具有能动性，但是法律的能动性归根结底是第二性的，不能真正撼动根本的社会经济关系，法律是社会经济关系的反映，其能动性主要表现为在特定经济关系框架之内调节人们的经济行为。

（二）对资本主义雇佣劳动立法发展历史的总结

马克思在《资本论》中通过对资本原始积累历史的梳理，回顾了资本主义雇佣劳动立法的发展历史，揭示了资本主义法律维护资产阶级剥削雇佣劳动者利益的阶级本质。

10 世纪欧洲商品经济逐渐形成规模，到 15 世纪末，商品经济快速发展，资产阶级随之迅速崛起。市场经济发展使大量农民、小手工业者在竞争中破产，丧失了赖以生存的生产资料和生活资料，他们的土地被强行霸占、房屋被拆除。他们被迫离开家园、进入城市，成为向资本家出卖劳动力的雇佣劳动者即城市贫民或无产者。社会主义思潮的奠基者托马斯·莫尔把这一过程称为“羊吃人”的历史，马克思对莫尔的评价给予了充分肯定，认为历史学家要蘸着鲜血书写这段历史。

政府一开始本着西方尊重个人财产私有的法律传统，曾经想通过立法限制消灭小农经济。英王亨利七世和亨利八世时期，都曾经立法禁止剥夺小农土地，限制拆毁农民的房屋，并限定每个农场主饲养的羊数不能超过

① 《马克思恩格斯全集》第 31 卷，北京：人民出版社，1998 年，第 357 页。

2000只。伴随市场经济的快速发展，经济的潮流逐渐淹没了立法者和司法者秉持的传统法律信念，致使限制侵害小农利益的法律长期形同虚设。18世纪以后，市场经济的进一步发展，限制侵害小农利益的法律逐渐被废除，法律甚至转变为资本家侵占农民利益的工具。马克思着重分析了英国18世纪的“公有地圈围法”，说明英国立法者和司法者的相关法律观念伴随市场经济发展不断变化，圈地运动“为资本主义农业夺得了地盘，使土地与资本合并，为城市工业造成了不受法律保护的无产阶级的必要供给”[①]。

小生产者在沦为雇佣劳动者的过程中，逐渐失去自己的生产资料乃至生活资料，社会经济市场化给他们带来的只有利益的损失和无边的痛苦，他们当然不愿意推进这个历史过程。这个历史过程必须由国家政权的强制力推进，通过严苛的立法维持这个历史过程所需的社会秩序。马克思认为惩治流浪汉的立法、工资的立法和惩治工人结社的立法，是这些严苛立法中的代表，资本原始积累时期的法律，为了维护资产阶级的利益，达到了令人发指的程度。

伴随资本主义市场经济更进一步的发展，雇佣劳动者的队伍不断壮大，无产阶级反对资产阶级的斗争风起云涌。为了维持资本利益的最大化，维系资本运营所需要的社会秩序，资产阶级不得不出台限制资本家对工人阶级剥削程度的法律制度。马克思通过对英国工厂法内容发展变化历史的分析，说明资产阶级立法也会在某些方面，做出有利于工人阶级的改变，这种改变的目的尽管不是真正有利于工人阶级的利益，而是为了保障资本利益最大化，促使工人阶级能够接受被剥削、被压迫的现实，但是，毕竟对工人阶级生存状态的改善有一定的积极作用。当然，这种改变的最终受益者仍然是资本家，它不会真正改变资本主义法律的本质。

（三）对资本主义法律主要价值观念的分析评价

马克思以劳动哲学为法哲学方法论，从物质生产劳动实践出发，分析认识资本主义法律制度的自由、平等以及权利等价值观念的内涵和社会作用，批判资产阶级法学将法律价值观念抽象化，强调法律价值观念都建立在物质生产劳动实践的基础上，这是对物质生产劳动实践的反映。

马克思认为人类历史是不断追求减少外在客观世界束缚实现自由的过程，自由不是人类的为所欲为，而是以对外在物质世界客观必然性的把握为基础的，是社会实践中主观目的的实现。因此，自由是物质生产劳动

---

① 《马克思恩格斯文集》第5卷，北京：人民出版社，2009年，第842页。

实践不断提高的产物，劳动自由是一切自由的基础，也是最重要的自由，主观自由客观化的水平是人类自我实现的根本尺度，全面自由发展是人类的最终理想。

实现劳动自由，人们需要摆脱自然与社会的双重必然性的限制。在物质生产劳动领域，"自由只能是：社会化的人，联合起来的生产者，将合理地调节他们和自然之间的物质变换，把它置于他们的共同控制之下，而不让它作为一种盲目的力量来统治自己；靠消耗最小的力量，在最无愧于和最适合于他们的人类本性的条件下来进行这种物质变换"①。在社会历史特定时期，自由总是相对的，社会成员能够享有的具体自由需要法律的界定和保障，法律赋予社会成员自由权利的根本依据，就是物质生产劳动实践的发展水平，以及人们在物质生产劳动中的贡献。也就是说，劳动自由应该是法律自由的基础，法律只能保障与物质生产劳动实践发展水平相适应的自由权利。马克思在《资本论》及其手稿中，深刻批判了资产阶级法学家的自由意志论，反对他们将自由绝对化、抽象化，强调对自由的阐释不能脱离物质生产劳动和物质交换，以及物质生产资料所有制。马克思说："流通中发展起来的交换价值过程，不但尊重自由和平等，而且自由和平等是它的产物；它是自由和平等的现实基础。作为纯粹观念，自由和平等是交换价值过程的各种要素的一种理想化的表现；作为在法律的、政治的和社会的关系上发展了的东西，自由和平等不过是另一次方上的再生产物而已。这种情况也已为历史所证实。建立在这一基础上的所有权、自由和平等的三位一体，不仅在理论上首先是由 17 和 18 世纪的意大利的、英国的和法国的经济学家们加以表述的。而且这种三位一体也只是在现代的资产阶级社会中才得到实现。古代世界不是以交换价值为生产的基础，相反地是由于交换价值的发展而毁灭，它产生了具有完全相反的和主要只是地方性内容的自由和平等。"②资本主义法律制度的自由价值观念，建立在市场经济发展的基础上，是市场经济中社会秩序建构以及协调人际关系的需求。自由、平等等资本主义法律价值观念伴随资本主义的产生发展，也必将随之走向灭亡，而不可能像资产阶级法学家所说的那样是永恒不变的。

资产阶级法学家主要是在物质交换领域阐释资本主义社会法律的自由和平等等价值观念，而马克思认为物质生产是物质交往的基础，物质生

---

① 《马克思恩格斯文集》第 7 卷，北京：人民出版社，2009 年，第 928—929 页。

② 《马克思恩格斯全集》第 31 卷，北京：人民出版社，1998 年，第 362 页。

产方式决定物质交往方式，对自由的诠释不能局限在物质交往领域，还要深入物质生产领域。从外在表现形式上看，在资本主义社会市场交易中，资产阶级和无产阶级的雇佣关系，仅仅是看起来自由的、平等的，但是进入生产领域后，雇佣关系的性质就马上发生改变，自由和平等消失殆尽。马克思的剩余价值学说揭示了资本主义法律自由和平等的本质是形式上的，其实质是不自由和不平等。马克思说："一离开这个简单流通领域或商品交换领域，——庸俗的自由贸易论者用来判断资本和雇佣劳动的社会的那些观点、概念和标准就是从这个领域得出的，——就会看到，我们的剧中人的面貌已经起了某些变化。原来的货币占有者作为资本家，昂首前行；劳动力占有者作为他的工人，尾随于后。一个笑容满面，雄心勃勃；一个战战兢兢，畏缩不前，像在市场上出卖了自己的皮一样，只有一个前途——让人家来鞣。"①

总之，从1848年到1871年，马克思进一步发展并运用劳动哲学方法论，对资本主义法律制度及其理论基础进行了全面深刻的批判，并开始对取代资本主义的未来社会应该建构的法律文化提出了自己的设想，为无产阶级革命发展指明了方向。

第四节　马克思劳动哲学深化时期的法哲学思想

从1871年到1883年逝世，马克思的主要研究工作集中在总结巴黎公社的经验和教训上，在法哲学方面体现为对未来社会主义社会法制的愿景规划，其法哲学思想主要体现在《法兰西内战》、《哥达纲领批判》和《人类学笔记》中。马克思在《法兰西内战》和《哥达纲领批判》中对社会主义法律进行了科学性设计，在《人类学笔记》中对人类法律制度的起源和发展，以及东西方法律文化的冲突和融合等问题进行了深入研究。

一、《法兰西内战》的法哲学思想

1871年，马克思为国际工人协会总委员会撰写了《法兰西内战》作为协会宣言。在该宣言中，马克思全面总结了巴黎公社革命的经验和教训，高度赞扬了巴黎工人阶级推翻旧的国家机器，建立无产阶级政权的历史创举。

1871年普法战争爆发，巴黎约30万工人拿起武器来保卫国家。反动的法国政府畏惧工人武装的力量，为了限制工人武装的发展，与普鲁士签

① 《马克思恩格斯文集》第5卷，北京：人民出版社，2009年，第205页。

订了丧权辱国的停战协定，然后就企图解除工人武装。巴黎工人奋起自卫，赶走反动政府，成立了世界上第一个无产阶级政权——巴黎公社。马克思密切关注巴黎局势，他撰写《法兰西内战》的目的就是明确巴黎公社的性质，准确评价其地位和作用。

（一）工人阶级只有创立新国家机器才能真正改变自己的命运

马克思在《共产党宣言》中，已经明确表示无产阶级只有推翻资本主义法律制度、砸碎旧的国家机器，才能真正改变自己的命运，获得真正的解放。马克思在《法兰西内战》中，通过概括总结巴黎公社的实践经验，进一步印证了《共产党宣言》中的断言。马克思说："工人阶级不能简单地掌握现成的国家机器，并运用它来达到自己的目的。"[①]马克思指出巴黎公社与以往社会革命有本质区别，"这次革命的对象不是哪一种国家政权形式——正统的、立宪的、共和的或帝制的，而是国家本身这个社会的超自然怪胎。这次革命是人民为着自己的利益而重新掌握自己的社会生活的行动。它不是为了把国家政权从统治阶级这一集团转给另一集团而进行的革命，它是为了粉碎这个阶级统治的凶恶机器本身而进行的革命。它不是阶级统治的行政权形式和议会形式之间所进行的无谓的斗争，而是同时对这两种形式进行的反抗，这两种形式是互为补充的，议会形式只是行政权用以骗人的附属物而已"[②]。无产阶级第一次成为社会革命的主体，并成功创立了自己的政府。巴黎公社作为无产阶级的政府取代了压迫劳动人民群众的旧政府，劳动人民第一次拥有了政权，这打破了政府压迫劳动人民的阶级属性，保留了政府合理的管理职能。

巴黎公社开创了无产阶级政府法律制度的新纪元，这是人类有史以来第一次制定真正维护劳动人民利益的法律制度。1871 年 3 月 18 日革命爆发，4 月 19 日巴黎公社就颁布法律，宣告其为唯一合法政府，国民自卫军是巴黎公社唯一合法的军队。马克思充分肯定巴黎公社的法律制度，强调巴黎公社是无产阶级专政的政府，无产阶级的军队是无产阶级专政的基础。巴黎公社不仅废除了旧政府的军队，而且废除了旧政府的警察和一切官僚机构，遣散了旧官吏。巴黎公社委员会是最高权力机关，负责制定法律、政策，以及商议、决定所有国家大事。它创立了工人阶级自己的管理队伍，

---

① 〔德〕马克思：《法兰西内战》，中共中央马克思恩格斯列宁斯大林著作编译局编译，北京：人民出版社，2018 年，第 56 页。

② 〔德〕马克思：《法兰西内战》，中共中央马克思恩格斯列宁斯大林著作编译局编译，北京：人民出版社，2018 年，第 101 页。

成立了10个委员会取代旧政府的管理机构，管理一切社会工作。社会法治建设方面，巴黎公社抛弃了资产阶级“全民意志”的代议机构，关闭了旧法院，清除了旧法官，选举了新的司法委员会，实行立法与行政相统一。

（二）无产阶级的政权形式

马克思在《法兰西内战》中，对巴黎公社进行了全面研究，不仅明确了巴黎公社的性质和目的，而且进一步阐明了巴黎公社的政治、经济基础和阶级基础，批判了对巴黎公社的各种误解。

欧洲当时很多人不能真正把握巴黎公社的性质，将其误认为是中世纪公社的复活，或者是孟德斯鸠和吉伦特派的小邦联盟，还将其误认为是中世纪新兴城市反对封建领主过分集权的组织。马克思认为这些观点都没有正确反映巴黎公社的性质，强调巴黎公社与以往所有政权存在根本不同，巴黎公社的根本性质是以无产阶级专政的政府取代以往剥削阶级压迫劳动人民的政府，是劳动人民自己当家作主的第一个政府，是无产阶级劳动人民群众获得社会解放的政治形式。

巴黎公社的根本目标是建立真正属于工人阶级和劳动人民的政治统治，它反对一切剥削，主张剥夺剥夺者，消灭少数人侵占多数人劳动成果的政权。巴黎公社没收了逃亡资本家的工厂，关闭了帝国警察局开设的劳动介绍所，实行计划经济，以求通过有计划地组织全国经济生产，防止资本主义的周期性经济危机。巴黎公社以工人阶级为领导阶级，以城市小资产阶级和中产阶级特别是农民阶级作为工人阶级的同盟者，把工农联盟作为巴黎公社的主要阶级基础。巴黎公社强调政府不仅要代表工人阶级的利益，而且要代表巴黎大多数人的利益。在巴黎公社中，公职人员是人民的公仆，不仅全部由民主选举产生，而且人民有权随时撤换。为防止公职人员腐败，公社限定了公职人员的最高薪金。马克思和恩格斯认为这一系列防止公职人员腐败变质的措施是行之有效的。巴黎公社为了捍卫无产阶级政权，不仅惩治了人民公敌，而且重视舆论宣传，关闭了所有反动报刊。

（三）巴黎公社的新型民主和法制

马克思和恩格斯认为巴黎公社通过无产阶级专政，实现了让权力掌握在劳动人民手中，其政治制度与资本主义社会的资产阶级民主制存在根本不同，实施的是无产阶级的民主制。

巴黎公社作为新型民主制度，突出无产阶级和劳动人民当家作主。资产阶级的议会民主，是议会中占多数席位的政党执政或者几个政党联合执政，虽然实行立法、司法、行政三权分立，相互制衡，但是资产阶级民主制度的宗旨是垄断各种社会权力，总体上维护资产阶级的利益，平衡资产阶级内部各利益集团的利益，使无产阶级接受资产阶级的剥削压迫，并阻止无产阶级参与国家治理。巴黎公社打碎了资产阶级国家机器，创立了无产阶级政府，实行无产阶级专政，保障了无产阶级和劳动人民的主体地位。无产阶级和劳动人民获得了以普通公民身份参与国家事务管理的机会。在巴黎公社委员会 86 位委员中有 35 位以上是工人。

所有公职人员由民主选举产生是巴黎公社的主要制度。马克思特别强调这与资本主义民主制度不同。资本主义的民主实质是资产阶级的统治工具，通过议会的方式确定由谁主导压迫劳动人民。巴黎公社是由劳动人民选举社会公职人员。社会公职人员是能够真正为人民服务的人民公仆，必须始终接受选民的检查、监督和批评，可以随时撤换。为了保障中央委员会的性质，巴黎公社确定社会公职人员候选人时非常重视政治品质，强调公职人员的候选人应该从劳动人民中选择，提防资产阶级野心家和空谈者混进中央委员会，杜绝资产阶级成员成为国家公职人员。巴黎公社采取国家公职人员责任制和罢免制，公职人员必须亲自执行公社的法令和规定，检查具体法令落实的结果，直接对人民负责，接受人民监督。这是一套行之有效的保障公职人员廉洁的社会制度。

为了保障无产阶级民主，巴黎公社摧毁了资产阶级司法机构，创立了新的无产阶级法制机构，颁布了一系列保障人民民主权利的法律制度。1871 年 4 月 2 日，巴黎公社颁布了政教分离法令，规定宗教信仰自由是人民的首要自由。4 月 16 日，颁布了《关于将逃亡业主所遗弃的工场转交工人协作社的法令》。除此之外，还规定了一系列旨在消灭资产阶级私有制，以及限制和消灭剥削、改善工人阶级劳动条件的法令。这些法令的颁布真正改变了资本主义物质生产资料私有制及与之相匹配的财富分配制度，创立了保护无产阶级利益的新型生产资料所有制和分配制度，开辟了工人阶级民主管理企业乃至治理社会的先河。4 月 18 日，巴黎公社颁布了关于逮捕手续的法令，明确规定逮捕人的司法程序，强调逮捕要有明确的原因、要有证人，并必须及时报告司法代表，24 小时内不报告的，视为非法逮捕，对滥用职权、破坏法制的人依法严惩。当日，还颁布了关于起诉法庭工作程序的法令，规定一切司法判决必须以人民的名义发布。4 月 22 日，颁布了关于起诉法庭的条例，确立了陪审团制度，并规定陪审团由 12 人组成，成员应该从国民自卫军中选举产生。由此可见，巴黎公社的政治法律制度尽管尚未健全，但是它明确否定了资本主义民主与法制，为无产阶级专政的新型政治法律制度创立了第一个样板。

二、《哥达纲领批判》的法哲学思想

1875 年 5 月，马克思针对全德工人联合会和德国社会民主工党联合大会作的《哥达纲领》撰写了《哥达纲领批判》，批判的矛头直指与资产阶级妥协的拉萨尔主义。

拉萨尔是黑格尔哲学的虔诚信仰者，与马克思私交也不错，但是他不同意马克思主义的阶级斗争学说和国家观，主张超阶级的国家观。拉萨尔曾经担任全德工人联合会的主席。任职期间，他曾促使德国工人运动走向与资产阶级妥协的机会主义道路，偏离了共产主义方向。拉萨尔认为不需要进行无产阶级革命，甚至反对工人为了提高工资进行罢工斗争，主张无产阶级可以通过争取普选权战胜资产阶级的统治。同时，他认为在政治上，大地主和大资产阶级是工人阶级可以依赖的朋友，而农民和小资产阶级却是不可靠的乃至反动的，所以他反对工农联盟。拉萨尔认为无产阶级可以依靠政府的帮助，通过生产合作实现从资本主义到社会主义的过渡，等社会主义实现以后，劳动者就可以获得其全部劳动所得。

（一）物质生产资料所有制形式决定物质财富分配方式

马克思在《哥达纲领批判》中，基于劳动哲学进一步分析了物质生产劳动实践、物质生产资料所有制与社会物质财富分配方式的关系。马克思重申物质生产劳动实践是社会基础，是一切社会历史的前提，其发展水平决定社会物质生产资料所有制的形式。人们在物质生产劳动实践中的关系，决定人们在社会生活中的利益关系，物质利益决定人们的立场和观念。法律赋权和维权的依据，是建构在物质生产劳动实践基础上的经济关系，是社会物质财富的分配方式。马克思说："权利决不能超出社会的经济结构以及由经济结构制约的社会的文化发展。"①也就是说，生产关系决定经济关系，进而决定人与人的法权关系，而不是相反。法权关系只是经济关系的反映。在社会发展的任何历史时期，社会成员对权利的主张都不能是完全主观随意的，而是以社会实际生活为基础的，与权利分配相关的正义和平等也不是抽象的，所有的分配方式都没有永恒的正义性，必须伴随物质生产劳动实践发展的水平不断变化。

---

① 〔德〕马克思：《哥达纲领批判》，中共中央马克思恩格斯列宁斯大林著作编译局编译，北京：人民出版社，2018 年，第 16 页。

拉萨尔主张，一个理想的社会劳动所得，应当完全归属于劳动者。马克思认为这种观念脱离物质生产劳动实践的具体情况来分析分配方式，是不切实际的，人类社会不论发展到什么阶段，物质生产劳动实践都需要具体的社会形式，社会管理对于维护物质生产劳动实践的开展是不可或缺的，而社会管理需要成本，因此，劳动者永远不可能获取全部劳动所得，必须拿出物质生产劳动开展所需要的维持社会公共秩序的部分。拉萨尔所谓的公平的、不折不扣的劳动所得的思想是抽象化和理想化的，不是无产阶级革命应该追求的目标，以此为理想目标指导工人运动，必然导致工人运动误入歧途。

（二）权利公平分配的标准

基于劳动哲学，马克思主张所有权利都是以物质生产劳动水平为基础的，都不是抽象的，社会财富分配方式不是人主观随意的选择，是由物质生产资料决定的，只有与物质生产方式相适应的分配方式才是公平合理的。

利润、工资和地租是资本主义社会物质财富主要的分配方式，是物质生产劳动实践发展到一定阶段的产物，与工业化大生产和市场经济相适应，具有历史合理性。但是，以利润、工资和地租为主的分配方式蕴含着物质生产资料私有制和社会化大生产之间不可化解的矛盾，同时，这种分配方式掩盖了资本家剥夺工人阶级剩余价值的事实，其形式上的公平掩盖着实质的不公平。物质生产资料私有制是资本主义分配方式的制度基础，只有改变物质生产资料私有制才能改变资本主义的分配格局。

资本主义向共产主义过渡是一个漫长的过程，社会主义是这个过程中不可或缺的历史阶段。社会主义社会刚刚从资本主义社会中脱胎出来，在经济、道德和其他精神生活等方面仍然带有资本主义社会的痕迹。虽然在法律制度上还要尊重保障个人利益，在经济制度上废除了资本主义物质生产资料私有制，实现了物质生产资料公有制，但是社会主义的物质财富分配还要以人们为社会财富创造奉献数量的多少为依据。社会主义物质财富分配的根本原则是按劳分配，人们之间的权利交换应该是自愿的、平等的，交换必须以不同形式的等价物即等量劳动为基础，“所以，在这里平等的权利按照原则仍然是资产阶级权利”，“生产者的权利是同他们提供的劳动成比例的；平等就在于以同一尺度——劳动——来计量”，“这种平等的权利，对不同等的劳动来说是不平等的权利。它不承认任何阶级差别，因为每个人都像其他人一样只是劳动者；但是它默认，劳动者的不同等的个人天赋，从而不同等的工作能力，是天然特权。所以就它的内容来讲，它像一切权利一样是一种不平等的权利"[①]。马克思认为，《哥达纲领》将无产阶级革命的目的，确定为追求平等权利和公平分配，是用资产阶级民主革命的目标取代无产阶级革命的目标。

（三）无产阶级专政的必要性

在《哥达纲领批判》中，马克思集中批判了拉萨尔主义的国家理论。拉萨尔反对把资产阶级和无产阶级的关系视为完全对抗的斗争关系，也不认为国家是阶级斗争的产物，阶级斗争是国家的基础。他主张在资本主义法律制度的框架下，用合法手段建立生产合作社，实现社会主义社会。马克思认为国家是阶级矛盾不可调和的产物，无产阶级和资产阶级的关系是对抗关系，无产阶级的历史使命就是与资产阶级进行阶级斗争，直至推翻资本主义制度、消灭物质生产资料私有制，建立共产主义社会，而不是建设资产阶级统治的国家。无产阶级和资产阶级的斗争是针锋相对的阶级斗争，是用一种政权推翻另一种政权，是国家制度的根本改变，是不可调和的对抗性矛盾。通过革命建立无产阶级专政，是解决无产阶级和资产阶级的矛盾，建立社会主义制度的唯一途径。马克思说："在资本主义社会和共产主义社会之间，有一个从前者变为后者的革命转变时期。同这个时期相适应的也有一个政治上的过渡时期，这个时期的国家只能是无产阶级的革命专政。"[②]

马克思提出无产阶级和资产阶级的斗争不可调和，但是并不反对在资本主义法律制度框架内，无产阶级利用资本主义法律制度争取民主权利，甚至他认为以合法手段争取民主权利的斗争,可以为无产阶级革命做准备，这是非常必要的。但是，马克思又强调以合法手段争取民主权利，只是无产阶级革命的手段和方式，而不是无产阶级革命的目的，不能把无产阶级政党与资产阶级政党的性质、目的混为一谈。《哥达纲领》的"政治要求除了人所共知的民主主义的陈词滥调，如普选权、直接立法、人民权利、国民军等等，没有任何其他内容"[③]，这不是无产阶级的根本诉求，而"纯粹是资产阶级的人民党、和平和自由同盟的回声"[④]。

① 〔德〕马克思：《哥达纲领批判》，中共中央马克思恩格斯列宁斯大林著作编译局编译，北京：人民出版社，2018 年，第 15 页。

② 〔德〕马克思：《哥达纲领批判》，中共中央马克思恩格斯列宁斯大林著作编译局编译，北京：人民出版社，2018 年，第 27 页。

③ 〔德〕马克思：《哥达纲领批判》，中共中央马克思恩格斯列宁斯大林著作编译局编译，北京：人民出版社，2018 年，第 27 页。

④ 〔德〕马克思：《哥达纲领批判》，中共中央马克思恩格斯列宁斯大林著作编译局编译，北京：人民出版社，2018 年，第 27 页。

三、《人类学笔记》的法哲学思想

晚年，马克思放下了自己的代表性作品《资本论》第 2 卷和第 3 卷的写作工作，把研究视野转向了历史学和人类学，对摩尔根的《古代社会》、拉伯克的《文明的起源和人的原始状态》、梅因的《古代法制史讲演录》、科瓦列夫斯基的《公社土地占有制，其解体的原因、进程和结果》、哈尔斯豪森的《关于俄国的农村制度》、罗伊尔的《印度长期停滞不前的状况的原因调查》、克拉辛斯基的《斯拉夫民族宗教史纲》、汉森的《特利尔专区的农户公社》、毛勒的《马尔克制度、农户制度、乡村制度、城市制度和公共权力的历史状况》、乌提舍诺维奇的《南方斯拉夫人的家庭公社》、德美利奇的《南方斯拉夫人的习惯法》、卡尔德纳斯的《试论西班牙土地所有制历史》、契科夫的《俄国和其他欧洲国家的土地占有制的农业》、索科夫斯基的《俄国北部农村公社史论文集》、莫尼的《爪哇》等大量人类学和历史学著作进行了深入研究，写作了有三万多页的《人类学笔记》。马克思通过对人类上古社会所有制形态变化以及东方社会的法制文化的研究，揭示了古代社会法权关系以及人类社会法制文化的起源和本质，总结了人类法制文化发展变化的历史规律。

（一）揭示法律起源和发展的过程

马克思从物质生产劳动实践出发，通过对东方社会早期历史发展变化的研究，揭示了人类社会法律现象起源的过程和根本社会原因，第一次科学地解释了人类社会法律的起源之谜。

马克思认为，由于原始社会物质生产劳动实践水平低下，人还没有摆脱原始生存状态，原始的风俗习惯和宗教禁忌是协调社会关系的主要规范，这些规范为人类进入文明社会、建构法律文化奠定了基础。每一个民族的法律文化发展，都有一个从习惯法到成文法的发展变化过程。马克思同意摩尔根的如下观点："希腊人、罗马人、希伯来人的最初的法律——在文明时代开始以后——主要只是把他们前代体现在习惯和习俗中的经验的成果变为法律条文。"[①]

在法律制度真正的创立过程中，马克思特别重视私有财产特别是私有制的地位和作用。马克思认为，在物质生产劳动尚不能创造剩余劳动产品的社会中，人们主要依赖原始的风俗习惯和宗教禁忌协调彼此之间的关系。当人类物质生产劳动实践水平提高到足以生产剩余产品的时候，私有观念

---

① 《马克思恩格斯全集》第 45 卷，北京：人民出版社，1985 年，第 389—390 页。

和私有财产的形成就有了物质基础，最早形成私有观念的人剥夺了其他人的财富，并将其占为已有，这就形成了私有财产。当他们对私有财产的占有长期化、合理化、规范化和制度化，法律制度就产生了。马克思说："管理机关和法律建立起来，主要就是为了创造、保护和享有财产。"[①]法律制度建构的根本宗旨就是保护私有财产所有权。

物质生产劳动实践不仅是法律产生的根本原因，也是法律发展变化的根本动力。伴随物质生产劳动实践的发展变化，人们在物质生产劳动中的关系不断变化，物质生产资料所有制形式也随之改变。社会成员物质利益关系的变化和物质生产资料所有制形式的变化，促使法律制度需要维护的利益主体、利益现实等不断发生变化，法律制度为此不得不适应这种社会的发展变化。

（二）东方社会的村社制度与法律文化的特色

马克思认为东方社会的村社制度和法律文化特色，都是由东方社会的物质生产劳动方式决定的。农耕是东方社会大多数民族主要的物质生产方式，农耕的物质生产资料，决定了自给自足是东方社会主要的物质交往方式。农耕的物质生产方式的特点是将人束缚在土地上，社会生活中人口的流动性小，人们长期聚居在一起，这注定了东方社会主要的社会组织形式是以血缘关系为基础的农村公社，家庭和家族是社会成员主要的生存方式。在这种生存方式中，人们形成了特定的行为模式、思想观念以及心理状态。家庭和家族而不是单独的个体是社会的最小细胞，家国同构，人们按照家庭和家族的模式建构国家，国家不过是家庭、家族或者村社的放大。在家国同构的社会中，人与人的互相依赖关系构成了人际关系的突出特点，维护整体利益是社会倡导和弘扬的生活方式，因此，社会文化必然限制个人自我独立性的张扬。古代东方建立在农耕文明基础上的家庭、家族社会注定了要将伦理道德作为调节社会关系的主要方式。东方社会的管理大多数时期是德法共治、以德为主的，同时，法律文化也具有浓厚的道德文化色彩，其基本功能是维护基于血缘关系的金字塔式等级森严的家族社会结构，其主要价值导向是维护宗法等级差别以及家族和国家等社会整体价值，而忽视个体存在的价值，个人权利乃至尊严都淹没在维护社会秩序、社会结构的整体需求中。家庭、家族和国家是法律维护的主要利益主体，缺乏西方社会"个人财产神圣不可侵犯"的法律价值理念，"财产关系必然同时表现为

① 《马克思恩格斯全集》第45卷，北京：人民出版社，1985年，第377页。

直接的统治和从属的关系，因而直接生产者是作为不自由的人出现的”[①]。大家族生活是家长制的社会基础，君主专制则是家国同构的社会结构的必然产物，君主制就是放大了的家长制。维护君主专制需要大量的军队和官僚体系，而豢养大量的军队和官僚，则注定了一般社会成员必然要承担沉重赋税。

近代社会以后，东方村社制度遭受西方文化的严重冲击。马克思具体分析了西方法律文化冲击对东方村社法权关系转型的影响。西方法律文化注重保护个人财富特别是土地的私人所有权，这推动了土地流通，冲击了东方村社的土地家庭或家族所有制，撼动了东方社会的物质生产资料所有制，动摇了东方社会的物质基础。关于近代东、西方文化传统，马克思一方面严厉谴责西方殖民者对东方的侵略，另一方面也肯定先进资本主义文化对落后封建文化的征服是不可逆转的历史趋势。当然，这并不意味着马克思认为资本主义是现代化的唯一道路。相反，马克思主张东方社会应该保持自身文明传统，而不是完全破坏自身传统，在此基础上，汲取西方资本主义文明的先进因素，改造东方社会古老的村社制度，寻求东、西方文明结合的现代化新途径。东方法律文化有自己固有的社会物质文化生活基础，也就应该具有相对独立的发展道路和方式，尽管西方入侵必然改变东方法律制度和文化的发展轨迹，但是东方还是应该探索适合自身发展的现代法治建设道路。

总之，马克思晚年在巴黎公社和蓬勃的工人运动的影响下，在不断深入批判资本主义社会制度的基础上，对无产阶级革命的发展方向、人类未来的社会规划不断进行更深入的思考，对未来理想社会的设计逐步清晰。显然，对未来理想社会的设计要比对旧社会的批判更重要，因为对未来理想社会的设计对轰轰烈烈的无产阶级革命运动来说具有更重要的导向价值。对未来理想社会的设计也需要更深邃的历史眼光，马克思不得不暂时放下对资本主义的批判，停下其倾注毕生心血的《资本论》写作，去关注人类早期历史以及东方社会的研究。这显然不是马克思的兴趣转向了纯学术研究，而是他意识到只有全面审视整个人类文明的进程，才能把握人类社会具体的发展方向，设计出真正合理的未来社会架构，为无产阶级革命运动确立航标。

本 章 小 结

马克思的法哲学思想的形成和发展，是一个与其劳动哲学体系和科学

① 《马克思恩格斯文集》第7卷，北京：人民出版社，2009年，第893页。

社会主义思想体系发展同步的历史过程。劳动辩证法和劳动历史观是马克思法哲学乃至一切法律思想的方法论。同时，马克思法哲学思想的发展变化，也是一个与其亲自参与无产阶级革命运动同步的历史过程。结合无产阶级革命实践理解马克思法哲学思想的发展变化，是打开马克思法哲学思想宝库的金钥匙。

第三章　马克思的法律起源论

逻辑与历史的对立统一是马克思劳动辩证法的思维原则。马克思和恩格斯认为，事物的历史生发点就是研究这个事物的逻辑起点，事物的原始形态中蕴含着决定事物发展总趋势的内在基因。马克思的劳动哲学认为，人类的物质生产劳动实践就是人类历史的原点，要揭示人类社会发展历史的秘密，就必须从物质生产劳动实践出发，从物质生产劳动实践产生、发展的历史出发，所以，说明人类历史中的重大社会现象，必须重视对人类文明源头的考察。美国人类学家摩尔根的《古代社会》一书，是当时人类学的代表作。马克思、恩格斯对该书都有浓厚的兴趣。马克思甚至放下《资本论》的写作，专门研究《古代社会》以及其他人类学著作。马克思的《摩尔根〈古代社会〉一书摘要》，是阅读《古代社会》的读书笔记。马克思还阅读了大量的其他人类学著作，并计划撰写一部人类学著作，但由于身体的原因，没有能够完成夙愿。恩格斯的《家庭、私有制和国家的起源》完成了马克思未竟的夙愿。法律起源论是法哲学的重要问题，它既是关于法律现象是如何产生的问题，更是关于人类法律创立的依据问题。关于法律起源问题的回答直接影响人们对法律本质和功能、法律正当性等法哲学核心问题的回答。马克思在其人类学研究中，以劳动哲学为方法论，揭示了法律起源的过程和根本社会原因，超越了以往一切法哲学关于法律起源的理论，开创了科学认识法律起源的历史。

第一节　物质生产劳动奠定法律产生的社会基础

劳动哲学的逻辑与历史相统一的研究方法就是强调，历史的出发点就是理论研究的出发点，社会哲学研究的理论出发点应该是人的第一个历史活动，而人的第一个历史活动，就是生产自身需要的物质生活资料的生产劳动。马克思认为，“因此我们首先应当确定一切人类生存的第一个前提，也就是一切历史的第一个前提，这个前提是：人们为了能够‘创造历史’，必须能够生活。但是为了生活，首先就需要吃喝住穿以及其他一些东西。因此第一个历史活动就是生产满足这些需要的资料，即生产物质生活本身”[①]。认识法律与认识其他社会现象一样，也应该从物质生产劳动实践出发。物质生产劳动实践是法哲学的理论出发点。

原始社会后期，物质生产劳动水平的发展提高超越了氏族成员的消费需要，开始出现剩余劳动产品，剩余劳动产品为氏族贵族侵占其他氏族成员的劳动成果提供了物质基础，个人私有财产就产生了。氏族贵族为了把物质财富的私人占有长期化，保障其支配物质财富的权利，强迫社会成员按照既成分配格局进行社会交往，组建了国家。国家是统治阶级借以实现其共同利益的社会管理形式，而军队、警察、监狱和法庭等是社会管理的暴力形式。

国家是统治阶级维护经济利益的社会机构。为了贯彻统治阶级的意志，国家制定一系列社会规范，并通过军队、警察、监狱和法庭等社会强制力量，使其在社会生活中得到贯彻执行，这就是法律。恩格斯说：“随着社会的进一步的发展，法律进一步发展为或多或少广泛的立法。这种立法越复杂，它的表现方式也就越远离社会日常经济生活条件所借以表现的方式。立法就显得好像是一个独立的因素，这个因素似乎不是从经济关系中，而是从自身的内在根据中，可以说，从‘意志概念’中，获得它存在的理由和继续发展的根据。人们忘记他们的法起源于他们的经济生活条件，正如他们忘记他们自己起源于动物界一样。随着立法进一步发展为复杂和广泛的整体，出现了新的社会分工的必要性：一个职业法学家阶层形成了，同时也就产生了法学。”[②]国家通过法律体系协调各种社会关系，排斥个别人的主观任性和随意性行为，使社会关系呈现为稳定的社会秩序，将社会生活纳入一种协调的运行轨道。

法律不是人类社会固有的社会现象，而是由物质生产实践发展决定的整个社会发展变化的产物。物质生产劳动创造了人，创造了人类社会，其发展导致人与人之间的关系由基本和谐一致，发展成为对立冲突，为法律的诞生提供了社会必要性。物质生产劳动的发展导致的社会分工，特别是脑力劳动和体力劳动的分工，以及职业的法律人员的产生，为法律的形成提供了可能性。

---

① 《马克思恩格斯文集》第 1 卷，北京：人民出版社，2009 年，第 531 页。

② 《马克思恩格斯文集》第 3 卷，北京：人民出版社，2009 年，第 322 页。

第二节　劳动分工在法律产生和形成中的作用

马克思劳动哲学强调物质生产劳动实践是人类最重要的社会实践活动，决定人类生存的基本状态，人是怎么样的取决于他们生产什么和怎样生产。物质生产劳动分工直接影响人们怎样生产。生产力是物质生产劳动实践的发展水平，也是社会历史发展的决定性力量，而劳动分工是生产力发展的产物，也是生产力发展的重要标志。马克思说："各民族之间的相互关系取决于每一个民族的生产力、分工和内部交往的发展程度。这个原理是公认的。然而不仅一个民族与其他民族的关系，而且这个民族本身的整个内部结构也取决于自己的生产以及自己内部和外部的交往的发展程度。一个民族的生产力发展的水平，最明显地表现于该民族分工的发展程度。任何新的生产力，只要它不是迄今已知的生产力单纯的量的扩大（例如，开垦土地），都会引起分工的进一步发展。"[①]物质生产劳动分工和生产力相互促进，推动社会生活全方位发展。劳动分工是社会阶层分化、阶级分化的根本原因，而阶级分化则是法律文化形成的前提条件。

一、劳动分工强化了细化社会规则的必要性

劳动分工是物质生产劳动发展的产物，又对物质生产劳动发展形成巨大的推动作用。劳动分工最初产生在家庭内部，是男女两性的自然分工，男性狩猎，女性养育子女、采摘果实。男女两性分工是自然分工，真正的第一次社会分工是农业和畜牧业的分工，第二次社会分工是农业和手工业的分工。劳动分工特别是手工业与农业的分工，促进了物质生产技术的提高。金属冶炼和金属加工技术的产生和发展，提高了劳动工具的制造水平，进一步促进了劳动生产率的提高，物质财富越来越丰富。劳动分工不仅推动了生产力发展，也促进了氏族部落之间的交往。劳动分工推进了生产力，再生产了人与自然的关系；劳动分工改变了人们在生产中的相互关系，再生产了人与人的关系。马克思认为，"无论是通过劳动而生产自己的生命，还是通过生育而生产他人的生命，就立即表现为双重关系：一方面是自然关系，另一方面是社会关系"[②]。劳动既是自然关系也是社会关系，劳动

① 《马克思恩格斯文集》第1卷，北京：人民出版社，2009年，第520页。

② 《马克思恩格斯文集》第1卷，北京：人民出版社，2009年，第532页。

分工同时促使人与自然、人与社会的关系不断发展变化。社会关系的发展变化，需要更加明细的、更加有强制性的社会规则来协调各种社会关系的冲突。

二、劳动分工促进了物质生产资料所有制的变化

劳动分工推动劳动生产率的提高，剩余产品日益丰富。当氏族贵族将剩余产品占为己有的时候，人类社会关系就开始发生本质性变化，私有观念和私有财产随之产生，社会形成了剥削阶级和被剥削阶级。剥削阶级为了将私有财产所有权牢牢抓在手中，将私人财产所有权社会制度化，这样人类就开启了私有制社会历史的序幕。劳动分工带来的是生产效率提高和物质财富丰富，这也是私有制诞生的根本原因。在历史发展过程中，重大劳动分工的进步，对物质生产资料所有制产生了重大影响。马克思说："分工的各个不同发展阶段，同时也就是所有制的各种不同形式。这就是说，分工的每一个阶段还决定个人在劳动材料、劳动工具和劳动产品方面的相互关系。"[①]劳动分工推进物质生产资料所有制变化，物质生产资料所有制决定人们在社会生活中的核心利益。法律是协调社会成员权利和义务关系的社会机制，因此，劳动分工的发展变化，决定特定历史时期法律制度的表现形式、维护的利益主体以及维护利益的方式。

马克思概括总结了不同物质生产劳动分工条件下，物质生产资料所有制的多种表现形式，部落所有制、古典古代的公社所有制和国家所有制、封建的或等级的所有制、资产阶级个人所有制是与物质生产劳动实践不同发展阶段相适应的主要的物质生产资料所有制形式。马克思说："分工和私有制是相等的表达方式，对同一件事情，一个是就活动而言，另一个是就活动的产品而言。"[②]

劳动资料的部落所有制是一种原始的公有制形式。原始社会生产力水平低下，劳动分工还很不发达，劳动分工长期仅限于男女自然分工，"社会结构只限于家庭的扩大：父权制的部落首领，他们管辖的部落成员，最后是奴隶"[③]。在原始氏族部落中，社会形成了社会阶层的区分，但尚未产生阶级分化，风俗习惯和原始宗教禁忌是协调社会关系的主要方式。法律作为协调各种社会利益关系的方式还是未来社会的事情。

劳动资料的古典古代的公社所有制和国家所有制，"是由于几个部落

---

① 《马克思恩格斯文集》第1卷，北京：人民出版社，2009年，第521页。
② 《马克思恩格斯文集》第1卷，北京：人民出版社，2009年，第536页。
③ 《马克思恩格斯文集》第1卷，北京：人民出版社，2009年，第521页。

通过契约或征服联合为一个城市而产生的。在这种所有制下仍然保存着奴隶制”，“建筑在这个基础上的整个社会结构，以及与此相联系的人民权力，随着私有制，特别是不动产私有制的发展而逐渐趋向衰落。分工已经比较发达。城乡之间的对立已经产生”，“公民和奴隶之间的阶级关系已经充分发展”①，社会产生了阶级分化，社会冲突变成对抗性冲突，此时法律作为社会关系的协调方式就必须在场了。法律最初的主要功能就是维护奴隶主阶级的既得利益。

劳动资料的封建的或等级的所有制，是中世纪社会的物质生产资料所有制形式。这种所有制的结构“是由狭隘的生产关系——小规模的粗陋的土地耕作和手工业式的工业——决定的。在封建制度的繁荣时代，分工是很少的。每一个国家都存在着城乡之间的对立；等级结构固然表现得非常鲜明，但是除了在乡村里有王公、贵族、僧侣和农民的划分，在城市里有师傅、帮工、学徒以及后来的平民短工的划分之外，就再没有什么大的分工了”②。较之奴隶社会，封建社会的社会分工有了进一步发展，社会分层也更加复杂，维护社会秩序的法律也因此逐渐丰富。维护封建等级制度是封建社会法律制度的主要价值追求。

劳动资料的资产阶级个人所有制是资本主义社会的所有制形式。封建社会后期伴随着手工业的发展，从工场手工业到大工业，劳动分工越来越明细，生产效率不断提高，市场经济不断繁荣，人与人的利益冲突日益加剧和频繁，人与人之间的温情面纱被扯下。在重大利益的考验下，风俗习惯构成的良心堤坝的崩溃成为日常现象，伦理道德作为社会主导的调节方式显得力不从心，全面的社会法治建设势在必行。市场经济发展为社会打破等级制度、实现平等奠定了社会基础，维护社会成员拥有平等占有物质财富的权利被法律尊奉为天赋权利。

三、劳动分工导致社会阶级的分化

原始社会后期，物质生产劳动实践水平提高，劳动生产率不断提升，物质财富逐渐丰富，社会分工不断发展，氏族部落间的商业交往越来越多。商业交往使氏族成员逐渐打破聚族而居的传统，不同氏族部落的成员开始杂居，原始氏族部落的作用不断降低，人们逐渐摆脱对原始血亲的依赖，由氏族部落维系的原始社会结构逐渐瓦解。恩格斯说：“氏族制度的前提，

---

① 《马克思恩格斯文集》第1卷，北京：人民出版社，2009年，第521页。

② 《马克思恩格斯文集》第1卷，北京：人民出版社，2009年，第523页。

是一个氏族或部落的成员共同生活在纯粹由他们居住的同一地区中。这种情况早已不存在了。氏族和部落到处都杂居在一起，到处都有奴隶、被保护民和外地人在公民中间居住着。直到野蛮时代中级阶段末期才达到的定居状态，由于居住地受商业活动、职业变换和土地所有权转让的影响而变动不定，所以时常遭到破坏。”[①]也就是说，随着物质生产劳动实践水平的不断提高，人们在物质生产劳动实践中相互关系的不断变化，原始血亲关系因受到冲击而淡化，人与人之间的物质交往关系逐渐取代血亲关系成为主要的社会关系。原始社会后期，氏族部落的变化在东、西方社会中有一定差别。由于东方社会以农业耕作为主要的物质生产劳动方式，农耕将人口束缚在土地上，所以，原始氏族部落没有受到商业活动的严重冲击，乃至进入文明社会以后，血亲家庭、家族取代了原始氏族继续存在，社会长期保持着以血亲关系为主要社会关系的状态。血亲熟人社会是东方将伦理道德作为社会治理主要方式的根本原因，同时，这也是东、西方诸多法律制度、观念和文化存在差异的根本原因。

劳动分工推动生产力发展，剩余劳动产品不断增加为氏族贵族占有其他氏族成员的劳动成果奠定了物质基础。马克思认为原始的部落所有制形式上是公有制，实质上是氏族贵族所有制，氏族贵族往往拥有氏族财富的支配权。原始部落所有制是原始公有制向私有制的过渡形式，这种所有制也符合现代经济学家对所有制的界定，“即所有制是对他人劳动力的支配”[②]。也就是说，原始部落所有制产生了劳动产品分配的不平等和社会阶层的分化，脑力劳动与体力劳动的分工也已经出现端倪，而脑力劳动和体力劳动的分工则是社会彻底撕裂、阶级分化的根本原因。私有财产是法律诞生的社会物质基础，法律制度的目的就是维护私有财产所有权。

马克思说：“分工起初只是性行为方面的分工，后来是由于天赋（例如体力）、需要、偶然性等等才自发地或‘自然地’形成的分工。分工只是从物质劳动和精神劳动分离的时候起才真正成为分工。”[③]马克思之所以强调只有物质劳动和精神劳动的分工才是真正的分工，是因为物质劳动和精神劳动的分工就是脑力劳动与体力劳动的分工，而脑力劳动与体力劳动的分工是社会阶级分化的根本原因。脑力劳动与体力劳动的分工导致了社会分裂成统治阶级和被统治阶级、剥削阶级和被剥削阶级，社会利益的既得者和失意者。社会成员的关系由原来的基本平等关系转变为森严的等

---

① 《马克思恩格斯文集》第 4 卷，北京：人民出版社，2009 年，第 187 页。
② 《马克思恩格斯文集》第 1 卷，北京：人民出版社，2009 年，第 536 页。
③ 《马克思恩格斯文集》第 1 卷，北京：人民出版社，2009 年，第 534 页。

级差别。恩格斯说："从第一次社会大分工中，也就产生了第一次社会大分裂，分裂为两个阶级：主人和奴隶、剥削者和被剥削者。"①

原始社会后期，氏族贵族由于占有物质生产资料，从物质生产劳动中脱离出来，成为社会统治者，支配和消费绝大多数的物质劳动产品，物质生产劳动者被迫从事繁重的体力劳动，但是仅获得维持生存所需的基本物质资料。劳动者在劳动中感受到的只是生命的消耗、疲劳和痛苦，而创造财富的自豪感和自我实现感，以及劳动作为确证人类本性活动的性质被遮蔽，劳动异化现象开始出现：物质生产劳动本身发生了裂变，物质财富的生产与占有、管理和消费割裂开来，物质财富的创造者失去了对物质财富的占有、管理和消费权。不论是脑力劳动者还是体力劳动者都厌恶物质生产劳动，脑力劳动者甚至耻于承认自己是劳动者。原始的氏族部落不能满足氏族贵族强行占有氏族成员劳动成果的愿望，逐步瓦解。统治阶级为了保障物质财富私有权，建构了国家机器，并在氏族禁忌和风俗习惯的基础上，制定了法律规范体系。法律成为维护统治与被统治、剥削与被剥削关系的社会强力机制。

总之，物质生产劳动实践不断发展，促使氏族内部利益分化，氏族贵族逐渐从一般氏族成员中脱离出来，成为统治者。劳动分工促进了氏族部落之间的商业交往，商业交往的发展导致了氏族部落成员杂居，氏族部落逐渐解体。社会的阶级分化是法律制度产生的社会基础，法律是占统治地位的阶级为了维护既得利益而创造的社会机制。

四、劳动分工推动法律机构的完善

劳动分工是物质生产劳动实践发展的主要标志。劳动分工直接影响劳动者在生产劳动中的相互关系，生产关系变化决定上层建筑的发展变化，包括国家法律机构的日益完善。马克思认为，中世纪后期欧洲商品经济发展，各国贸易逐渐增多，社会分工更加明细，"法律关系与由于分工而引起的这些物质力量的发展，联系得多么紧密，这一点是从法院权力的历史发展和封建主对法的发展的抱怨中已经可以看清楚的。正是在介于贵族统治和资产阶级统治之间的时期，当时两个阶级的利益彼此发生了冲突，欧洲各国之间的贸易关系开始重要起来，从而国际关系本身也带上了资产阶级的色彩，正是在这样一个时期，法院的权力开始获得重要的意义；而在资产阶级统治下，当这种广泛发展的分工成为绝对必要的时候，法院的权

① 《马克思恩格斯文集》第4卷，北京：人民出版社，2009年，第180页。

力达到了自己的最高峰。至于这些分工的臣仆、法官们、甚至是 professores juris（法学教授们）如何想法，那是完全无关紧要的”[①]。脑力劳动和体力劳动分工导致的社会阶级分化，为法律机构的建设奠定了社会基础，也为法律机构提供了职业主体。近代资本主义市场经济的发展，促使劳动分工不断明细化，而资本主义国家法律机构的健全，与资本主义大工业和市场经济的发展导致的劳动分工明细化密切相关。

伴随着法律机构的诞生和法律职业人员队伍的不断发展，法律职业人员的分工也日益明细。恩格斯说：“随着立法进一步发展为复杂和广泛的整体，出现了新的社会分工的必要性：一个职业法学家阶层形成了，同时也就产生了法学。”[②]伴随社会治理对法律制度的依赖，法律制度不断健全，法律从业人员的职业分工也不断强化，法律职业分工的发展又进一步推进法律机构的健全。“产生了职业法学家的新分工一旦成为必要，就又开辟了一个新的独立领域，这个领域虽然一般地依赖于生产和贸易，但是它仍然具有对这两个领域起反作用的特殊能力。”[③]

法律机构建立后，专业化的法律人员进行立法、执法和司法活动。他们以为自己是按照先验的立法原则或者头脑中的固有观念展开相关法律活动，而实际上根本不存在先验的立法原则，他们头脑中的法律观念也不是他们主观固有的，而是头脑对社会生活的反映，即使是外在立法原则也不是先验的，而是前人观念的外化，所有法律观念都是与物质生产劳动实践的具体状况相适应，特别是与劳动分工的状况相适应的。马克思说：“直到现在存在着的个人的生产关系也必须表现为法律的和政治的关系。在分工的范围里，这些关系必然取得对个人来说是独立的存在。一切关系表现在语言里只能是概念。相信这些一般性和概念是神秘力量，这是这些一般性和概念所表现的实际关系获得独立存在以后的必然结果。除了通俗头脑对这些一般性和概念是这样看法以外，政治家和法学家还对它们有特殊的看法和想法，分工的结果使政治家和法学家注定要崇拜概念并认为一切实际的财产关系的真实基础不是生产关系，而是这些概念。圣桑乔不假思索地接受了这种幻想并且根据这一点宣称合法的财产是私有财产的基础，而法的概念又是合法的财产的基础，于是他就可以把他的全部批判局限于宣称法的概念是概念，是怪影。这样一来，圣桑乔就认为一切都清楚了。”[④]

---

① 《马克思恩格斯全集》第 3 卷，北京：人民出版社，1960 年，第 396 页。
② 《马克思恩格斯文集》第 3 卷，北京：人民出版社，2009 年，第 322 页。
③ 《马克思恩格斯文集》第 10 卷，北京：人民出版社，2009 年，第 597—598 页。
④ 《马克思恩格斯全集》第 3 卷，北京：人民出版社，1960 年，第 421 页。

也就是说，所有法律观念和原则既不是天上掉下来的，也不是法学家主观杜撰出来的，职业法律人员头脑中的观念，是他们在社会生活中形成的，是他们在社会生活中的社会利益特别是物质利益的反映，而他们的社会利益特别是物质利益，取决于他们在物质生产劳动中的地位，即他们在物质生产中的相互关系。物质生产劳动实践水平决定劳动分工状态，劳动分工是生产关系的核心。

第三节　劳动生产资料私有制在法律形成中的作用

劳动生产资料私有制为人类文明的物质基础和制度基础，也为法律文化的诞生和道德文化的系统化提供了可能性和必要性。劳动生产资料私有制的诞生也是人类进入文明社会的标志，马克思把劳动生产资料私有制诞生的过程称为“财产关系个人化过程”。他说，随着氏族公社的解体，“已经彼此孤立的人都力求成为私有者”[①]。马克思认为私有意识的产生和增强，对人类文明的发展意义重大。他高度评价摩尔根所说的“无论怎样高度估计财产对人类文明的影响，都不为过甚。财产曾经是把雅利安人和闪米特人从野蛮时代带进文明时代的力量。管理机关和法律建立起来，主要就是为了创造、保护和享有财产”[②]。法律制度设置的初衷就是保护私有财产所有权及相关的其他权利。

一、物质生产资料私有制为个体独立性的形成创造了物质基础

在漫长的原始社会中，生命个体不得不依赖氏族部落而存在，个人完全湮没在社会整体的存在中。当物质生产劳动实践发展到创造出剩余产品，氏族成员将氏族部落所有的剩余劳动产品占为己有的时候，生命个体独立存在的意识开始觉醒。也就是说，物质生产劳动实践发展创造的剩余产品为个体自我觉醒提供了物质基础，而个体自我对剩余产品的真正占有，则是个体自我意识形成的确证，个人成为真正的社会利益主体、独立的社会力量。马克思和恩格斯说：“因此，这里显露出两个事实。第一，生产力表现为一种完全不依赖于各个人并与他们分离的东西，表现为与各个人同时存在的特殊世界，其原因是，各个人——他们的力量就是生产力——是分散的和彼此对立的，而另一方面，这些力量只有在这些个人的交往和相

---

① 《马克思恩格斯全集》第45卷，北京：人民出版社，1985年，第226页。

② 《马克思恩格斯全集》第45卷，北京：人民出版社，1985年，第377页。

互联系中才是真正的力量。因此，一方面是生产力的总和，生产力好像具有一种物的形式，并且对个人本身来说它们已经不再是个人的力量，而是私有制的力量，因此，生产力只有在个人是私有者的情况下才是个人的力量。在以前任何一个时期，生产力都没有采取过这种对于作为个人的个人的交往无关紧要的形式，因为他们的交往本身还是受限制的。另一方面是同这些生产力相对立的大多数个人，这些生产力是和他们分离的，因此这些个人丧失了一切现实的生活内容，成了抽象的个人，然而正因为这样，他们才有可能作为个人彼此发生联系。”①物质生产资料私有制使个人摆脱了完全依赖共同体而存在的状态，为个性自由的产生奠定了物质基础，人类开始脱离动物状态，走出野蛮和蒙昧，个体自我意识开始觉醒，书写人类追求个性自由和解放的历史，这是文明社会的开端。当然，人类文明的这一进步也伴随着人的类存在的重大牺牲，真正书写个人自我作为人的历史的人，以牺牲大多数人为代价，使大多数人陷入更加非人的生存状态。

享有个体的独立和自由是文明的开端。个体的独立和自由以个人利益的现实化为前提。协调生命个体间的利益关系是经济、政治、法律及道德等多种社会文化的核心问题，对法律和道德来说尤其如此。马克思、恩格斯在《德意志意识形态》中说：“私法是与私有制同时从自然形成的共同体的解体过程中发展起来的。在罗马人那里，私有制和私法的发展没有在工业和商业方面引起进一步的结果，因为他们的整个生产方式没有改变。在现代民族那里，工业和商业瓦解了封建的共同体，随着私有制和私法的产生，开始了一个能够进一步发展的新阶段。”②可见，在马克思、恩格斯看来，私法的起源及其每一步发展，都与物质生产劳动实践发展决定人们在生产中的关系相关，与私有财产和物质生产资料私有制相关。

二、劳动生产资料私有制强化了人与人之间的利益冲突

在原始氏族部落中，因为物质生产劳动实践水平低，有血缘关系的人不得不相互依存。进入青铜时代后期以后，青铜的劳动工具的使用，促使了农业和手工业的分工。原始商业活动随之产生，原始手工业和商业进一步推动了物质生产劳动实践水平的提高。同时，原始商业活动也促进了氏族成员跨氏族部落的交往，氏族成员走出自己熟悉的部落进入其他陌生部落，甚至开始和其他部落没有血缘关系的人杂居，陌生的人际关系和人际

---

① 《马克思恩格斯文集》第 1 卷，北京：人民出版社，2009 年，第 580 页。

② 《马克思恩格斯文集》第 1 卷，北京：人民出版社，2009 年，第 584 页。

交往越来越多，原始氏族成员之间的血缘亲情不断被淡化。

随着物质生产劳动实践水平的提高，剩余劳动产品不断增加，氏族贵族私人占有剩余劳动产品的意识也越来越强。物质财富私有观念唤醒了主体自我存在的意识，氏族贵族开始摆脱完全依赖他人、将自我淹没在氏族部落整体中的生存状态。氏族成员之间的利益关系、经济关系在氏族成员固有的血缘亲情关系中的作用越来越大，原本平等的氏族成员关系因为占有财富的多寡而分出社会等级，彼此之间的矛盾冲突越来越多、越来越剧烈。

物质生产资料私有制的确立，促使社会分裂为不同阶级，原始社会平等、和谐、温馨的血缘亲情关系，被赤裸裸的物质利益关系取代。阶级分化使原始社会人与人之间以统一性为主的矛盾被对立性矛盾取代，统治阶级与被统治阶级、剥削阶级和被剥削阶级的关系成为社会关系的主要格局，原始的风俗习惯和宗教禁忌不足以维持社会关系的稳定，统治阶级为了维护阶级利益构架起凌驾于个体之上的国家，形成公共权力，用军队、警察等强力强迫社会成员接受国家制定的法律体系，强迫被统治者接受被统治的社会格局。马克思说："在这种关系中占统治地位的个人，除了必须把自己的力量构建成国家外，还必须使他们的由这些特定关系所决定的意志具有国家意志即法律这种一般表现形式，其内容总是由这个阶级的关系决定的，像私法和刑法最清楚地证明的那样。这些个人通过法律形式来实现自己的意志，同时使自己的意志不受他们之中任何一个单个人的任性所左右，这一点不取决于他们的意志，如同他们的体重不取决于他们的唯心的意志或任性一样。他们的个人统治必须同时确立为一般的统治。他们的个人权力是以作为许多人共同的生活条件而发展起来的那些生活条件为基础的，他们作为同其他人对立的统治者，同时也作为管辖所有人的统治者，必须维护这些生活条件的持续存在。这种由他们的共同利益所决定的意志的表现，就是法律。"①

三、物质生产资料私有制是个体与共同体矛盾的根源

物质生产资料私有制促使个人摆脱纯粹的共同体的生存状态，使个人追求自我利益获得了现实的可能性。个人的私有财产占有制度化，不仅导致了人与人之间矛盾冲突的加剧，也导致了个人与社会集团乃至与整个社

① 〔德〕马克思、恩格斯：《德意志意识形态（节选本）》，中共中央马克思恩格斯列宁斯大林著作编译局编译，北京：人民出版社，2003年，第108页。

会矛盾的现实化，个人利益、社会集团利益与社会公共利益的矛盾随之产生并不断加剧。

酋长世袭制伴随着私有制的诞生而出现，氏族部落的功能开始发生转变，从以处理部落内部事务为主，转变为以处理部落之间的事务为主。“于是，氏族制度的机关就逐渐挣脱了自己在民族中，在氏族、胞族和部落中的根子，而整个氏族制度就转化为自己的对立物：它从一个自由处理自己事务的部落组织转变为掠夺和压迫邻近部落的组织，而它的各机关也相应地从人民意志的工具转变为独立的、压迫和统治自己人民的机关了。”[①]在这个过程中，国家诞生了。国家与原始氏族不同，在原始氏族中，氏族整体利益与其成员的个体利益直接统一，氏族与其成员矛盾中的矛盾统一性占主导地位，对立性被遮蔽。在阶级社会的国家中，社会发生裂变，国家与社会成员的利益不是统一的，国家只是统治集团利益的代表，是统治阶级为了维护阶级利益建构的社会共同体。政治法律制度是国家维护统治阶级利益的根本方式。马克思认为，“随着分工的发展也产生了单个人的利益或单个家庭的利益与所有互相交往的个人的共同利益之间的矛盾，而且这种共同利益不是仅仅作为一种‘普遍的东西’存在于观念之中，而首先是作为彼此有了分工的个人之间的相互依存关系存在于现实之中。正是由于特殊利益和共同利益之间的这种矛盾，共同利益才采取国家这种与实际的单个利益和全体利益相脱离的独立形式”[②]。社会成员的特殊利益和共同利益的矛盾是国家、法律产生的原因，所以统治阶级总是把国家和法律说成是维护共同利益的，这一说法虽然存在一定依据，但不是国家和法律的本质和根本目的所在，国家和法律的本质在于维护阶级统治的社会格局。在阶级社会中，立法者尽管不能完全不顾及共同利益但是就其本质而言仍是统治阶级维护阶级利益的统治工具。

国家从诞生起就是个体生命的异化。与原始氏族公共权力同个人存在的基本统一不同，国家作为新的公共权力形式对个人既是肯定性存在，更是否定性存在。在国家中，不仅是被统治者的个人存在压抑、个人利益被轻视，而且统治集团成员的存在也会被压抑、个人利益也会被轻视，统治集团中个人利益与国家利益和社会公共利益也存在矛盾。原始社会中氏族部落成员个体与氏族部落共同体之间矛盾的统一性主导地位被对立性所取代。在阶级社会中，国家意志对于每个生命个体都是紧箍咒。法律是国家

---

① 《马克思恩格斯文集》第4卷，北京：人民出版社，2009年，第184页。

② 《马克思恩格斯文集》第1卷，北京：人民出版社，2009年，第536页。

意志的体现，维护统治阶级的总体利益，但对统治阶级集团的个体的权利范围也不得不进行限制，约束他们对个人自我利益的追求。因此，社会成员个人利益的维护，与国家利益或者社会整体利益的维护，始终是法律需要协调重要矛盾冲突的体现。

马克思在《人类学笔记》中，肯定了俄国学者科瓦列夫斯基关于印度学者运用原始习惯法解释《摩奴法典》的思想，并结合多种人类学资料，说明了从习惯法到成文法的过程，科学揭示了法律的起源和法律形成的根本社会原因。

第四节　马克思的法律起源论在法哲学发展史上的地位

马克思以前的一切哲学，不论是旧唯物主义哲学还是唯心主义哲学，或者从客观物质出发，或者从主观精神出发，去把握社会和世界。将物质或者精神作为哲学本体概念，割裂物质和精神不能真正把握社会历史的本质，所以这些社会历史哲学都陷入了唯心主义的泥淖。社会历史在传统哲学中，要么是僵死的感性材料的堆积，要么是没有客观依据的主观臆断，都不能正确揭示社会现象的本质。马克思的劳动哲学以物质生产劳动实践为哲学本体概念，将社会和世界置于物质生产劳动实践发展史中进行考察，在劳动哲学中，社会乃至整个世界不再仅仅是感性的对象，而是感性的活动，是主体与客体相互作用的结果。因此，马克思称自己的哲学为实践的唯物主义，实践的唯物主义的历史哲学就是劳动历史观。在劳动历史观中，社会和世界都是主观与客观的统一，既具有客观必然性，又具有主观能动性。马克思将劳动历史观运用于法哲学，提出了独具特色的法律的劳动起源论，第一次科学地阐释了法律现象的起源，开创了法哲学发展的新纪元。

一、法哲学思想史上的诸种法律起源论

在法哲学发展史中，法学家们提出超自然起源论、自然起源论、理性起源论、历史文化起源论和国家起源论等多种关于法律起源的不同认识，有的形成了比较系统的理论，有的则只是简单的一种观点，没有完备的理论论证。

（一）法律的超自然起源论

原始社会的风俗习惯和宗教禁忌是人类法律规范的直接来源，而对法律起源的超自然论的阐释，即神启论或者神创论，是法哲学思想发展史上

最古老的法律起源理论。希伯来文明和希腊文明是西方文明的源头。犹太教的经典《塔纳赫》的名称来自《旧约全书》前五章名称的字头缩写，犹太人将《塔纳赫》前五章称为律法书。《塔纳赫·出埃及记》中说，在摩西带领希伯来人（古犹太人）逃出埃及回归迦南途经西奈山时，耶和华向希伯来人昭示了十诫。由于基督教将犹太教的《塔纳赫》纳入其宗教经典《圣经》中，摩西十诫成为犹太人以及基督教徒了解西方社会法律制度的重要文化资源，法律的上帝启示论也成为西方法哲学发展史上最有影响的法律起源论之一。与希伯来人一样，希腊人也是用神意解释法律起源的。古希腊诗人赫西俄德认为，法律是主神宙斯为了维护人类社会秩序赐予人类的礼物。中世纪欧洲，基督教长期占据主流意识形态，天主教神哲学家将神启论的法律起源论进行了系统阐发，奥古斯丁和托马斯·阿奎那的思想是基督教神学法律起源论中影响最大的。托马斯·阿奎那的理论至今仍影响巨大。阿奎那将法律分为永恒法、自然法、神法和人法四种。永恒法是上帝制定的统摄宇宙万物的法则，对于现实生活中的人来说，它是不可知的；自然法是上帝为人类制定的区分是非、善恶的标准和尺度，基督教神学自然法主张，善的是自然的，是人自我保护的本能，也是两性相吸以及生儿育女的本能，信仰上帝、以社会的方式生活、遵循理性等都是人们生活的自然法则；神法是上帝颁布的更为具体的行为准则，表现为《圣经》中的各种具体要求；人法则是世俗社会的管理者为了维护公共利益制定的合乎理性的法令，世俗社会的管理者不能凭空捏造法律，必须依据自然法和神法来制定人法。文艺复兴以后，近代资产阶级法学兴起，基督教神学的法律起源论影响逐渐缩小，但是从未退出历史舞台。到19世纪末，罗马教廷为适应社会历史发展，开始进行天主教革新。1879年，教皇利奥十三世宣布托马斯·阿奎那的哲学是对天主教神学理论的官方阐释，新托马斯主义兴起，阿奎那的神学哲学的影响再度扩大。1923年，教皇庇护十一世再度确认新托马斯主义在天主教中的官方地位，新托马斯主义的影响进一步扩大。法国哲学家马里坦将新托马斯主义的理论进一步发扬光大，成为20世纪新托马斯主义的主要代表。

（二）法律的自然起源论

人类原始宗教主要的崇拜对象是自然，原始风俗习惯和宗教禁忌作为原始社会的主要行为规范，其主要内容是关于自然的。进入文明社会以后，物质生产劳动实践水平的不断提高激发了人们探索自然奥秘的内在动力，这使古希腊自然哲学和自然科学都获得了长足发展。对自然规律的尊奉成为古希腊人的基本信念，他们提出了最初的自然法理论，将自然法作为制度设计的圭臬，强调自然法是整个世界运转的基本规律，是人类制定法律制度的原则和依据。古罗马哲学家西塞罗继承并进一步系统化了古希腊的自然法理论，强调作为法律原则和依据的自然法既是自然法则，也是人的理性法则，这奠定了古罗马法学理论的基础。中世纪基督教神学虽然为自然法理论披上了神学外衣,但是继承了古希腊罗马自然法理论的基本精神，也强调自然法是人类社会法律的原则和依据。文艺复兴以后，资产阶级法学家提倡人本主义，反对神本主义，古希腊罗马的自然法理论再度复兴，格劳秀斯、霍布斯、洛克等资产阶级法学家赋予传统自然法理论新的内涵，并将其进一步系统化。近代资产阶级自然法理论，提倡理性科学精神，反对宗教蒙昧，对自然规律和理性精神的崇拜得到进一步强化。近代自然科学特别是生物学的发展，在社会生活领域中产生了广泛影响，促使很多欧洲人进一步用自然法则解释人类社会的各种现象。社会达尔文主义者是直接运用自然法则阐释人类社会现象的典型。社会达尔文主义者赫伯特·斯宾塞用达尔文的生物进化论建构了关于法律和正义系统的理论。他主张法律是生物有机进化的结果，生物进化的生存竞争、自然选择、适者生存等规律都适用于人类社会，劳动分工日益明细是社会进化的主要表现，同时，社会进化表现为社会成员越来越个体化。在人类文明进步的过程中，社会矛盾冲突的化解由最初主要依靠战争等强制手段，逐渐转化为依靠自由契约的和平手段。斯宾塞认为，文明社会立法必须遵循生物进化的物竞天择的自然法则，法律应该保障自由竞争给予社会的强大活力。达尔文的生物进化论不仅影响了法学家，对资产阶级经济学家也影响深远。自由竞争的市场经济制度的设计也具有浓厚的社会达尔文主义的精神色彩。

（三）法律的理性起源论

崇尚理性是西方自古希腊罗马时期到近现代以来一以贯之的文化特色。多种西方法律起源理论中都充分彰显着理性主义的价值追求。古希腊罗马时期的自然法理论就是理性自然法理论，这一理论一方面强调自然法是自然法则，另一方面也强调自然法是理性法则。宗教相对于其他社会文化来说当然是非理性的，但是基督教作为典型的一神教，相对于其他文化中的多神教来说，具有更明显的理性主义文化倾向。从形成原因分析，一神教是人类理性追问世界根源和规律的产物，而多神教则是人类感性生活经验的产物；从神性论看，一神教的上帝是一个理性意向，是抽象掉崇拜对象的所有感性特征后，形成的无形无相的绝对和无限，而多神教中的神灵则千姿百态、功能复杂、性格迥异，更有具象性。中世纪天主教神哲学尽管充斥着诸多荒谬理论，但是也具有明显的理性主义思维倾向和理性主义价值追求。安瑟尔谟关于上帝存在的三段论论证和阿奎那关于上帝存在的五论证都明显受到亚里士多德哲学的影响。文艺复兴以后，资产阶级思想家为了反对宗教蒙昧主义更是高扬理性主义的大旗，使理性主义大放光彩。资产阶级法学家不仅使古希腊罗马的理性自然法理论再度盛行起来，而且霍布斯、卢梭等社会契约论者强调法律既然是公共意志的体现，就是社会成员理性选择的结果。德国古典哲学家康德更是将理性主义法学理论发展到极致，成为用理性解释法律起源最典型的哲学家。康德认为纯粹理性为自然立法，实践理性为人自身立法，道德是人的理性对实践的约束，是实践理性，道德和法律都必须建立在先验的理性命令的基础上。

（四）法律的历史文化起源论

18 世纪后期，欧洲诸多思想家反思法国大革命失败的原因，对法国大革命确立的理性主义原则提出了质疑。其中，德国和英国的历史法学派学者，对法国大革命先驱倡导的非历史的理性主义思想提出批评。他们强调法哲学研究和法律制度建构都不能只是提出抽象的理性原则，而是应该充分尊重历史和传统。历史法学派著名代表人物是英国法学家亨利·梅因以及德国法学家萨维尼与其弟子普赫塔等。萨维尼认为立法者不能依据主观意念制定法律，法律不应该是立法者主观武断的决定，而必须根植于民族历史传统以及民族成员共有的价值信念、传统习惯，必须集中体现其所在民族的民族精神，并且在其民族传统风俗习惯的基础上逐渐建构起法律规范体系。法律就像语言一样，不应该是统治者专断的意志，也不应该是立法者的随意设计，而应该是社会历史发展中形成的，是伴随民族文化不断发展变化的行为规范体系。历史法学派的学者因其法律信念非常重视对法律起源及其早期发展历史的研究。梅因认为人类从原始社会走向文明社会的过程，是社会成员个体逐渐摆脱家庭依附关系获取公共社会公民资格的过程，是一个从身份社会向契约社会转化的过程。法律诞生意味着社会人际关系从身份秩序转变为契约秩序。在身份秩序的社会中，家庭、家族等社会群体是社会生活的基本单位，而在契约秩序的社会中，独立的个人是社会的基本细胞。人类早期社会的法律是家长式的统治者的命令，而臣民则认为遵守法律是按照神意行事，在现代契约社会中，法律是社会成员个人理性选择的行为规范体系。

（五）法律的国家起源论

在阶级社会中，国家的法律制度是统治者制定的，是统治阶级意志的体现，这是不可否认的客观事实，大多数法学家对此也并不否认，法学家的分歧在于统治者制定法律的依据是什么。宗教神学的法学认为神意是制定法律的依据。自然法学派则强调统治者应该依据自然法则和理性制定法律，康德反对传统自然法学理论将感性经验也作为法律制定的依据，强调只有先验的理性原则才是法律制定的真正依据。以霍布斯为代表的一些哲学家则强调法律就是国家统治者为约束社会成员制定的行为规范，法律就是统治者对被统治者的命令。因此，他们非常推崇罗马法学所谓君意就是法的思想。一般来说，分析实证主义法学家也都相信法律就是统治者制定的行为规范。奥斯丁不仅崇奉这种法学理论，而且为其建构了语言分析哲学的基础。他特别强调法律就是主权者的意志，法律不以自然法为依据，因而与道德无关，统治者制定的行为规范即使不符合道德，没有自然法的基础，也是法律，社会成员也必须执行，即“恶法亦法”。

二、马克思对传统法律起源论的批判继承

马克思的劳动哲学认为，以往一切哲学不论是唯物主义的还是唯心主义的，因为没有从物质生产劳动实践出发认识世界，其社会历史哲学本质上都是唯心主义的，都没有做到科学地揭示社会现象产生的根本原因和发展的基本规律。

马克思将其哲学称为实践的唯物主义，突出社会实践特别是物质生产劳动实践在社会历史中的决定性作用，主张一切宗教都是关于世界颠倒的认识，反对宗教倡导的神创世界理论，强调社会实践创造世界，包括创造神。“人就是人的世界，就是国家，社会。这个国家、这个社会产生了宗教，一种颠倒的世界意识，因为它们就是颠倒的世界。宗教是这个世界的总理论，是它的包罗万象的纲要，它的具有通俗形式的逻辑，它的唯灵论的荣誉问题，它的狂热，它的道德约束，它的庄严补充，它借以求得慰藉和辩护的总根据。宗教是人的本质在幻想中的实现，因为人的本质不具有真正的现实性。因此，反宗教的斗争间接地就是反对以宗教为精神抚慰的那个世界的斗争。”[①]马克思的劳动哲学在世界观上是无神论的，否定神的存在，也就否定了法律是神意的体现，否定了法律起源的神启论，强调神学不可能找到法律起源的社会原因。马克思的劳动哲学强调在事实与价

---

① 《马克思恩格斯文集》第1卷，北京：人民出版社，2009年，第3页。

值的对立统一中把握世界。从事实认识的角度看，宗教是对世界颠倒的认识；从价值文化角度看，宗教文化是具有社会意义的。从前文《〈黑格尔法哲学批判〉导言》的引文看，马克思肯定宗教的道德约束作用、庄严神圣感的给予、对苦难心灵的慰藉等社会作用。由此出发，以马克思劳动哲学逻辑进行分析，应该认识到法律起源的神启论也有其价值，这种理论对于强化法律的威严，将法律内化为社会成员的内在信念有积极意义，对于人类社会特别是早期人类社会秩序的维护，也发挥了积极作用。

马克思劳动哲学强调，结合物质生产劳动实践发展史的具体发展阶段把握各种社会现象，物质生产劳动实践是人从自然界获取物质生活资料的过程，人与自然的互动，既要尊重客观规律，也要发挥主观能动性。马克思、恩格斯都深受达尔文进化论思想的影响，认为达尔文进化论是当时人类最重要的科学成果，所以将其作为他们思想体系的三个自然科学前提之一。就方法论而言，马克思从物质生产劳动实践出发，强调把握法律现象要遵守客观规律，法学科学化。另外，马克思劳动辩证法与达尔文进化论一样，都更重视矛盾斗争性在事物发展中的作用。马克思在历史哲学中主张将社会历史理解为一个自然进化过程，并特别强调阶级斗争在社会历史发展中的重要作用，在法律起源问题上，把劳动分工导致的阶级分化作为法律产生的根本原因。从这些观点中不难看出达尔文进化论对马克思的影响。当然，马克思哲学与达尔文进化论具有本质不同。马克思反对社会达尔文主义，明确强调人类社会与自然界的差别以及人和动物的差别都是本质性的，强调阶级斗争不是人类社会固有的，是社会历史发展到一定阶段的产物，人与人之间的关系不仅具有竞争性也具有合作性，矛盾双方有对立也有统一、有斗争也有和谐，法律是阶级斗争的手段，也是维护社会秩序的机制。马克思的法律劳动起源论与法律自然起源论的差别是本质性的。

马克思曾经信奉康德哲学，并且曾设想依据康德法哲学的思路构建一个自己的法哲学体系，但他发现这样的努力徒劳无益，对康德哲学从整体上也失去了信心。马克思反对西方传统的自然法学和康德的理性主义法律起源论，反对他们用理性观念解释社会，认为社会生活不是思想观念的产物，相反所有的思想观念都是社会生活的产物。思想观念不是法律产生的根本原因，不能用理性来解释法律起源，法律产生的根本原因不在人的主观精神中，法律不以先验的原则为基础。法律是社会生活的产物，其产生的根本原因在社会物质生活领域之中。当然，这不意味着马克思全面否定康德理性主义法律起源论，理性观念不是法律起源的根本社会原因，但是对法律起源也有重要影响。马克思从物质生产劳动实践出发认识世界，强调任何实践都是主体与客体的互动，都既不能脱离客观环境，也不能脱离思想观念的指导。每一个历史时期的法律，都必须适应物质生产劳动实践发展决定的社会物质生活的实际情况，也要超越客观实际情况，使法律对社会实际生活发挥调节作用。社会实践从来不是被动地适应世界，物质生产劳动实践也是认识和改造世界的过程，所有社会实践中都有主观价值观念发挥指导的作用，物质生产劳动实践不仅要适应社会，还要在主体价值观念的指导下改造社会，实现主体的目的。在法律实践中，理性价值观念的作用在立法、司法和执法的每一个环节中都有重要作用，每一个法律规范也都内含着理性价值观念，理性价值观念昭示着法律发展的方向。

马克思劳动辩证法强调矛盾既具有普遍性又具有特殊性。制定法律制度既要尊重民族历史文化传统，也要学习先进民族的法治经验。在具体的立法、执法和守法过程中，保持民族法律文化传统与借鉴其他民族先进经验，究竟以哪个方面为主导，不是一个抽象的理论问题，不能一概而论，而是要视社会实践特别是物质生产劳动实践的具体情况而定。总体上来说，民族法律传统体现着民族精神，民族精神是民族存在的根本，法治建设应该以传承民族文化传统为主，结合物质生产劳动实践发展决定的社会物质生活的实际，同时，借鉴其他民族先进的法治经验，实现民族传统法律文化的现代转型，至于具体法律条款的设计则应该实事求是，具体问题具体分析。马克思并不否定历史法学派强调的法律必须以民族习惯和传统为依据的思想，但是反对法治建设只是固守传统，忽视社会实践的发展变化和其他民族的先进经验。当时德国尚未实现资产阶级革命，法律制度体现的是封建地主阶级的意志，法律体系总体上落后于英、法两国的资产阶级法律体系。以萨维尼为代表的历史法学派，忽视具体的社会历史文化背景，片面强调法律起源于民族习惯，法律制度建设必须尊重民族历史传统。马克思认为以萨维尼为代表的历史法学派的理论，不仅理论观点片面，而且更重要的是其目的是为德国封建法律体系辩护，阻碍当时德国法律文化的进步，乃至当时整个德国社会的进步。

物质生产劳动实践在尊重客观规律与发挥主观能动性的对立统一中实现对世界的改造，从物质生产劳动实践出发把握世界，这意味着坚持事实与价值对立统一的思维原则。马克思从事实认识的角度出发，强调法律是统治阶级意志的体现，是统治阶级进行阶级统治的工具，法学应该科学化，从实证认识角度看问题。马克思法律的劳动起源论和分析实证主义法学的法律国家起源论具有一致性，但是马克思反对单纯的实证主义观点，强调事实认识与价值认识的对立统一，认为法律的本质既是统治阶级意志的体现，是统治阶级统治的工具，也在一定意义上体现公意，是和谐社会关系的机制，法学应该追求科学性与人文性的统一，不仅要从事实认识的视角，也要从价值认识的视角把握法律。统治阶级制定法律如果不能在一定程度上体现公意，必然导致人民的反抗，不能达到稳定社会秩序的目的。物质生产劳动实践的不断发展，可以为法律更多体现人民公意创造越来越多的机会和条件。在物质生产资料私有制的社会中，法律以统治阶级的意志为主，人民公意难以得到尊重。但是，随着社会发展，法律体现的人民公意会越来越多。到社会主义社会，社会统治者的意志与人民公意实现了基本统一。不过，此时法律还不能体现所有人的意志，而是要更多体现劳动者的意志。当法律完全契合所有人意志的时候，法律将丧失存在的价值，要被送到历史博物馆。

三、马克思的法律的劳动起源对以往法律起源论的超越

法哲学中关于法律起源的理论，不仅应该准确阐述法律形成的客观过程，而且应该揭示人类创造法律的最初动机，说明法律之所以应该被遵循的依据。法律起源论不仅要说明法律现象产生的社会原因，还要确定创造法律的主体，确定法律主体创造法律的初衷，确定法律主体确立合法、非法和违法原则的依据。因此，法律起源问题与法律本质、基本功能等问题密切相关，还涉及每一个法律条款的合理性即法律正当性的问题。西方自然法学派和分析实证主义法学派，要么将事实与价值混为一谈，要么将事实与价值相对立，而马克思的劳动辩证法强调，将事实与价值混为一谈和将事实与价值对立，都是形而上学的思维方式的表现。事实与价值的关系是辩证的对立统一关系，以往的法哲学不论是传统唯物主义法哲学还是唯心主义法哲学都没有正确处理事实与价值的辩证关系，因此，不能正确阐释法律起源问题即不能科学阐释法律产生的客观过程和法律产生的社会原因，也不能阐明法律正当性的依据问题。马克思的劳动哲学从物质生产劳动实践出发，在事实与价值的对立统一中把握法律起源问题，既开创了科学把握法律起源问题的历史，又开创了在科学性与人文性的对立统一中把握法律起源问题的先河；既准确阐明了法律产生的客观过程，揭示了法律产生的社会原因，也说明了法律的正当性。

（一）马克思科学阐释了法律形成的社会原因

马克思以前的哲学不从物质生产劳动实践出发把握各种社会现象，其

社会历史哲学都是唯心主义的，都不是对社会历史的客观反映，都是哲学家对社会历史的猜想，缺乏足够的客观依据。马克思从物质生产劳动实践出发认识社会历史，其社会历史哲学既有辩证的能动性，又有客观的必然性。马克思说："在思辨终止的地方，在现实生活面前，正是描述人们实践活动和实际发展过程的真正的实证科学开始的地方。关于意识的空话将终止，它们一定会被真正的知识所代替。对现实的描述会使独立的哲学失去生存环境，能够取而代之的充其量不过是从对人类历史发展的考察中抽象出来的最一般的结果的概括。这些抽象本身离开了现实的历史就没有任何价值。"[①]在马克思看来，社会生活本质上是实践的，社会历史哲学研究不能局限在思辨中，而必须深入社会实际生活，只有正确描述社会实践特别是物质生产劳动实践，社会历史哲学才能具有科学性。劳动哲学从物质生产劳动实践出发认识社会历史，找到了社会历史的客观物质基础，结束了社会历史哲学作为主观思辨理论的历史，第一次获得了真理性。

以往法哲学的法律起源理论，总体上都是对法律现象的主观猜想，是唯心主义的，未曾找到法律起源的根本原因，没有准确描述法律产生和发展的客观过程，缺乏科学性。马克思是第一个客观描述法律起源过程并揭示了法律起源的根本原因的哲学家。

（二）马克思开创了科学性与人文性对立统一的法哲学

本体论对方法论有重要影响，世界观因此具有方法论意义。以往哲学的本体概念要么是物质的要么是精神的，主观与客观、物质与精神是对立的。马克思从物质生产劳动实践出发认识社会现象，在主观与客观、物质与精神的对立统一中认识法律。他在法哲学研究中贯彻了主观与客观、物质与精神对立统一的原则，彰显了辩证法的实质。辩证法既不单纯属于客观物质世界，更不单纯属于主观精神世界。辩证法是社会实践发展变化的规律，是社会历史的发展规律，其本质是在客观必然性与主观能动性的对立统一中把握世界。人类社会历史的一切奥秘都在客观必然性与主观能动性的辩证统一中。

以往法哲学的法律起源理论，要么把法律看成自然法则，要么把法律看成主观精神或者客观精神制定的法则。也就是说，要么侧重客观必然性，要么侧重主观能动性，甚至将二者对立起来，反对二者的辩证统一。因此，不能客观描述法律起源的过程，也不能揭示法律起源的真正原因，更不能

---

① 《马克思恩格斯文集》第1卷，北京：人民出版社，2009年，第526页。

说明法律的正当合理性。这些问题都只有在客观必然性与主观能动性的辩证统一中，在事实与价值的辩证统一中，才能得到准确阐述。

第五节 对中国法学界近年关于马克思法律起源论的质疑的反诘

改革开放后，国内法学界关于马克思的法律起源论曾经产生不同的认识。大多数教科书中反映的是占据意识形态主流地位的代表性观点，强调法律是经济发展导致社会阶级分化的产物，是统治阶级维护统治地位的工具。另外一些学者受西方法学影响，对马克思法律起源论提出了一些质疑，认为马克思的法律起源论存在三个认识误区：一是对原始社会状况和谐美好的判断；二是对法律、阶级、私有制和国家等一系列社会现象的起源的分析没有区别；三是用唯物史观分析原始社会历史，缺乏合理性。[①]他们认为原始社会中人与人的关系也不是平等的，也存在严格的等级差别，原始氏族部落内的行为规范也具有强迫性，具有法律的意义，法律不是阶级社会特有的现象，不是国家和私有制的产物。他们将原始氏族习惯的强制性，作为氏族习惯也是法律的依据，将《牛津法律大辞典》中“当一些习惯、惯例和通行的做法在相当一部分地区已经确定，被人们所公认并被视为具有法律约束力，像建立在成文的立法规则之上一样时，它们就理所当然可称为习惯法”[②]的说法，当成自己理论的依据，忽视了《牛津法律大辞典》只是在说明从习惯到习惯法的发展过程，显然并不是说习惯就是习惯法。他们的观点主要存在以下三个方面的问题。

一、混淆了风俗习惯和习惯法的区别

批评马克思法律的劳动起源论的学者，反对马克思的法律是阶级社会特有现象的思想，认为原始氏族习惯也有强迫性，因此这就是习惯法。不可否认，原始社会的氏族习惯和宗教禁忌确实是阶级社会中习惯法的重要来源，但是不能因此将风俗习惯等同于习惯法，二者有本质区别。习惯法来自风俗习惯，不能成为风俗习惯就是习惯法的理由。风俗习惯和习惯法虽然都有强迫性，但是强迫人们在社会生活中贯彻的社会力量不同，习惯

---

① 刘平：《论法起源的论证基础》，《中国社会科学院研究生院学报》2000 年第 4 期；梁兴国：《法的起源：国家性、伦理性、公共性及其它》，《政治与法律》2010 年第 8 期。

② 〔英〕戴维·沃克：《牛津法律大辞典》，北京社会与科技发展研究所译，北京：光明日报出版社，1988 年，第 233 页。

法通过国家权力机关来执行，风俗习惯依靠社会舆论来贯彻。相比较而言，习惯法的强制性远远大于风俗习惯的强制性。原始社会，氏族部落中人与人之间的矛盾冲突没有那么尖锐，到阶级社会，人与人之间才有了你死我活的对抗性矛盾。风俗习惯可以制度化为习惯法，但并非所有的风俗习惯都会变成习惯法。哪些风俗习惯可以制度化为习惯法，是由物质生产劳动实践的发展状况决定的。在不同的物质生产劳动实践水平下，社会关系协调依赖的规范的性质不同，不同的行为规范协调关系冲突的力度也不一样。在物质生产资料私有制社会中，人与人的利益冲突尖锐化，只有以法律协调为主才能维持社会秩序的基本稳定。未经过国家机关确认的风俗习惯就仅仅是习惯，人们对它的遵守就是对风俗习惯的遵守，而不是对法律的遵守，只有经过国家认可的习惯才能真正发挥法律的作用。

二、忽视了法律的起源不是一蹴而就的

马克思将所有社会现象都纳入物质生产劳动实践发展史来考察，历史过程意识是劳动哲学的基本观念，社会现象都有一个伴随物质生产劳动实践产生、发展变化到消亡的历史过程。原始社会后期氏族部落的社会规范是原始风俗习惯和宗教禁忌向法律过渡时期的表现形态，这一表现形态既具有原始习俗的特点，也具有阶级社会法律规范的特点。在漫长的过程中，氏族部落逐渐向国家转型，部落贵族转变为统治阶级，社会总体也从原始社会野蛮状态向文明社会过渡。反对马克思法律起源论的学者，论证原始氏族规范也是法律采用的资料基本上都是原始社会青铜时代后期氏族规范的资料，还使用原始社会向阶级社会过渡时期社会规范的特点来说明原始氏族规范也是法律，使用过渡时期氏族部落有某些国家性质（如部落中有明显的等级差别）来说明氏族部落中也有根本利益冲突，也需要法律调节。这都是明显的以偏概全，忽视了过渡时期事物新旧性质兼具的特点。这种思考问题的方式明显缺乏历史过程思维，是典型的形而上学思维方式。法律起源是一个过程，揭示法律起源的相关概念的内涵既要有确定性，也要有不确定性、灵活性和变动性，风俗习惯和习惯法的关系是对立统一的，发展变化的，对它们的认识不仅要遵循形式逻辑，也要遵循辩证逻辑。风俗习惯和习惯法的共同性是都有习惯性，差异性在于强迫程度不同、执行主体也不同。风俗习惯变成习惯法，需要得到国家统治者的认可，同时统治者也不能完全主观随意地将风俗习惯转变为习惯法，哪些风俗习惯可以转变为习惯法是由物质生产劳动实践发展水平决定的。

三、对法律本质把握不准确

反对马克思法律起源论的学者主张原始氏族的风俗习惯也是法律，法律不是阶级社会特有的现象，不只是国家制定的才是法律，只要具有一定强制性的社会规范就是法律。原始社会虽然没有国家，但是原始氏族风俗习惯具有强制性，所以也是法律。显然他们不仅仅反对马克思法律起源论，而且实质上是反对马克思法哲学法律本质论。马克思强调法律是阶级社会特有的现象，是国家的产物，原始社会没有法律。这不仅是马克思对人类社会历史发展的准确客观把握，是劳动辩证法和劳动历史观正确运用的结果，而且是批判资产阶级法哲学法律永恒论的需要，目的在于说明资本主义法律制度没有永恒合理性，为无产阶级推翻资本主义制度实现自身解放奠定了理论基础。反对马克思法律起源论，强调原始氏族风俗习惯有强制性就是法律，抹杀了习惯和法律的区别，突出强调习惯和法律的共性，忽略了二者的差异性，掩盖了法律的阶级性。这样也就否定了法律是统治阶级意志的反映，否定了法律作为统治阶级统治工具的本性，用法律的社会功能遮蔽法律的阶级统治功能，无产阶级革命的合理性就被否定了。

改革开放后，之所以会出现反对马克思法律起源论的声音，一方面是因为我国改革开放市场经济建设急需建构相关法律体系，不得不更多地借鉴西方法学和西方法律制度，在学习西方法学的过程中，一些学者缺乏主体意识，没有坚持马克思主义分析立场，导致了西方法学思维方法和价值观念的滥觞。另一方面则是因为国内马克思主义法学学者也没有对马克思的法律起源论给予足够的重视，相关研究不够全面和深入。很多法理学教科书对马克思的法律起源论的阐发过于简单，只是强调法律是经济发展到一定历史阶段的产物，关于马克思物质生产劳动实践是社会历史发展决定性力量的认识不够深刻，忽略了马克思通过物质生产劳动实践发展阐述法律起源理论的具体环节。马克思从物质生产劳动实践发展到社会分工，从社会分工到社会阶级分化，以及从私有观念产生到私有制形成，再到国家诞生、法律制度的制定两个层面进行了系统的理论论述。忽视这些具体阐述导致马克思的法律起源论变成了没有理论内容的空洞教条，马克思基于劳动哲学的法哲学的理论魅力被遮蔽，错误的观点反而有了大行其道的机会。正确的理论不能充分传播，错误的思想就会占领真理本来拥有的阵地。对马克思的法律起源论研究不够深入，不仅导致了在法律起源论上错误理论的登场，也导致了对马克思法律本质论和法律功能论等重要理论问题理解的偏差。

因此，全面深入阐发马克思的法律起源论，彰显马克思的法律的劳动起源理论在法哲学发展史上的重要地位，是马克思主义法哲学研究不可忽视的重要任务。法律起源是重要的理论问题，并不是一个距离现实遥远的历史问题，对法律起源的理解直接关乎对法学理论中法律本质、法律功能、法律正当性等诸多重大问题的理解，同时法律起源也是重要的现实问题，关乎我们对现实法律规范的合理性的理解。

本章小结

马克思将法律纳入物质生产劳动实践发展史中考察，第一次科学地描述了法律起源的历史过程，揭示了法律产生的根本社会原因，强调法律是物质生产劳动实践发展到一定阶段的产物。原始社会青铜时代后期，物质生产劳动实践水平提高，劳动产品在满足氏族成员消费后开始出现剩余。剩余劳动产品的出现，为私人观念的形成奠定了物质基础。物质生产劳动实践水平的进一步提高，促使劳动分工的产生和发展，劳动分工促进了社会人际关系的阶级分化，血缘关系作为主要社会关系的地位被阶级关系取代，阶级斗争成为社会关系的常态，这为法律诞生奠定了社会基础。阶级斗争导致了国家的产生，统治阶级为了维护统治地位建构了国家制度，法律是国家制度的主要表现形式。法律制度设计的初衷就是维护统治阶级的利益，特别是维护统治阶级对物质财富的私人占有。物质生产资料私有制是法律制度的主体内容，统治阶级不仅建构了社会公共权力的主体——政府，而且设置了警察、法庭和监狱，运用社会公共权力强力维护社会秩序。法律是阶级社会治理的根本方式。

第四章　马克思的法律演化论

逻辑与历史对立统一是马克思劳动辩证法的方法论原则。马克思的劳动哲学主张，事物发展是自身内在逻辑与外在环境相互作用的结果。事物发展自身的内在逻辑贯穿于事物发展始终，决定事物总体性质，事物发展的外在环境可能阻断也可能加快事物发展变化的过程，但是不能改变事物的性质。事物发展围绕内在逻辑展开，可能偏离内在逻辑，却不能完全脱离内在逻辑。因此，考察事物发展变化的历史，既要把握事物发展遵循的内在逻辑，也要分析对事物发展产生重大影响的因素。分析和认识法律现象，既要揭示法律发展变化的内在规律，也要阐明法律与经济、政治、道德和宗教等主要社会现象之间的相互作用。

第一节　马克思对不同历史时期法律特点的考察

马克思劳动哲学主张物质生产劳动实践决定其他社会实践活动，法律是人类的精神生产劳动实践，其产生和发展变化是由物质生产劳动实践决定的。马克思结合物质生产劳动实践的发展变化，准确描绘了不同历史时期法律的特点。

一、法律的史前形态

法律是阶级社会特有的文化现象。在原始社会中，法律尚未产生，原始氏族部落的风俗习惯和宗教禁忌，是法律的史前形态，为后来阶级社会法律文化的诞生创造了丰富的文化资源。“希腊人、罗马人、希伯来人的最初的法律——在文明时代开始以后——主要只是把他们前代体现在习惯和习俗中的经验的成果变为法律条文。”[①]在《摩尔根〈古代社会〉一书摘要》中，马克思对摩尔根上述说法做了肯定性评价。

原始社会物质生产劳动实践水平低下，氏族成员只能从自然界直接获取物质生活资料，即使到原始社会后期，人们制作的劳动工具仍然非常简

① 《马克思恩格斯全集》第45卷，北京：人民出版社，1985年，第389—390页。

单，仍然只能从自然界直接获取，最多会有些许粗糙加工。氏族成员获取物质生活资料的水平低下，所以不得不采取以部落的形式群居生活。氏族成员活动半径很小，相互交往的主要是有血缘关系的熟人。

氏族部落是原始社会的社会组织形式。“氏族，直到野蛮人进入文明时代为止，甚至再往后一点，是一切野蛮人所共有的制度（就现有资料而言）。”[①]几个氏族组成一个胞族，几个胞族组成一个部落，几个部落联合在一起组成部落联盟。

原始社会物质生产劳动实践水平低，物质生活资料匮乏，平均主义是氏族部落内部不得不采取的分配方式，氏族成员依靠原始的风俗习惯和宗教禁忌协调彼此的关系。关于原始氏族部落制度，恩格斯说：“这种十分单纯质朴的氏族制度是一种多么美妙的制度呵！没有士兵、宪兵和警察，没有贵族、国王、总督、地方官和法官，没有监狱，没有诉讼，而一切都是有条有理的。一切争端和纠纷，都由当事人的全体即氏族或部落来解决，或者由各个氏族相互解决；血族复仇仅仅当做一种极端的、很少应用的威胁手段；我们今日的死刑，只是这种复仇的文明形式，而带有文明的一切好处与弊害”，“一切问题，都由当事人自己解决，在大多数情况下，历来的习俗就把一切调整好了”[②]。在原始氏族部落中，氏族成员是平等的，他们之间没有压迫和奴役，每个氏族成员遵从风俗习惯和宗教禁忌选择宗教行为。原始氏族风俗习惯作为社会规范，体现了氏族整体的共同意志，维护了每个氏族成员的利益。氏族的酋长由选举产生，“酋长在氏族内部的权力，是父亲般的、纯粹道义性质的；他手里没有强制的手段”[③]。每个氏族成员都拥有选举权，也拥有对酋长的罢免权。

（一）原始社会风俗习惯主导的价值取向

原始社会氏族部落成员聚族而居，共同参与自然竞争，获取生存的物质生活资料。由于获取生活资料的能力低下，氏族成员必须同心协力，将精力全部用于与自然的抗争，氏族成员之间的社会关系相对简单。加之，原始人是“本能的人，即野蛮人，没有把自己同自然界区分开来”[④]，还是自然人，尚未发展出足够的心智，语言表达能力也不强，不能进行复杂交流，所以原始人没有必要更没有能力创造复杂的社会规范。

---

① 《马克思恩格斯文集》第4卷，北京：人民出版社，2009年，第98页。
② 《马克思恩格斯文集》第4卷，北京：人民出版社，2009年，第111页。
③ 《马克思恩格斯文集》第4卷，北京：人民出版社，2009年，第100页。
④ 《列宁全集》第55卷，北京：人民出版社，2017年，第78页。

在与自然残酷的抗争中，原始个体没有独立生存的能力，不得不聚族而居，把他人存在作为自我存在的前提条件。保持一定的人口数量是氏族部落生存的必要条件。在物质生活资料极度贫乏只能勉强维持氏族成员生存的条件下，任何人多吃多占都意味着剥夺他人维持生存的最低生活条件，都可能危及他人生存，因此，原始氏族部落不得不采取平均分配的方式。平均主义的物质生活资料分配方式，注定了原始社会风俗习惯的总体价值导向是维护氏族的整体存在。人类学研究的资料反复证明，整体主义是原始价值的主要导向，个体的价值淹没在整体生存中。英国人类学家马林诺夫斯基发现，氏族部落成员宁愿把毛毯割成碎片，使一块毛毯失去实用价值，也不愿意保留毛毯的完整，使其仅供一个人使用。绝对平均主义的分配方式是物质生活资料极度匮乏下的不二选择，其宗旨就是维护整个氏族部落的存续。恩格斯说："部落始终是人们的界限，无论对其他部落的人来说或者对他们自己来说都是如此：部落、氏族及其制度，都是神圣而不可侵犯的，都是自然所赋予的最高权力，个人在感情、思想和行动上始终是无条件服从的。这个时代的人们，虽然令我们感到值得赞叹，但他们彼此完全没有差别，他们都还依存于——用马克思的话说——自然形成的共同体的脐带。"[①]也就是说，原始社会风俗习惯的核心价值导向就是个体绝对服从整体，在整体的存在中获取个体自我生存的必要条件。对于氏族部落成员来说，他人存在是自我存在的前提，物伤其类几乎是氏族成员的本能，为血亲复仇是原始社会普遍存在的行为规范。血亲复仇最初是对等性的同态复仇，即以牙还牙、以眼还眼、以血还血。对等性同态复仇是原始人对社会公正的最初理解，这种原始公正观念在阶级社会法律制度建构中也曾经被长期沿用。之后伴随法律文明进步，才逐渐出现其他补偿方式。

（二）原始社会风俗习惯发挥作用的机制

原始社会与文明社会不同，国家协调社会关系的强制机关尚未形成，社会关系协调主要依赖社会舆论，社会舆论是风俗习惯和宗教禁忌发挥作用的主要方式。恩格斯说，原始社会"除了舆论以外，它没有任何强制手段"[②]。由于抵抗自然灾害的能力低下，自然崇拜是原始氏族成员的普遍信仰，氏族首领最初大多也是巫觋，氏族成员对氏族首领的服从往往源于对超自然力量的崇拜。巫觋往往将氏族部落中作为行为规范的风俗习惯解释为超自然力量的意志，所以氏族部落的风俗习惯与宗教禁忌往往融合在

① 《马克思恩格斯文集》第4卷，北京：人民出版社，2009年，第112—113页。
② 《马克思恩格斯文集》第4卷，北京：人民出版社，2009年，第188页。

一起，没有绝对的界限。原始氏族部落成员对自然力量的敬畏和对超自然力量的崇拜往往也难以区分，二者都是原始氏族部落中人际关系协调所依赖的力量。进入文明社会以后，原始社会将原始宗教信仰与社会行为规范相融合的文化传统，也成为许多法学家论证法律正当性、权威性的依据，很多民族长期保持了法律与宗教信仰相结合的传统。近现代社会以后，文化不断祛魅、世俗化，现代化民族的法律文明才逐渐从宗教文化的晕轮中走出来。当然，这并不意味着宗教信仰的影响在法律文化中被彻底消除，在现代社会中,仍然有很多民族保留着法律文化与宗教信仰相融合的传统。

原始社会的风俗习惯和宗教禁忌虽然不是法律，但是为文明社会法律文化的建构提供了丰富的文化资源。不少原始风俗习惯和宗教禁忌甚至直接进入了文明社会的法律体系，成为具体的法律规范。另外还有一些规则虽然没有直接成为法律规范，但是其体现的伦理价值追求在法律制度设计中得到了彰显。在《摩尔根〈古代社会〉一书摘要》中，马克思通过对摩尔根关于原始氏族部落财产继承方式的描述的研究，阐明了原始风俗习惯向法律规范转化的过程。马克思说："财产形式增加，关于占有和继承的某些法规也必然随之发展。关于占有和继承财产的这些法规所依据的习俗，是由社会组织的发展状况和水平决定的。"[①]原始社会蒙昧时代，氏族部落的财产由氏族成员集体使用和传承。从青铜时代的早期到中期阶段，氏族成员开始拥有一定的私有财产，去世后遗产会分给同宗亲属。青铜时代的晚期阶段，土地由氏族部落公有，动产开始私有化。与此相伴，婚姻家庭形式从对偶婚发展成为专偶婚，氏族成员之间的血缘亲情关系越来越清晰，遗产就逐渐只由子女继承了。关于原始风俗习惯对文明社会法律文化的影响，恩格斯说："在社会发展的某个很早的阶段，产生了这样一种需要：把每天重复着的产品生产、分配和交换用一个共同规则约束起来，借以使个人服从生产和交换的共同条件。这个规则首先表现为习惯，不久便成了法律。"[②]总之，社会行为规范体系从风俗习惯到国家权力机关贯彻执行的规范体系的发展过程，就是法律起源的过程。

二、前资本主义社会的法律

在《德意志意识形态》一书中，马克思和恩格斯强调，人类物质生产劳动实践发展必然导致劳动分工。依据劳动分工和物质生产资料所有制的

---

① 《马克思恩格斯全集》第 45 卷，北京：人民出版社，1985 年，第 378 页。

② 《马克思恩格斯文集》第 3 卷，北京：人民出版社，2009 年，第 322 页。

发展变化，他们将人类社会历史划分成原始社会、奴隶社会、封建社会、资本主义社会、社会主义社会和共产主义社会等几个阶段。法律制度伴随物质生产劳动实践不断变化，在不同历史时期表现出不同特点。马克思和恩格斯概括总结了不同历史时期法律制度的类型及其更替规律。

人类历史上第一个法律制度的类型是奴隶社会的法律制度。奴隶社会中，人类实现了脑力劳动和体力劳动的分工，物质生产资料私有制已经产生，土地是公社所有制和国家所有制。“除公社所有制以外，动产私有制以及后来的不动产私有制已经发展起来，但它们是作为一种反常的、从属于公社所有制的形式发展起来的。公民仅仅共同拥有支配自己那些做工的奴隶的权力，因此受公社所有制形式的约束。”[①]伴随脑力劳动和体力劳动的分工，法律将社会成员区分为奴隶主、自由民和奴隶。自由民是拥有自由身份的一般社会成员；奴隶没有人身自由、完全依附于奴隶主生存，被奴隶主作为个人的私有财产，而不是作为人来对待。恩格斯说：“现在社会制度和政治制度所赖以建立的阶级对立，已经不再是贵族和平民之间的对立，而是奴隶和自由民之间的对立、被保护民和公民之间的对立了。”[②]古希腊社会，梭伦改革雅典的法律制度。他依据地产和收入将公民分为四个等级：年收入 500、300、150 袋谷物分别是前三个等级的最低收入额，没有地产或者收入少于 150 袋谷物的公民则处于第四等级。只有第一等级的公民拥有担任高级别官吏的资格，第二和第三等级的公民只能担任一般官吏，第四等级的公民没有资格担任官吏。公民的法定权利和义务依据公民所处等级而不同。法律面前人人平等在奴隶社会是根本不存在的。

罗马帝国是一个通过军事征服建立起来的地跨欧亚非三大洲、辖下民族众多的庞大国家。罗马习惯法不承认被征服的外族人或者移民是罗马人，外族人有缴纳赋税和服兵役的义务，也拥有私有财产占有权，但没有担任国家官吏的权利。随着罗马帝国领土的不断扩大，平民数量快速增加，他们主要从事工商业，控制大量物质财富。工商业的发展需要法律制度的保障，罗马法成为罗马文明最重要的组成部分。马克思认为，“在古代世界中，简单流通的要素在自由民范围内至少已发展起来，所以下面这一点也是可以理解的：在罗马，特别是在罗马帝国——它的历史正是古代共同体解体的历史——，法人的规定，交换过程的主体的规定，已得到阐述”[③]。罗马平民推动了工商业的发展，工商业的进步增强了罗马平民的实力，使

---

① 《马克思恩格斯文集》第 1 卷，北京：人民出版社，2009 年，第 521 页。
② 《马克思恩格斯文集》第 4 卷，北京：人民出版社，2009 年，第 136 页。
③ 《马克思恩格斯全集》第 31 卷，北京：人民出版社，1998 年，第 362 页。

平民成为与罗马贵族相抗衡的重要社会势力。罗马平民与贵族的斗争导致了土利乌斯改革。土利乌斯立法规定依据财产多寡划分社会等级，不同等级的公民享有不同的权利和义务。土利乌斯改革打破了以往建构在血缘关系基础上的宗法制度，废除了贵族独享的上层地位。罗马共和国建立后，平民与贵族的斗争进一步发展。平民与贵族的斗争是《十二铜表法》制定的社会基础。《十二铜表法》大幅度扩充了平民的权利，是平民与规则斗争的成果。《十二铜表法》是罗马第一部成文法，也是罗马法从习惯法向成文法过渡的标志，是罗马法乃至整个西方法律进步的里程碑，对后来西方法律发展产生了重大影响。马克思充分肯定《十二铜表法》在西方法律发展史上的重大影响，他说："在中世纪进行了广泛的海上贸易的第一个城市阿马尔菲还制定了海商法。当工业和商业——起初在意大利，随后在其他国家——进一步发展了私有制的时候，详细拟定的罗马私法便又立即得到恢复并取得威信。后来，资产阶级力量壮大起来，君主们开始照顾它的利益，以便借助资产阶级来摧毁封建贵族，这时候法便在所有国家中——法国是在 16 世纪——开始真正地发展起来了，除了英国以外，这种发展在所有国家中都是以罗马法典为基础的。即使在英国，为了私法（特别是其中关于动产的那一部分）的进一步完善，也不得不参照罗马法的原则。（不应忘记，法也和宗教一样是没有自己的历史的。）"[①]

西方中世纪的封建等级制度建立于日耳曼人征服罗马人之后。征服罗马人的日耳曼人还处于原始氏族部落时期，这一征服是典型的野蛮人对文明人的征服，它导致欧洲社会各领域大幅度倒退，农业、手工业衰落，商业停滞，各种产品滞销。落后民族虽然能够在军事上征服先进民族，但是却不得不接受先进民族的文化，在先进文化的基础上建构社会制度。"在日耳曼人的军事制度的影响下，发展了封建所有制。这种所有制像部落所有制和公社所有制一样，也是以一种共同体为基础的。但是作为直接进行生产的阶级而与这种共同体对立的，已经不是与古典古代的共同体相对立的奴隶，而是小农奴。"[②]欧洲中世纪，农村的物质生产资料特别是土地实行的是封建庄园主所有制，与此相适应，城市的物质生产资料所有制是同业公会所有制。同业公会是个体手工业者的联合会。手工业者与封建贵族存在的利益冲突，构成欧洲中世纪城市的主要矛盾。封建贵族在中世纪长期占有统治地位，因此，维护等级特权是中世纪法律制度的突出特点。

① 《马克思恩格斯文集》第 1 卷，北京：人民出版社，2009 年，第 584—585 页。

② 《马克思恩格斯文集》第 1 卷，北京：人民出版社，2009 年，第 522 页。

在中世纪欧洲社会中，基督教长期占据社会意识形态主流，天主教教会是社会的最高统治机构，教皇是最高统治者。教皇和僧侣与世俗的国王和贵族之间的矛盾贯穿欧洲封建社会始终，为城市平民即从事手工业和商业生产的市民阶层（相对于僧侣和贵族，他们也被称为第三阶层）的发展留下了空间。僧侣和贵族对于市民阶层都持有矛盾心态，一方面，为了获取竞争优势，都想拉拢市民阶层，因此不得不鼓励手工业和商业发展；另一方面对市民阶层的发展也充满忌惮。为了获得更多的物质财富，教会和宫廷都加强了法律制度建构和法学研究，促进了手工业和商业的发展。为了获取更多经济纠纷的处理权，教会和宫廷在法制建设方面彼此竞争，与市场经济发展相关的法律制度得以不断健全。手工业和商业的发展与相关法律制度的建构相互促进，作为第三阶层的市民阶层的社会地位也不断得到提升，最后成为反对天主教和封建制度的决定力量，并彻底推翻了宗教和封建专制，建构了资本主义制度，开启了西方近现代文明历史。中世纪法律制度的发展以及相关法学研究和法律文化的发展，为近现代法律文明奠定了文化基础。

在中世纪欧洲，市民阶层受教会和封建贵族双层压迫，既没有谋求宗教上自我实现的机会，也没有谋求政治上自我实现的机会，通过手工业和商业发展经济实现对物质财富的占有，是他们获得自我实现不得不采取的方式。市民阶层的生存状态促使他们将占有物质财富、金钱至上塑造成人格的主要构成因素，浓缩进灵魂深处，资本家就是金钱的人格化！当他们走上历史舞台，成为社会统治阶级，保障其追求和占有物质财富的自由，就成为建构新社会法律制度的根本指导思想。

三、资本主义的法律制度

欧洲中世纪后期，商品经济快速发展，推动了手工业和科学技术的大幅度进步。手工作坊发展为手工工场，又进一步扩大为工业工厂，科学技术在物质生产劳动实践中的运用和生产规模的扩大，使物质生产劳动效率大幅度提高，商品生产与商品交换相互促进。机器大工业和市场经济的发展，促使封建社会的物质生产资料共同体所有制瓦解，资本主义社会的资产阶级个人私有制诞生，法律的社会作用特别是保障个人私有财产所有权的功能变得越来越重要。马克思、恩格斯说：“正是在介于贵族统治和资产阶级统治之间的时期，当时两个阶级的利益彼此发生了冲突，欧洲各国之间的贸易关系开始重要起来，从而国际关系本身也带上了资产阶级的色彩，正是在这样一个时期，法院的权力开始获得重要的意义；而在资产阶级统治下，当这种广泛发展的分工成为绝对必要的时候，法院的权力达到了自己的最高峰。”[①]

资本主义市场经济和民主政治为资产阶级个人的自我实现拓展了空间，保障个人财产私有权不受侵犯成为法律制度的主要功能，人类社会又一次进入个人自我意识启蒙的时代，尊重个人价值、追求个性自由解放是启蒙时期社会思潮的主流。人类开始明确摆脱人与人相依赖而生存的状态，进入通过对物的依赖而生存的历史时期。马克思说：“每个个人以物的形式占有社会权力。如果从物那里夺去这种社会权力，那么你们就必然赋予人以支配人的这种权力。人的依赖关系（起初完全是自然发生的），是最初的社会形式，在这种形式下，人的生产能力只是在狭小的范围内和孤立的地点上发展着。以物的依赖性为基础的人的独立性，是第二大形式，在这种形式下，才形成普遍的社会物质变换、全面的关系、多方面的需要以及全面的能力的体系。建立在个人全面发展和他们共同的、社会的生产能力成为从属于他们的社会财富这一基础上的自由个性，是第三个阶段。第二个阶段为第三个阶段创造条件。因此，家长制的，古代的（以及封建的）状态随着商业、奢侈、货币、交换价值的发展而没落下去，现代社会则随着这些东西同步发展起来。”[②]

为了反对封建等级特权制度，资产阶级高扬“自由、平等、博爱”的大旗，强调人与人之间的平等权，以及私有财产所有权、言论权、集会和结社权、信仰自由权等是每个人的绝对人权，是天赋的人权，其中私有财产所有权更是神圣不可侵犯的权利。绝大多数资产阶级法学家都是有限政府论或者最小政府论者，主张国家必须严格限制公共权力，以赋予公民个人尽可能多的自由，社会或者社会组织不是利益主体，公共利益或者整体利益只是个人利益的机械累加，不是真实的存在，因此也不应该是法律保护的对象。法律的基本精神是：公共权力法无授权不可为；个人权利法无禁止即可为。法律应该将公共权力限制到社会需求的最低程度，以求给予公民更多自由。资产阶级之所以突出个人自由在法律中的地位是市场经济发展的要求，资产阶级法律要保障的是他们能够充分享有市场经济中自由竞争的机会。

商品经济发展催生了作为一般等价物的货币的产生，资产阶级通过对物质财富的占有实现个人的自我价值，拥有金钱的多寡成为衡量个人自我

---

① 《马克思恩格斯全集》第3卷，北京：人民出版社，1960年，第396页。

② 《马克思恩格斯文集》第8卷，北京：人民出版社，2009年，第52页。

实现的标准，同时资本作为能够滋生金钱的金钱成为资产阶级人格的外化。资本主义法律将私有财产权作为个人神圣不可侵犯的权利，一方面使个人摆脱了共同体的束缚，获得了更多的个人自由，另一方面占有物质财富成为人生目标，对物的依赖使人成为商品拜物教或者货币拜物教的信徒，拜金主义成为资产阶级的世俗宗教，人从传统宗教中解放出来，变成了物质财富和金钱的奴隶。资本主义法律强调的平等，是获取和占有物质财富权利的平等，而不是保证社会成员占有同等财富。财富占有权平等只是形式平等，因为人们获取物质财富的基础和能力不同，占有财富的数量必然相差悬殊。法律强调每个人财产所有权的平等，本质上是对富有者利益的保护，因为无产阶级无财产需要被法律保护，法律保护的财产所有权实际上是资产阶级独享的权利，对于无产者来说不过是空洞的口号而已。资本主义法律自由、平等和博爱的光鲜旗帜的晕轮之下是斑斑血泪。资本主义政治和法律实践与资产阶级法治价值观念之间蕴含着难以化解的内在矛盾，资产阶级法学家“他们自己欺骗自己，使用一种带有凭空制造的范畴的惯用套话，而每一个这样的范畴都是对现实的诽谤；他们胆怯地紧紧抱住这些空洞的抽象概念，只是为了不必承认：生活和实践中发生的完全是另一些事”[①]。

资本主义法律自由和平等的价值观念是市场经济体制的产物，对市场经济也具有巨大的推动作用。但是，市场经济与资本主义法律的相互作用，不仅有相互促进，也有相互阻碍。市场经济对资本主义法律自由和平等的价值观念也具有消极影响，马克思说：“交换价值制度，或者更确切地说，货币制度，事实上是自由和平等的制度。但是，在更深入的发展中所出现的矛盾，是这种所有权、自由和平等本身的内在矛盾、错乱。它们有时转变为自己的对立面。”[②]

马克思对资本主义社会制度的认识和批判是客观的，既充分肯定资本主义社会法律制度的合理性，又强调资本主义法律制度与物质生产劳动实践发展的具体阶段相适应，是机械化大生产与市场经济的产物，也必然伴随物质生产劳动实践的发展而变化，进一步揭示了资本主义法律制度灭亡的必然性。马克思认为，“只要生产力还没有发展到足以使竞争成为多余的东西，因而还这样或那样地不断产生竞争，那末，尽管被统治阶级有消灭竞争、消灭国家和法律的‘意志’，然而它们所想的毕竟是一种不可能

① 《马克思恩格斯全集》第3卷，北京：人民出版社，2002年，第584页。

② 《马克思恩格斯全集》第31卷，北京：人民出版社，1998年，第363页。

的事。”[①]资本主义法律制度有一个与资本主义生产方式相适应的产生、发展、变化的过程，在其丧失历史必然性之前，无产阶级不能一厢情愿地推翻资本主义制度。为了保护自己的利益，无产阶级只能在资本主义法律制度之内，与资产阶级进行顽强斗争，通过斗争迫使资产阶级修改法律，使自身利益在一定程度上得到保障。同时，资本主义法律制度必然灭亡也是不可阻挡的历史趋势。

四、社会主义的法律制度

工业化大生产和物质生产资料私有制之间的矛盾是资本主义制度不能解决的根本社会矛盾，矛盾的激化必然导致资本主义的灭亡。无产阶级作为机械化大生产的主体，代表先进生产力的发展方向，历史注定了其资本主义掘墓人的历史使命，同时，无产阶级也是未来社会主义的建设主体。无产阶级缔造社会主义意味着社会主义制度必然是劳动人民当家作主的制度，为了保障劳动人民的主体地位，社会主义物质生产资料所有制实行公有制，与资本主义的资产阶级私有制相对立，坚持“各尽所能，按劳分配”为物质财富的分配制度，取代资本主义利润、地租加工资的分配模式，消灭物质生产资料所有者对劳动人民的剥削。马克思说：“社会主义有两种，一种是‘好的’社会主义，一种是‘坏的’社会主义。坏的社会主义是‘劳动反对资本的战争’。它是平分土地、消灭家庭关系、进行有组织的掠夺等恐怖景象的根源。好的社会主义是‘劳动和资本的融洽’。它会消灭愚昧，根除贫困，组织信贷，增加财产，改革税制，一言以蔽之，就是产生‘酷似人们所想象的人间天堂那样的制度’。必须利用好的社会主义来消灭坏的社会主义。”[②]

社会主义社会的物质生产劳动实践水平尚未足够发达，物质生活资料尚不能完全满足社会成员全面自由发展的需要，这注定了社会必然长期采取物质生活资料的私人占有。为了保障社会秩序，国家必须用法律制度保障劳动者的劳动所得。社会主义法治建设是无产阶级专政的必然要求，也是社会主义政治、经济制度得以贯彻实施的保障。恩格斯说：“所有通过革命取得政权的政党或阶级，就其本性说，都要求由革命创造的新的法制基础得到绝对承认，并被奉为神圣的东西。”[③]社会主义法律与资本主义法律不同，强调所有权利都建构在劳动基础上，而不再把任何个人权利（自

① 《马克思恩格斯全集》第3卷，北京：人民出版社，1960年，第378页。
② 《马克思恩格斯全集》第10卷，北京：人民出版社，1998年，第342页。
③ 《马克思恩格斯文集》第10卷，北京：人民出版社，2009年，第528页。

由）作为抽象的天赋权利，社会主义法律只把劳动所得作为合法权利，尊重和保障由于劳动能力与努力不同导致的权利差别。

社会主义法律制度保留对资产阶级法权的保护，在社会主义社会中，“平等的权利按照原则仍然是资产阶级权利”①，但这并不意味着社会主义法律制度是以资本主义法律制度为基础建构的，相反，社会主义与资本主义法律制度的差别是本质性的。马克思、恩格斯在《共产党宣言》中说：“无产阶级，现今社会的最下层，如果不炸毁构成官方社会的整个上层，就不能抬起头来，挺起胸来。”②马克思说：“工人阶级不能简单地掌握现成的国家机器，并运用它来达到自己的目的。”③还说：“旧法律是从这些旧社会关系中产生出来的，它们也必然同旧社会关系一起消亡。它们不可避免地要随着生活条件的变化而变化。不顾社会发展的新的需要而保存旧法律，实质上不是别的，只是用冠冕堂皇的词句作掩护，维护那些与时代不相适应的私人利益，反对成熟了的共同利益。”④因此，社会主义法律制度与资本主义法律制度存在本质区别。资本主义法律制度站在资产阶级立场上，维护资产阶级的利益，是资产阶级统治的工具，以资为本位价值，维护资本家对工人剩余价值的剥夺；社会主义法律制度站在无产阶级立场上，维护广大劳动人民的利益，是人民民主专政的形式，以劳动为本位价值，坚持劳动至上，崇奉劳动神圣，反对剥削压迫。“因此，在提供的劳动相同，从而由社会消费基金中分得的份额相同的条件下，某一个人事实上所得到的比另一个人多些，也就比另一个人富些，如此等等。要避免所有这些弊病，权利就不应当是平等的，而应当是不平等的。”⑤

社会主义社会总体上实施物质生产资料公有制，但是在社会主义初级阶段，物质生产劳动实践水平尚未达到社会主义制度的需要，还不足以为物质生产资料公有制提供物质基础，社会经济制度尚不能完全实施物质生产资料公有制，而只能是以物质生产资料公有制为主体，多种所有制同时共存。社会主义法律必须与物质生产劳动实践发展的实际水平相适应，法律制度要保护因物质生产资料所有制而形成的利益格局，尊重和保障民营

---

① 〔德〕马克思：《哥达纲领批判》，中共中央马克思恩格斯列宁斯大林著作编译局编译，北京：人民出版社，2018年，第15页。

② 《马克思恩格斯文集》第2卷，北京：人民出版社，2009年，第42页。

③ 《马克思恩格斯文集》第2卷，北京：人民出版社，2009年，第6页。

④ 《马克思恩格斯全集》第6卷，北京：人民出版社，1961年，第292页。

⑤ 〔德〕马克思：《哥达纲领批判》，中共中央马克思恩格斯列宁斯大林著作编译局编译，北京：人民出版社，2018年，第15—16页。

经济经营者的利益符合社会主义初级阶段的实际情况。这意味着在社会主义相当长的历史时期，社会法治建设必须借鉴资本主义法律制度的诸多因素。马克思说："我们这里所说的是这样的共产主义社会，它不是在它自身基础上已经发展了的，恰好相反，是刚刚从资本主义社会中产生出来的，因此它在各方面，在经济、道德和精神方面都还带着它脱胎出来的那个旧社会的痕迹。"①在社会主义制度条件下，还要在相当长的历史时期内保留资产阶级法权。社会主义和资本主义的法律制度所保障的自由、平等等权利的内涵在某些方面具有一致性，但是社会主义制度与资本主义制度毕竟有本质不同，因此法律制度所保障的自由、平等等权利的内涵必然具有本质性差别。马克思说："在这里平等的权利按照原则仍然是资产阶级权利，虽然原则和实践在这里已不再互相矛盾，而在商品交换中，等价物的交换只是平均来说才存在，不是存在于每个个别场合。虽然有这种进步，但这个平等的权利总还是被限制在一个资产阶级的框框里。生产者的权利是同他们提供的劳动成比例的；平等就在于以同一尺度——劳动——来计量"，"这种平等的权利，对不同等的劳动来说是不平等的权利。它不承认任何阶级差别，因为每个人都像其他人一样只是劳动者；但是它默认，劳动者的不同等的个人天赋，从而不同等的工作能力，是天然特权。所以就它的内容来讲，它像一切权利一样是一种不平等的权利。"②在社会主义初级阶段，法律既要尊重人们因为劳动能力和努力不同导致的权利差别，也要尊重由于物质生产资料占有导致的权利差别。

第二节　法律发展变化的动力

马克思认为社会物质生产劳动实践是社会历史进步的根本动力，人们在物质生产劳动实践中的相互关系即生产关系，是最基本的社会关系，是一切社会关系的基础与核心。不同的物质生产劳动实践方式决定了不同社会生活中生产关系的特点。物质生产资料私有制是阶级社会中所有社会制度的基础，因为财产关系是生产关系的核心，生产关系决定上层建筑在很大程度上是通过物质生产资料私有制实现的，财产关系是法律制度和法律文化的核心问题，法律制度的根本功能就是维护特定的财产关系。马克思

---

① 〔德〕马克思：《哥达纲领批判》，中共中央马克思恩格斯列宁斯大林著作编译局编译，北京：人民出版社，2018年，第14页。

② 〔德〕马克思：《哥达纲领批判》，中共中央马克思恩格斯列宁斯大林著作编译局编译，北京：人民出版社，2018年，第15页。

说："物质生活的生产方式制约着整个社会生活、政治生活和精神生活的过程。不是人们的意识决定人们的存在，相反，是人们的社会存在决定人们的意识。社会的物质生产力发展到一定阶段，便同它们一直在其中运动的现存生产关系或财产关系（这只是生产关系的法律用语）发生矛盾。于是这些关系便由生产力的发展形式变成生产力的桎梏。那时社会革命的时代就到来了。随着经济基础的变更，全部庞大的上层建筑也或慢或快地发生变革。"①

一、法律伴随物质生产劳动实践不断发展变化

每个时代物质生产劳动方式即生产什么和怎么生产决定人们的生活状态，也决定总体社会生活的根本特点。马克思认为人类社会法律制度变化的主要根源不在人们的头脑中，而在物质生产劳动实践中。马克思说："对生产一般适用的种种规定所以要抽出来，也正是为了不致因为有了统一（主体是人，客体是自然，这总是一样的，这里已经出现了统一）而忘记本质的差别。那些证明现存社会关系永存与和谐的现代经济学家的全部智慧，就在于忘记这种差别。例如，没有生产工具，哪怕这种生产工具不过是手，任何生产都不可能。没有过去的、积累的劳动，哪怕这种劳动不过是由于反复操作而积聚在野蛮人手上的技巧，任何生产都不可能。"②因此，考察人类法律文化发展变化的历史不能脱离物质生产劳动实践发展变化的历史。

原始社会由于物质生产劳动实践水平低，氏族部落内部成员不能有超越整体和其他个体的自我利益诉求，部落内部成员之间没有也不能有尖锐的利益冲突，原始人不得不互相依赖而生存，将个体生存湮没在氏族的整体存在中。因此，法律作为协调人际关系严重利益冲突的社会机制没有存在的必要。同时，早期原始人的心智、语言还不足够发达，尚不具有制定复杂行为规范的能力，因此法律也不具有产生的可能。在个体与氏族以及个体之间的矛盾中，双方的统一性居于矛盾的主要方面，对立性表现为潜在性存在，血缘亲情、风俗习惯和宗教禁忌是协调氏族部落成员之间利益关系的主要力量。

原始社会后期，物质生产劳动实践水平提高，以致在满足氏族部落成员基本需要后出现剩余产品。剩余产品的产生和不断增加催生了社会利益

① 《马克思恩格斯文集》第2卷，北京：人民出版社，2009年，第591—592页。

② 《马克思恩格斯文集》第8卷，北京：人民出版社，2009年，第9页。

分化，氏族贵族滋生了将剩余产品占为己有的思想和行为。物质财富私人占有使社会关系发生本质变化，形成社会的阶级分化。当占有者要将物质财富特别是作为物质生产资料的财富的占有制度化时，确定物质生产资料私有制的法律制度就产生了，物质财富私有特别是物质生产资料的私有化是法律产生的社会前提。从原始公有制到私有制有一个漫长的过程，个人私有制的形成不是一蹴而就的，在这个过程中，还存在不同性质和不同程度的共同体所有制形式。在前资本主义社会中，古代的、亚细亚的、奴隶主、封建地主等多种所有制形式都包含一定程度的共同体所有制。马克思认为财产关系是国家法律制度的主要内容，也就是说，法律就是国家维护财产关系的根本方式。马克思说："无论怎样高度估计财产对人类文明的影响，都不为过甚。财产曾经是把雅利安人和闪米特人从野蛮时代带进文明时代的力量。管理机关和法律建立起来，主要就是为了创造、保护和享有财产。"①

马克思认为前资本主义社会的物质生产方式主要是自然经济，"经营条件的全部或绝大部分，还是在经济自身中生产的，并直接从经济自身的总产品中得到补偿和再生产"②。自然经济的物质生产方式是自给自足的，主要的物质生活资料特别是物质生产资料（如土地）不是通过市场交换获得的，社会成员长期生活在血缘共同体中，缺乏养成独立个性的生活条件，血缘共同体成员相互依赖并共同依附于共同体是社会生活的突出特点。共同体成员因血缘关系而呈现出不同辈分成为社会宗法等级划分的基础，血缘亲情以及宗法制度导致情感成为维系社会关系的主要力量，外在的、客观的理性行为原则在社会生活中的规范约束作用受到极大限制。因此，德主刑辅成为前资本主义社会治理的主要方式，维护宗法等级制度和血缘亲情是法律制度的重要社会功能。

二、经济生活决定法律的具体方式

马克思强调人们在物质生产劳动实践中培养出与其相适应的思维方式和价值观念，同时，结成一定的社会关系即生产关系。在物质生产劳动实践中培养出的思维方式和价值观念，对其他社会实践形式具有指导意义，而人们在物质生产中的相互关系是一切社会关系的基础和核心，物质生产方式决定人们的社会生活方式，决定其他社会文化现象的具体表现形式和

① 《马克思恩格斯全集》第 45 卷，北京：人民出版社，1985 年，第 377 页。

② 《马克思恩格斯文集》第 7 卷，北京：人民出版社，2009 年，第 899 页。

内容。

法律是精神生产劳动实践，但法律的具体内容和表现形式都取决于物质生产方式。物质生产资料的每一次具体变化，都必然导致社会生活中人们之间物质利益关系的变化。法律的根本宗旨就是维护社会利益既得者的利益所得，社会生活中物质利益关系的变化必然体现在法律规范的具体内容中。马克思对西方社会物质生产方式影响法律制度变化的历史状况进行了深入考察。古希腊罗马社会地处地中海岸边，渔业、畜牧业和手工业是其主要的物质生产方式，这种物质生产方式促进了商业活动的发展，为了谋生大多数社会成员不得不背井离乡。这导致古希腊罗马率先进入生人社会和公共社会，陌生人之间的商业交往需要人们遵守外在的、客观的行为规范。手工业和商业的物质生产方式为法律文化的诞生奠定了经济基础。古罗马的私法体系是罗马商品经济比较发达的反映，在后来欧洲商品经济的发展中又发挥了重要影响。古希腊罗马的商业活动是人类文明社会早期的商业活动，较之近现代西方商品经济尚处于不够发达的状态，这也注定了罗马私法还不够健全。10 世纪以后，欧洲手工业和商业快速发展，物质财富创造的速度不断加快，人与人之间物质利益冲突的数量和频率都在迅速增加。这要求法律制度进一步健全，私法因此获得了进一步发展。资本主义社会市场经济确立以后，欧洲社会经济进入近代社会的高速发展轨道，对法律制度的完善提出了更高要求，《拿破仑法典》《德国民法典》等具备完备系统的民法典的出台，是资产阶级革命的结果，更是欧洲资本主义市场经济全面发展的反映。马克思说："每种生产形式都产生出它所特有的法的关系、统治形式等等。"[①]在《资本论》中，马克思深入研究了资本主义法律关系，更进一步说明了法律制度是市场经济关系的反映，法律规范的内容是由经济关系决定的。

事物的形式与内容的关系是辩证统一的关系，物质生产方式决定法律的主要内容和表现形式，而且法律的主要内容和表现形式也伴随物质生产劳动实践的发展不断变化。在《德意志意识形态》中，马克思、恩格斯对比了罗马法、日耳曼法和《拿破仑法典》中的继承法，发现继承法的不同表现形式是以社会生活中物质利益关系为基础的，市场经济越发达，立法的形式越多样化、复杂化，法律形式的复杂化往往会对人们产生巨大的迷惑作用，导致人们看不清它与社会生活中物质利益的关系。

① 《马克思恩格斯全集》第 30 卷，北京：人民出版社，1995 年，第 29 页。

三、机械化大工业和市场经济对资本主义社会法律的影响

相较于对前资本主义社会物质生产劳动实践对法律的影响的研究，马克思对机械化大工业与市场经济对资本主义社会法律的影响，进行了更加全面、深入、系统的分析。

10 世纪以前，天主教会对古希腊罗马的法律文化并不重视。之后，随着商品经济和手工业的快速发展，市民阶层逐渐兴起，社会生活中尊重和保障公民个人利益特别是私有财产所有权的呼声越来越高，以明晰个人利益界限为特色的罗马法，开始备受重视。世俗社会的国王和罗马教廷越来越重视罗马法的意义，在法律体系建设中都大量吸纳了罗马法的内容。到 16 世纪，这种做法遍及欧洲大陆各国，欧洲大陆大多数国家的法律制度都以罗马法为基础了。机械化大工业的发展和市场经济体制的确立，导致欧洲封建共同体所有制完全崩溃，资产阶级个人私有制逐步确立，市民阶层作为僧侣和贵族之外的第三阶层走上社会历史舞台，并最终成为社会统治阶级。维护私有财产所有权是资产阶级建构资本主义法律制度的根本追求。

大工业和科技发展使人与自然的关系真正发生重大改变，以往人类在生活中大多数时候只能消极适应自然，科技和机械化大工业使人拥有了强大的改造自然的能力，利用自然资源创造物质财富的能力大幅度提高。马克思说："资产阶级在它的不到一百年的阶级统治中所创造的生产力，比过去一切世代创造的全部生产力还要多，还要大。"[①]物质生产劳动实践水平的提高，提升了人类个体的生存能力，个人拥有了摆脱依附共同体生活状态的条件。加之，市场经济的自由竞争为肯定个人自我尊严、个性自由和解放奠定了经济基础。因此，充分肯定自我利益合理性的个人主义，成为占据主流意识形态的社会思潮。马克思说："我们越往前追溯历史，个人，从而也是进行生产的个人，就越表现为不独立，从属于一个较大的整体：最初还是十分自然地在家庭和扩大成为氏族的家庭中；后来是在由氏族间的冲突和融合而产生的各种形式的公社中。只有到 18 世纪，在'市民社会'中，社会联系的各种形式，对个人说来，才表现为只是达到他私人目的的手段，才表现为外在的必然性。"[②]机械化大工业和市场经济带来了生命个体生存状态的颠覆性变化，具有独立人格的生命个体开始走上历史舞台，资本主义个人财产私有制既是资本主义市场经济的产物，又是为资本主义市场经济制度保驾护航最强劲的力量。资本主义法律将私有财

---

① 《马克思恩格斯文集》第 2 卷，北京：人民出版社，2009 年，第 36 页。

② 《马克思恩格斯文集》第 8 卷，北京：人民出版社，2009 年，第 6 页。

产所有权作为神圣不可侵犯的核心价值追求。

资本主义私有制是在中世纪农民、手工业者和商人的物质生产资料私有权的基础上逐渐发展起来的。在中世纪欧洲的封建社会，土地以及其他物质生产资料分散在教会、贵族、庄园主、自由农民、手工业者和商人等社会各阶层手中，物质生产资料的分散状态不再适合手工业、商业发展的要求。伴随市场经济的发展，土地兼并以及一切物质生产资料的聚集，成为不可阻挡的时代潮流，资本原始积累的历史拉开了序幕。资本原始积累的过程是“对直接生产者的剥夺，是用最残酷无情的野蛮手段，在最下流、最龌龊、最卑鄙和最可恶的贪欲的驱使下完成的”①。在这个过程中，大鱼吃小鱼，小鱼吃虾米，社会强势群体将大量小生产者的生产资料强取豪夺到自己手中，成为资本家，而自给自足的小生产者在物质生产资料被剥夺后变成无产者，不得不依靠出卖劳动力谋生。标榜个人私有财产神圣不可侵犯的资本主义法律不仅不遏制这种剥夺，反而充当这种剥夺的工具。在《资本论》中，马克思通过对英国公有地圈地法立法和实施过程的考察，说明了资本主义社会法律的虚伪性，揭示了资本主义法律剥夺劳动人民利益捍卫资产阶级利益的本质。马克思赞同空想社会主义者托马斯·莫尔把资本原始积累过程称为“羊吃人”过程的说法，强调历史学家要蘸着鲜血书写这段令人发指的残酷历史。

资本主义法律制度不仅维护资本家剥夺农民、小手工业者的生产资料，把他们变成雇佣劳动者，而且保护资本家对工人阶级的压迫，支持资本家压低工人工资。英国伊丽莎白女王时期的《学徒法》第十八和第十九条竟然规定，即使资本家自己愿意也不能给工人支付高工资，资本家支付高工资和工人接受高工资都要受到处罚，资本家支付高工资要监禁 10 天，工人接受高工资则要监禁 21 天。规定最高工资上限的法律在英国执行了 400 年。为了防止工人有组织地反对资本家的残酷剥削，“从 14 世纪起到 1825 年废除禁止结社法止，工人结社一直被认为是严重的犯罪行为”②。

在《资本论》中，马克思通过对英国工厂法历史全面、深入的研究，一方面说明了资本原始积累和机械化大工业发展对工人阶级的残酷剥削，另一方面说明了资本主义法律的进程和特点。在机械化大工业生产中，资本家为了提高利润，延长工人劳动时间到了骇人听闻的程度。马克思说：“资本由于无限度地盲目追逐剩余劳动，像狼一般地贪求剩余劳动，不仅突

① 《马克思恩格斯文集》第 5 卷，北京：人民出版社，2009 年，第 873 页。

② 《马克思恩格斯文集》第 5 卷，北京：人民出版社，2009 年，第 848 页。

破了工作日的道德极限，而且突破了工作日的纯粹身体的极限。”[①]从14世纪中叶到18世纪中叶，英国工厂法不断延长工人的合法劳动时间，过分延长的劳动时间严重危害了工人的身体健康，工人的寿命由于高强度工作大幅度缩短，过劳死是普遍现象。哪里有压迫哪里就有反抗，工人反抗资本家剥削的斗争从未间断。工人罢工等反抗行为成为阻碍生产的重要原因，英国工厂法不得不对工作日的界限进行重新规定。19世纪初期到19世纪后期，英国法律开始逐渐缩短合法劳动时间，首先对女工和童工的合法劳动时间做了明确的限制，随后成年男性工人的合法劳动时间也逐渐缩短。马克思通过对英国工厂法改革史的分析，说明了资本主义工厂法本质是保护资本家对工人的剥削，同时在一定程度上也曾经限制资本家的贪婪，尽管这种限制的初衷是因为过长的劳动时间导致工人疾病缠身、智力衰退、劳动能力下降乃至过劳死，不利于资本主义的长期发展，但是这种限制客观上还是改进了工人的生存状态。资本主义国家也必须权衡近期利益和长远利益，为此不得不协调社会各个阶层的利益，完全不顾及社会公共利益的法律难以长期贯彻执行。英国工厂法发展变化的历史是对物质生产劳动实践发展过程的反映，现代工厂法是资本主义机械化大工业和市场经济的产物。马克思说：“机器引起的劳动力买者和卖者之间的法的关系的革命，使全部交易本身失去了自由人之间的契约的外表，这就为后来英国议会提供了国家干涉工厂事务的法律上的根据。”[②]工人阶级和资本家在劳动时间界限方面斗争的成就，说明在阶级社会中，法律也可以成为被压迫者保护自身利益、反抗剥削和压迫的武器。

总之，马克思认为法律作为精神生产劳动实践的发展变化是对物质生产劳动实践发展变化的反映，物质生产劳动实践的发展变化是法律不论就其主要内容还是外在表现形式发展变化的根本社会原因。

第三节 法律演化的内在逻辑

马克思认为任何事物发展的历史轨迹都是由自身内在逻辑与外部事物相互作用形成的，物质生产劳动实践是影响法律历史发展的决定性力量，但是法律发展变化也有其遵循的内在逻辑。

① 《马克思恩格斯文集》第5卷，北京：人民出版社，2009年，第306页。

② 《马克思恩格斯文集》第5卷，北京：人民出版社，2009年，第457页。

一、法律自身发展内在逻辑的客观性

马克思认为物质生产劳动实践是法律发展变化的根本社会原因，法律的主要内容和表现形式都伴随物质生产劳动实践不断变化。马克思甚至说过“法也和宗教一样是没有自己的历史的”①。

对马克思“法律没有自己的历史”的思想，不能做机械的、本本主义的字面解读，而必须置于其整体思想体系中做综合解读，还要结合其提出的时代背景和具体场景去理解。首先，按照马克思辩证法的思维方法，任何事物的发展变化都有内因和外因，而且内因是主因，外因是辅因，法律发展变化的内在逻辑就是法律发展变化的内因即主因。物质生产劳动实践是外因即辅因。物质生产劳动实践决定法律发展的内容和形式，但是不能改变法律之为法律的本质。马克思强调法律没有自己的历史的思想，并不是强调法律没有发展变化的内在逻辑，而是突出强调法律作为精神生产劳动实践，其发展变化是被物质生产劳动实践决定的，并不是完全否定法律现象的自身独立性。其次，马克思强调法律没有自身独立的历史，是针对青年黑格尔派思想进行的批判。青年黑格尔派将法律作为统治者的意志，作为可以脱离社会生活纯粹的精神现象。马克思认为将某一种社会现象从社会生活中单独抽象出来，不能把握这种现象的本质，所有社会现象都必须置于社会整体历史发展中去理解，特别是要联系物质生产劳动实践的发展史去认识。马克思认为，“由于私有制摆脱了共同体，国家获得了和市民社会并列并且在市民社会之外的独立存在”②。加之，法律是由立法者制定的等社会现象，往往容易让人们形成错觉，法律和私有制都是人主观理性的产物，与社会实际生活无关，所以法律也不受其他社会生活的影响。马克思是针对这种错误观念强调法律不能脱离其他社会现象，而不是否认法律自身演化的内在逻辑，实际上，“法和法律有时也可能‘继承’”③。法律的继承性就是法律发展演化的内在逻辑。

马克思认为物质生产劳动实践是一切社会历史现象发展的决定力量，物质生产劳动实践是第一社会实践，是一切社会实践的基础，经济与法律的关系是精神生产劳动实践与物质生产劳动实践两种不同的社会实践方式之间的关系。在物质生产劳动实践与精神生产劳动实践的矛盾中，物质生产劳动实践是自古以来最重要的社会实践，居于矛盾的主要方面。物质生

---

① 《马克思恩格斯文集》第1卷，北京：人民出版社，2009年，第585页。
② 《马克思恩格斯文集》第1卷，北京：人民出版社，2009年，第584页。
③ 《马克思恩格斯全集》第3卷，北京：人民出版社，1960年，第379页。

产劳动实践不仅是法律发展变化的决定因素，而且是一切精神生产劳动实践发展的决定因素。在人类历史发展的不同时期，物质生产劳动实践的水平不同，决定精神生产劳动实践的表现方式和具体内容也不同。另外，马克思的劳动辩证法强调，物质生产劳动实践与精神生产劳动实践矛盾双方哪一方居于矛盾的主要方面，也取决于物质生产劳动实践的发展水平。但是物质生产劳动实践对精神生产劳动实践的决定作用不是完全绝对的，精神生产劳动实践也不是在任何条件下都不起决定性作用，更不是永远这样，如精神生产劳动实践在未来可能会成为社会发展的决定性力量。法治建设在社会历史发展的任何时期都是不可或缺的社会制度。马克思说："法律可以使一种生产资料，例如土地，永远属于一定家庭。这些法律，只有当大地产同社会生产处于和谐中的时候，如像在英国那样，才有经济意义。在法国，尽管有大地产，但经营的是小规模农业，因而大地产就被革命打碎了。但是，土地分成小块的状态是否例如通过法律永远固定下来了呢？尽管有这种法律，财产却又积聚起来了。法律在巩固分配关系方面的影响和它们由此对生产发生的作用，要专门加以规定。"[①]物质生产资料所有制对特定历史时期法律的具体规定有根本性的影响，同时，物质生产资料所有制也需要国家法律制度保驾护航，在同样的物质生产劳动实践条件下，法律对物质生产资料所有制的规定也可能具有差异性。

马克思的劳动辩证法与劳动历史观是合二为一的，从物质生产劳动实践出发把握世界，必须尊重外在世界的客观必然性，也必须重视人的主观能动性。社会现象发展的确定性来自其客观规律性，其灵活性来自人的主观能动性。法律文化发展变化是其自身内在逻辑与经济、政治、道德、宗教等多种外在因素相互作用的结果，影响法律历史发展轨迹的内在逻辑与外在因素都是客观与主观的统一。恩格斯说："在现代国家中，法不仅必须适应于总的经济状况，不仅必须是它的表现，而且还必须是不因内在矛盾而自相抵触的一种内部和谐一致的表现。而为了达到这一点，经济关系的忠实反映便日益受到破坏。法典越是不把一个阶级的统治鲜明地、不加缓和地、不加歪曲地表现出来（否则就违反了'法的概念'），这种现象就越常见。1792—1796 年时期革命资产阶级的纯粹而彻底的法的概念，在许多方面已经在拿破仑法典中被歪曲了，而就它在这个法典中的体现来说，它必定由于无产阶级的不断增长的力量而每天遭到各种削弱。但是这并不妨碍拿破仑法典成为世界各地编纂一切新法典时当做基础来使用的法典。

① 《马克思恩格斯文集》第 8 卷，北京：人民出版社，2009 年，第 22 页。

这样，‘法的发展’的进程大部分只在于首先设法消除那些由于将经济关系直接翻译成法律原则而产生的矛盾，建立和谐的法的体系，然后是经济进一步发展的影响和强制力又一再突破这个体系，并使它陷入新的矛盾（这里我暂时只谈民法）。”①

大多数资产阶级哲学家都将马克思视为经济决定论者，认为马克思主张经济是社会发展的唯一决定性力量。之所以产生这样的误解，是因为大多数资产阶级哲学家否定辩证法的价值，否定辩证思维的合理性，更没有真正把握马克思唯物史观即劳动历史观的哲学特色，没有认识到马克思的劳动辩证法与劳动历史观的根本精神是一致的，片面理解马克思的唯物史观。他们在马克思的文献中断章取义，进行本本主义的解读，因而未能把握马克思劳动辩证法和历史观的核心精神。

后来的很多马克思主义者没有真正理解马克思哲学的本质是劳动哲学，是将物质生产劳动实践作为哲学本体概念的，没有真正理解马克思的辩证法和历史观的本质都是从物质生产劳动实践出发认识问题，并将所有社会现象都纳入物质生产劳动实践发展史中去把握，而是认为马克思哲学与传统唯物主义哲学一样，将本体物质作为哲学的本体概念，认为马克思与传统唯物主义哲学的根本区别只不过是：马克思将物质本体论运用到了社会历史领域。因此，他们对唯物史观的理解也有明显的经济单向决定论的倾向。如果将唯物史观理解为物质本体论在社会历史领域的简单重复，那么，不论是整个世界还是各种社会历史现象就还是感性对象，而不是感性活动，其本质就不是社会实践，社会历史哲学就还只是感性材料的堆积，而不是对社会现实生活的生动反映。这种将马克思唯物史观视为物质本体论简单运用的思想，对马克思法哲学研究也产生了深远影响，其将社会存在决定社会意识作为物质决定意识的简单重复，并以此为指导阐发经济与法律的关系，认为经济与法律的关系、物质与意识的关系、主观与客观的关系，是决定与被决定的关系，法律对经济乃至对整个社会生活的影响都不是决定性的，而只是一定的反作用，整个法律发展变化的历史也只是跟随社会经济发展变化的历史，而没有历史发展的内在逻辑。由此可见，不能准确把握马克思哲学的劳动哲学本质，不能综合理解劳动本体论、劳动辩证法和劳动历史观，就不能准确把握马克思哲学在人类哲学史上的革命意义，也不能把握马克思法哲学在人类法哲学史上的革命意义。

---

① 《马克思恩格斯文集》第10卷，北京：人民出版社，2009年，第598页。

恩格斯晚年批评了将唯物史观绝对化的倾向，他说："青年们有时过分看重经济方面，这有一部分是马克思和我应当负责的。我们在反驳我们的论敌时，常常不得不强调被他们否认的主要原则，并且不是始终都有时间、地点和机会来给其他参与相互作用的因素以应有的重视。但是，只要问题一关系到描述某个历史时期，即关系到实际的应用，那情况就不同了，这里就不容许有任何错误了。可惜人们往往以为，只要掌握了主要原理——而且还并不总是掌握得正确，那就算已经充分地理解了新理论并且立刻就能够应用它了。在这方面，我不能不责备许多最新的'马克思主义者'，他们也的确造成过惊人的混乱……"①恩格斯还说："此外，只有一点还没有谈到，这一点在马克思和我的著作中通常也强调得不够，在这方面我们大家都有同样的过错。这就是说，我们大家首先是把重点放在从基本经济事实中引出政治的、法的和其他意识形态的观念以及以这些观念为中介的行动，而且必须这样做。但是我们这样做的时候为了内容方面而忽略了形式方面，即这些观念等等是由什么样的方式和方法产生的。这就给了敌人以称心的理由来进行曲解或歪曲，保尔·巴尔特就是个明显的例子。"②关于将唯物史观绝对化，恩格斯说他和马克思都有过错。这实在是谦虚的说法，虽然他们在文本中对问题的一个方面强调得更多，而不是全面的论述，但是这是论战的需要而不是他们认识的片面。阅读文本产生片面的认识，责任有一部分也在阅读者。任何阅读者都不应该断章取义，而是应该将具体论述置于整个思想体系中加以把握。对唯物史观的片面理解，也不只是像本本主义那样理解马克思哲学的问题，更严重的还是将唯物史观理解为物质本体论在社会历史领域的简单重复，而没有把握唯物史观的本质是将一切社会历史现象纳入物质生产劳动实践发展史中去理解，因此，才产生了对经济与其他社会意识现象关系的错误解读。只有把握了社会存在决定社会意识，是物质生产劳动实践与精神生产劳动实践两种社会实践之间关系的唯物史观的要义，才能真正把握社会生活的本质。

二、人类法律文明的发展趋势

物质生产劳动实践的水平是社会发展的根本标志。人在改造自然界的过程中不断改进自身生存的状态，不断丰富自我，推进社会文明。物质生产劳动实践水平低下时，人与自然之间的矛盾尖锐，物质生活资料匮乏，

① 《马克思恩格斯文集》第10卷，北京：人民出版社，2009年，第593—594页。

② 《马克思恩格斯文集》第10卷，北京：人民出版社，2009年，第657页。

人与人之间的竞争也很残酷。物质生产劳动实践水平提高后，人类从自然界获取生活资料的能力不断增强，社会文明不断进步。这使人类社会的管理方式和协调社会关系的规范也越来越文明，法律作为社会治理的主要方式也不断进步，呈现出从野蛮到文明的过程。法律文明的进步是人类社会进步的重要组成部分，是人类文明发展的重要标志。

（一）法律赋予人的自由权利的不断增加

原始社会物质生产劳动实践水平低下，人是自然的奴隶，个人不得不依附氏族部落共同体而生存。马克思说：在原始社会中，“无论个人还是社会，都不能想象会有自由而充分的发展”①，原始氏族部落内部的平等生活不是氏族成员个体的自由选择，而是不得不接受的生存方式，个体完全淹没在整体之中。氏族部落之间为了争夺生存空间则往往会发生暴力冲突。在食物极端匮乏时，氏族部落内部也会剥夺一部分人（如老人）的食物。人的自由是由物质生产劳动实践发展水平决定的。

人类进入文明社会后，私有制为社会成员个体生命的独立性创造了物质基础，尽管获得独立生存自由的仅仅是少数统治阶级，而且其获取自由以剥夺其他社会成员更多的生存条件为前提，但是个体生命获取独立性拉开了人类文明社会的大幕。在人类文明的这种跨越式进步中，法律文明的诞生是重要标志之一。法律是人类为了保障文明延续创立的社会制度，是社会成员行使自由权利的社会机制。从奴隶社会到封建社会，法律制度的进步主要体现在，法律赋予社会成员的自由权利的增加，特别是当大多数体力劳动者从奴隶转变为农奴时。相对于奴隶对奴隶主，农奴对庄园主的人身依附减少了，获得了更多权利。同时，法律赋予了自由农民更多的自由权利。中世纪基督教在法律赋予社会成员更多自由权利方面发挥了积极作用，为近代资本主义法律尊重和保障个人自由权利奠定了文化基础。美国法学学者弗里德里希说：“宪法旨在维护具有尊严和价值的自我，因为自我被视为首要的价值，这种自我的优先，植根于一面讨论过的基督教信仰，最终引发了被认为是自然权利的观念。因此宪法的功能也可以被阐释为规定和维护人权的。”②

伴随机械化、工业化和市场经济时代的到来，人类从自然界获取生存资源的能力大幅提高。这为人类超越依附于共同体的生存方式，走出人的

① 《马克思恩格斯文集》第8卷，北京：人民出版社，2009年，第136页。

② 〔美〕弗里德里希：《超验正义：宪政的宗教之维》，周勇、王丽芝译，北京：生活·读书·新知三联书店，1997年，第15页。引文中“一面”的表述似有误，疑为“上面”。

相互依赖的时代奠定了物质基础，创造了生命个体通过对物的依赖获取生存独立性的社会条件，为资本主义法律制度给予社会成员更多自由权利创造了经济基础。对物的占有是资本主义社会主体自我实现的根本方式，因此法律制度将个人私有财产神圣不可侵犯作为根本价值追求。

伴随物质生产劳动实践的发展，人类从自然界获取资源的能力越来越强，在人与自然关系中获取的自由越来越多。人与自然关系中人的自由的获取是人社会生活自由的基础，法律赋予社会成员的自由权利也以物质生产劳动实践的发展为基础，物质生产劳动实践水平越高，法律对社会成员个体的约束越少。当物质生产劳动能够创造足够多的物质财富的时候，社会成员个体遵守社会规范将变成自觉自由，而不再需要外力强迫，那时法律作为社会文化形式将被超越，人们会把它放到历史博物馆中去。由此可见，法律是物质生产劳动实践发展到一定阶段的产物，物质生产劳动实践创造了足够的物质财富，以至于在满足社会成员消费之外还有剩余产品以满足某些社会成员私人占有的欲望，同时剩余产品的数量又不足以满足全体社会成员私人占有的欲望，所以法律从其诞生起就维护人对物的依赖关系，保护个人对私有财产的占有权。

（二）法律调整方式的进步

社会人际关系调整有一个从个别调整到规范调整再到二者合一的过程。原始氏族部落时期，氏族成员心智和语言都不够发达，彼此之间沟通能力不够强大，不足以概括总结并贯彻复杂的行为规范。氏族成员的关系协调，只能就事论事，对氏族成员的个别行为进行具体调节。到原始社会后期，人的交往不断增多，心智和语言不断发展，氏族部落中才逐渐形成固定的行为规范。这些规范最初表现为风俗习惯，氏族成员遵从风俗习惯以协调彼此之间的关系。风俗习惯较之于就事论事的人际关系的个别调节方式，有了一定的系统性和稳定性，在一定程度上避免了就事论事的主观随意性，为形成相对稳定的社会秩序奠定了基础。

人类进入文明社会以后，人与人之间的交往日益增多，行为的普遍性不断增加，社会成员心智和语言能力的发展也足以对社会行为进行普遍性概括,人类社会生活因此就有了遵守普遍行为规范体系的可能性和必要性。法律就是客观的、普适的社会行为规范体系。在阶级社会中，统治阶级为了维护其统治地位，利用自己经济和政治的优势地位，将协调社会关系的重要规范制度化，形成了法律制度。法律作为社会行为规范体系突出其客观性和普适性，目的在于排除处理社会关系的主观随意性，使整个社会有一个统一的规范体系，从而实现社会秩序的稳定。马克思说："社会上占统治地位的那部分人的利益，总是要把现状作为法律加以神圣化，并且要把现状的由习惯和传统造成的各种限制，用法律固定下来。撇开其他一切情况不说，只要现状的基础即作为现状的基础的关系的不断再生产，随着时间的推移，取得了有规则的和有秩序的形式，这种情况就会自然产生；并且，这种规则和秩序本身，对任何取得社会固定性和不以单纯偶然性与任意性为转移的社会独立性的生产方式来说，都是一个必不可少的要素。这种规则和秩序，正好是一种生产方式的社会固定的形式，因而是它相对地摆脱了单纯偶然性和单纯任意性的形式。在生产过程以及与之相适应的社会关系的停滞状态中，一种生产方式所以能取得这个形式，只是由于它本身的反复的再生产。如果这种再生产持续一个时期，那么，它就会作为习惯和传统固定下来，最后被作为明文的法律加以神圣化。"①

法律把社会关系调整由一般的风俗习惯约束转变为普遍的强制性调整，不仅强化了协调力度、减少了调整的主观随意性，而且废除了原始的野蛮性规范，如"以牙还牙、以眼还眼"的同态复仇，被其他更文明的补偿方式替代。进入阶级社会后，阶级冲突是社会关系的主要矛盾，法律制度不仅要协调社会成员个体之间的相互关系，更要调节阶级之间的相互关系。马克思说："法的历史表明，在最早的和原始的时代，这些个人的、实际的关系是以最粗鲁的形态直接地表现出来的。随着市民社会的发展，即随着个人利益之发展到阶级利益，法律关系改变了，它们的表现方式也变文明了。它们不再被看作是个人的关系，而被看作是一般的关系了。与此同时，对彼此冲突着的个人利益的维护也由于分工而转入少数人手中，从而法的野蛮的行使方式也就消失了。"②

三、法律的消亡

马克思认为法律不是人类社会固有的现象，而是物质生产劳动实践发展到一定阶段的产物，并且伴随物质生产劳动实践不断发展变化。因此，法律像一切具体事物一样，有一个产生、发展到消亡的过程，不会永远存在。恩格斯说："国家并不是从来就有的。曾经有过不需要国家，而且根本不知国家和国家权力为何物的社会。在经济发展到一定阶段而必然使社会分裂为阶级时，国家就由于这种分裂而成为必要了。现在我们正在以迅

---

① 《马克思恩格斯文集》第7卷，北京：人民出版社，2009年，第896—897页。

② 《马克思恩格斯全集》第3卷，北京：人民出版社，1960年，第395页。

速的步伐走向这样的生产发展阶段，在这个阶段上，这些阶级的存在不仅不再必要，而且成了生产的真正障碍。阶级不可避免地要消失，正如它们从前不可避免地产生一样。随着阶级的消失，国家也不可避免地要消失。在生产者自由平等的联合体的基础上按新方式来组织生产的社会，将把全部国家机器放到它应该去的地方，即放到古物陈列馆去，同纺车和青铜斧陈列在一起。”①

法律是阶级统治的工具，阶级是法律现象产生的前提，只要阶级划分在社会生活中消失，国家和法律也就失去了存在的基础。法律是物质生产劳动实践发展到一定阶段的产物，法律消亡也依赖物质生产劳动实践高水平的发展。只有物质生产劳动能够创造极大丰富的财富，足以满足所有人的物质生活需要，人们不再由于物质生活需要产生重大利益冲突，人就摆脱了对物的依赖，在物质生活中获得了充分自由。物质生活自由是一切社会生活和个人精神生活自由的基础。人类理想社会，就是人全面自由发展的社会，马克思称之为共产主义社会。共产主义社会实现了人与自然、人与人以及人与社会矛盾的根本解决，即实现人与自然、人与自身的两个和解。马克思在《1844年经济学哲学手稿》中对恩格斯在《国民经济学批判大纲》中首次阐发的两个和解的思想进行了系统阐发。马克思和恩格斯都将两个和解的思想作为共产主义理论的重要组成部分。实现共产主义，不仅需要物质生产劳动实践水平极大提高，创造出足以满足人们物质生活需要的物质财富，还需要人的素质的充分提高，需要人拥有充分的协调自我心理矛盾的能力，需要人能够用理性克服非理性贪欲。满足人们的物质生活需要是满足人的理性需要而不是非理性需要，欲壑难填，非理性的贪欲是无止境的，永远不能得到真正的满足。当物质生产劳动实践发展到能够满足理性的物质生活需要的时候，人类的劳动就不再仅仅是为了谋生，劳动异化将彻底消失，劳动将真正成为人的本质确证的活动，变成人的需要，真正的劳动自由将成为社会现实。因此，劳动自由是人的全面自由发展的基础，也是全面自由发展的核心内容。实现劳动自由以后，人与人之间就不再需要法律来协调彼此的利益关系，法律存在的社会意义就消失了，法律就具备了消亡的社会条件，就应该被送进历史博物馆。马克思说：“在共产主义社会高级阶段，在迫使个人奴隶般地服从分工的情形已经消失，从而脑力劳动和体力劳动的对立也随之消失之后；在劳动已经不仅仅是谋生的手段，而且本身成了生活的第一需要之后；在随着个人的全面发展，

① 《马克思恩格斯文集》第4卷，北京：人民出版社，2009年，第193页。

他们的生产力也增长起来，而集体财富的一切源泉都充分涌流之后，——只有在那个时候，才能完全超出资产阶级权利的狭隘眼界，社会才能在自己的旗帜上写上：各尽所能，按需分配！”①

第四节　政治、科学、哲学、宗教和道德等文化对法律的影响

马克思认为，任何事物的发展都受自身内在因素和外在环境的各种因素的影响。法律的历史变化，不仅是自身内在逻辑与物质生产劳动实践相互影响的结果，也是与政治、科学、哲学、宗教和道德等多种社会文化现象相互作用的结果。

一、政治对法律的影响

政治是各种社会意识与法律关系最密切的社会现象。法律作为阶级统治的工具是国家意志的体现，与政治同属于政治上层建筑。

（一）法律是政治上占统治地位的阶级的意志的体现

国家是统治阶级为了维护其在社会利益分配格局中利益既得者的地位而创造的社会管理机制。国家具有政治统治和社会公共管理双重功能，法律是国家功能实现的制度保障。统治阶级利用自己经济和政治上的优势地位，将其阶级意志和价值观念融入法律体系之中，使法律成为实现其阶级意志的工具。马克思说：“统治阶级的思想在每一时代都是占统治地位的思想。这就是说，一个阶级是社会上占统治地位的物质力量，同时也是社会上占统治地位的精神力量。支配着物质生产资料的阶级，同时也支配着精神生产资料，因此，那些没有精神生产资料的人的思想，一般地是隶属于这个阶级的。占统治地位的思想不过是占统治地位的物质关系在观念上的表现，不过是以思想的形式表现出来的占统治地位的物质关系；因而，这就是那些使某一个阶级成为统治阶级的关系在观念上的表现，因而这也就是这个阶级的统治的思想。此外，构成统治阶级的各个个人也都具有意识，因而他们也会思维；既然他们作为一个阶级进行统治，并且决定着某一历史时代的整个面貌，那么，不言而喻，他们在这个历史时代的一切领

① 〔德〕马克思：《哥达纲领批判》，中共中央马克思恩格斯列宁斯大林著作编译局编译，北京：人民出版社，2018年，第16页。

域中也会这样做，就是说，他们还作为思维着的人，作为思想的生产者进行统治，他们调节着自己时代的思想的生产和分配；而这就意味着他们的思想是一个时代的占统治地位的思想。”①

马克思认为在物质生产劳动实践发展的不同时期，人们在生产中的相互关系呈现出不同特点，并决定其他社会关系的特点。不过，在社会历史的任何时期，物质利益关系都是社会关系的基础，财产关系是一切社会关系的核心，决定社会成员在社会关系中的地位和利益，而社会成员的地位和利益决定其价值观念的取向。法律是维持社会秩序的社会机制。人类社会各个时代的法律制度都是统治阶级意志的体现，在前资本主义社会，血缘宗法等级集中反映统治阶级利益，维护宗法等级制度就是法律的核心内容；资本主义社会以后，实现资本的利益最大化是资产阶级的根本利益所在，所以，资本主义法律将个人财产神圣不可侵犯作为核心价值导向。

（二）社会政治形态决定法律的表现形式

马克思认为，政治、法律的发展都取决于物质生产劳动实践的具体开展方式，在物质生产劳动实践水平既定的条件下，社会政治生活的具体形态对法律的具体内容和表现形式都有重大影响。由于不同历史时期和不同民族拥有不同的物质生产劳动实践方式，各民族也形成了不同的政治生活形态。欧洲社会按照社会政治生活形态可以分为奴隶社会、封建社会、资本主义社会和社会主义社会多个历史时期。在不同的历史时期，法律作为占统治地位的阶级意志的体现的本质没有改变，但是法律的具体形态也呈现了奴隶社会法律、封建社会法律、资本主义社会法律和社会主义社会法律多个类型。

在同一个历史时期，不同民族的物质生产资料不同，社会政治生活的具体形态也会呈现巨大差别。东方社会长期集权的政治形态建构在以农耕为主的物质生产资料基础之上，欧洲古希腊罗马的民主共和制度则与其手工业和商业比较发达的物质生产资料相关。由于多种历史原因，欧洲资本主义的政治形态也产生了共和制、君主立宪制和联邦制等多种形态，在不同的政治形态中，法律的具体规定、表现形态、立法机构以及法律适用范围等都有一定差别。

（三）法律以政治的存在为前提

政治和法律都伴随物质生产劳动实践的发展而变化。当物质生产劳动

① 《马克思恩格斯文集》第1卷，北京：人民出版社，2009年，第550—551页。

实践发展到应有的水平时，政治和法律作为社会现象将同时消失。马克思说："劳动阶级在发展进程中将创造一个消除阶级和阶级对抗的联合体来代替旧的市民社会；从此再不会有原来意义的政权了。因为政权正是市民社会内部阶级对抗的正式表现。"[①]马克思认为共产主义社会是人类的理想社会，是没有阶级差别的自由人的联合体，真正实现了人人平等，到那时法律作为阶级统治的工具也就失去了存在价值。

二、科学、哲学、宗教、道德等对法律的影响

马克思认为法律的发展变化不仅受社会经济和政治发展的影响，科学、哲学、宗教、道德乃至艺术的发展变化，都会对法律的发展变化产生重大影响。

科学是关于客观世界各种具体事物发展变化规律的知识体系，是人类认识世界、把握世界规律水平的根本标志。伴随人类文明的进步，科学技术在人类物质生产劳动实践中的作用越来越大，是最重要的生产力，并且已经成为物质生产劳动实践水平发展的标志。科学技术的进步大幅度提升了人类认识自然、征服自然的能力，带来了社会物质财富的极大丰富，对人们之间的物质利益关系也发挥了至关重要的影响。法律作为协调社会关系的机制，必须适应科学技术发展带来的社会生活的具体变化。关于科学技术推动人类社会进步的思想，马克思、恩格斯表现出高度一致。恩格斯说："在马克思看来，科学是一种在历史上起推动作用的、革命的力量。"[②]还说："没有机器生产就不会有宪章运动，即使机器生产使你们现在的处境恶化，但也正因为如此我们的胜利才有可能。"[③]

自苏格拉底开始，古希腊哲学由自然哲学转向人学，社会政治、法律伦理等成为哲学研究的主要对象。此后，西方哲学形成了注重政治哲学和法哲学的传统。法哲学是法律制度和法学的理论基础，因此，法哲学乃至整个哲学思想体系的发展都会对法律制度和法学产生重大影响。古希腊哲学家柏拉图和亚里士多德开创了理想主义和现实主义两条重要的哲学路线，不仅对西方哲学总体发展产生了重大影响，而且对西方法哲学和法学发展产生了深远影响。中世纪，基督教神学成为欧洲社会的主流意识形态，欧洲法学和法哲学发展都笼罩在神哲学的晕轮中。10世纪以后，欧洲商品经济快速发展，为此需要加快社会法律制度的建设。教廷和王室都加大了

---

① 《马克思恩格斯文集》第1卷，北京：人民出版社，2009年，第655页。
② 《马克思恩格斯全集》第25卷，北京：人民出版社，2001年，第597页。
③ 《马克思恩格斯文集》第1卷，北京：人民出版社，2009年，第697页。

法律制度建设的力度，不仅注重法律制度的建构，而且注重法学研究和法学教育。商品经济的发展对社会生活产生了全方位影响，也促进了基督教的改革。马丁·路德和让·加尔文的基督教新教改革主要是受市场经济发展的影响，他们的宗教理念对商品经济发展也产生了巨大的助推作用，同时，对资产阶级革命以及后来资本主义政治和法律制度的建构都产生了重大影响。关于天主教和基督教新教对法律文化发展的重要影响，马克思给予了充分肯定。在《论犹太人问题》中，他还说明了犹太教对犹太人政治和法律文化的影响。文艺复兴以后，市场经济发展催生了资产阶级人本主义哲学。资产阶级人本主义哲学是资本主义经济、政治、法律等社会制度设计理论的指导思想。休谟提出的“休谟问题”，对现代西方哲学发展影响深远。哲学中实证主义语言分析哲学与人本主义人文哲学的分野、实证主义与人本主义的方法论的分歧在现代西方社会科学各领域都有具体表现；法学也因此有了分析实证主义法学和人文法学的分野。实证主义哲学方法论对马克思和恩格斯的哲学思想也产生了一定影响。马克思、恩格斯都赞同区分事实认识和价值认识，但是与实证主义不同，他们都反对将事实认识与价值认识割裂开来，在法学研究中，主张法学应该坚持科学性和人文性的对立统一，反对将二者完全对立。

道德和法律都是协调社会关系的行为规范体系，二者在稳定社会秩序的过程中相辅相成，社会治理中德主刑辅还是刑主德辅也一直是政治家和思想家们争论的话题。自然法学都主张道德应该是法律的基础，自然法是人为法的依据。两千多年西方法律思想发展史中的自然法学流派，尽管观点区别很大，但是都强调立法者的伦理理念是立法的指导思想。马克思认为法律是统治阶级意志的体现，而统治阶级的伦理价值观念共识是统治阶级意志的集中体现。立法者的伦理观念会影响立法内容，执法者和司法者的伦理观念也会影响执法和司法过程。伦理观念是他们诠释法律条文的心理背景，影响他们对法律条文的理解，左右他们自由裁量权的运用。而且，执法者和司法者的道德品质决定其捍卫法律公平的意志坚定程度。执法者和司法者的高尚职业道德奠定其捍卫法律尊严的坚实基础，低劣的职业道德品质，是制造冤假错案、践踏法律尊严、贪赃枉法的内在原因。一个法律体系是善法还是恶法，主要取决于社会成员对法律体系伦理价值的认同程度，法律只有契合社会成员的道德观念，才能成为社会成员的内心信念，只有成为内心信念才能够得到全面的贯彻执行。法律如果违背多数人的伦理信念即违背民心、民意，那么迟早会被推翻。马克思认为违背民心、民意的法律体系就开始丧失社会历史必然性，摧毁阻碍历史进步的法律体系是顺应历史潮流的义举。善法体系是形成良好道德秩序的强有力的保障，道德良俗则是法律制度贯彻执行的社会基础。

马克思文学造诣很高，他对古希腊和近代欧洲文学有广泛深入的了解，也曾经创造大量的诗歌和少量的小说、剧本。马克思对《荷马史诗》给予了高度评价，将其作为希腊文明的源头，并具体说明了《荷马史诗》对希腊文化各方面的影响。马克思在其著作中引用了大量古希腊文学和近代文学典故以及格言警句，阐发其哲学、经济学以及法哲学和法学思想。在阐发商品拜物教和拜金主义的时候，马克思引用莎士比亚和歌德的很多诗歌，这对于人们理解商品拜物教和拜金主义产生的社会根源具有重大启发意义。马克思在《1857—1858 年经济学手稿》中深入分析了笛福的《鲁滨孙漂流记》的内容和写作社会背景，揭示了鲁滨孙自我奋斗谋求生存的文学意向是 18 世纪市民社会典型的生活状态。这说明个人主义价值观是资本主义经济、政治生活的反映，是资本主义法律制度设计的指导思想。

本章小结

马克思将法律发展史纳入物质生产劳动实践发展史中，梳理出脉络清晰的法律发展史，并概括了不同类型法律的特点，揭示了法律发展变化的根本动力。法律的发展变化是一个伴随物质生产劳动实践发展的产生、发展变化到消亡的过程；法律发展变化的历史轨迹，是法律内在逻辑与物质生产劳动实践以及多种社会文化现象相互影响的结果。当物质生产劳动实践高度发展，创造足够丰富的劳动产品能够满足全体社会成员的理性需要时，人不再受物质财富的奴役，物质财富的私人占有也因此失去创造价值，这是法律消亡的社会基础。法律消亡不等于是社会规则的消失，而只是社会规则失去阶级性，社会规则不再需要法律等社会强制力量贯彻执行。

第五章　马克思的法律本质论

法律本质问题就是法律归根到底是什么的问题，它是法理学的核心问题，也是一切法学流派都不能回避的问题。“法的本质问题是一个随着时代与社会变迁而不断被重新思考与解答的古老话题，是法学理论中的基石性、原点性问题。这个问题涉及如何解析法的概念、法的作用、法的起源、法的更替与继承、法的未来、法的消亡等问题，进而涉及如何看待当代中国法的本质和作用等问题。对法的本质问题的不同回答，历来也是划分不同法学流派的基本标准。”[①]马克思尽管没有从学术层面专门探讨法律本质问题，但是他对法律本质的认识是深刻的，在人类法律思想发展史上具有划时代的意义。我国法学界对马克思法律本质思想的认识，长期受苏联哲学家对马克思主义哲学所做的归纳的影响，将马克思哲学理解为物质本体论，不能真正把握马克思哲学在哲学史上的革命性地位，也就不能真正体现马克思法哲学在法律思想发展史上的革命性地位。回到原生态马克思哲学，以此为指导，才能准确把握马克思法律本质思想。

第一节　马克思法律本质思想的哲学基础

古希腊哲学家亚里士多德认为，在认识事物的过程中，如果有一个清楚的不证自明的共识，那么人们就可以用演绎的方法，分析认识事物；如果不存在这样的共识，而是存在两个乃至两个以上的讨论问题时，就必须通过辩论、探究，用一种观点批判另一种观点，或者提出新观点批判已有观点。当用辩论、探究的方式对问题进行探讨的时候，为了使辩论更有实际效果，我们需要先探讨的是，辩论该类问题应该有的出发点、论域及辩论应该遵循的思维原则。马克思的劳动哲学是其法哲学的理论基础，劳动本体论、劳动辩证法、劳动历史观和劳动人道主义价值观是讨论法律本质问题的哲学指导思想。

---

① 张文显：《改革开放新时期的中国法理学》，《法商研究（中南财经政法大学学报）》2001年第1期，第32页。

一、马克思强调社会实践是认识法律本质的出发点

本体概念是哲学家认识世界的根本维度，是其哲学理论的出发点。在马克思之前，人类哲学思想一直处于物质本体论和精神本体论即唯物主义哲学和唯心主义哲学的对立中。唯物主义的物质本体论和唯心主义的精神本体论的对立使人类认识的主观性与客观性相分离。物质本体论从客观出发认识世界，不能理解世界的能动性；精神本体论从主观出发认识世界，不能理解世界的客观性。世界观就是方法论。物质本体论和精神本体论的对立导致了人不能在主体与客体的互动中把握世界，特别是不能准确认识人类社会和人类社会中各种社会现象的本质。因为社会既不是主观的也不是客观的，而是主体与客体、主观与客观的统一，马克思说："全部社会生活在本质上是实践的。凡是把理论引向神秘主义的神秘东西，都能在人的实践中以及对这种实践的理解中得到合理的解决。"①由此出发，马克思创造了超越以往哲学唯物主义和唯心主义的劳动哲学。劳动哲学的本体论是实践本体论，因为物质生产实践即劳动是人类的第一社会实践，所以这种本体论更准确的表述是劳动本体论。

在劳动哲学视阈中，人用劳动创造了人自身和社会、文化和整个世界。人类所有的文化都是人的实践和实践的结果。列宁说："人的实践=要求（1）和外部现实（2）。"②也就是说，人类实践活动的本质就是，人通过与外在现实性相互关系的处理，满足人的内在要求的过程，或者说一切社会现象和社会文化都是主体人与客体世界的相互作用及其结果。人类不同文化的差别就是人类用不同的方式满足人的内在要求，或者用同样的方式满足人不同的内在要求。把握任何文化都不能只看主观要求也不能只看外在现实性，必须从实践出发，在主客体的互动中把握。法律作为人类文化现象之一，也是社会实践的表现形式，对于法律与其他社会文化差别的把握，要从主客体互动的社会实践中去把握，因此不能将法律完全视为客观现象，也不能把法律完全视为主观现象。

基于劳动哲学，马克思对传统的唯心主义法哲学进行了深刻批判。马克思、恩格斯在《德意志意识形态》中强调，德国青年黑格尔派哲学家将法律作为纯粹主观意志的产物，是一种错觉，"因为国家是统治阶级的各个人借以实现其共同利益的形式，是该时代的整个市民社会获得集中表现的形式，所以可以得出结论：一切共同的规章都是以国家为中介的，都获

---

① 《马克思恩格斯文集》第1卷，北京：人民出版社，2009年，第501页。

② 《列宁全集》第55卷，北京：人民出版社，2017年，第183页。

得了政治形式。由此便产生了一种错觉，好像法律是以意志为基础的，而且是以脱离其现实基础的意志即自由意志为基础的”[①]。由此可见，马克思认为法律是统治阶级意志的体现，但是统治阶级意志不是纯粹主观的东西，而是取决于主体的社会物质生活条件。

基于劳动哲学，马克思对传统的唯物主义法哲学也进行了深刻批判。马克思认为：“从前的一切唯物主义（包括费尔巴哈的唯物主义）的主要缺点是：对对象、现实、感性，只是从客体的或者直观的形式去理解，而不是把它们当做感性的人的活动，当做实践去理解，不是从主体方面去理解。”[②]因此，传统的唯物主义法哲学不能理解世界的能动性，不能真正理解社会的本质，在本体论哲学中是唯物主义，但到社会历史哲学中就变成了唯心主义。社会实践是沟通主、客观的中介，抛开社会实践认识世界，世界只能要么是主观的、要么是客观的，而作为社会实践结果的人类社会恰恰是主体与客体、主观与客观的统一。马克思、恩格斯在《德意志意识形态》中批判费尔巴哈的唯物主义哲学时说：“他没有看到，他周围的感性世界决不是某种开天辟地以来就直接存在的、始终如一的东西，而是工业和社会状况的产物，是历史的产物，是世世代代活动的结果，其中每一代都立足于前一代所奠定的基础上，继续发展前一代的工业和交往，并随着需要的改变而改变他们的社会制度。甚至连最简单的‘感性确定性’的对象也只是由于社会发展、由于工业和商业交往才提供给他的。”[③]马克思认为，费尔巴哈正是因为只是把世界作为感性对象，而不是把世界作为感性活动，所以其思想在本体论中是唯物主义的，在历史哲学中却是唯心主义的。“当费尔巴哈是一个唯物主义者的时候，历史在他的视野之外；当他去探讨历史的时候，他不是一个唯物主义者。在他那里，唯物主义和历史是彼此完全脱离的。”[④]在马克思的劳动哲学视阈中，法律及一切社会制度不是从来就有的，不是客观存在的，也不是某种客观力量强加给人类社会的，法律是人类社会实践的产物，是人创造的文化。任何法律制度和法律价值观念都不是永恒的，它伴随社会实践不断发展变化。另外，法律不具有天然合理性，与人类需要相悖的法律制度就应该被改变乃至废除。

分析法律本质要坚持劳动哲学的原则，要坚持把法律放到社会实践的

---

① 《马克思恩格斯文集》第 1 卷，北京：人民出版社，2009 年，第 584 页。
② 《马克思恩格斯文集》第 1 卷，北京：人民出版社，2009 年，第 499 页。
③ 《马克思恩格斯文集》第 1 卷，北京：人民出版社，2009 年，第 528 页。
④ 《马克思恩格斯文集》第 1 卷，北京：人民出版社，2009 年，第 530 页。

发展变化中去认识，要在主、客体的互动中去认识，要认识到法律作为社会现象其本质是实践的，是主观与客观的统一。马克思说："环境的改变和人的活动或自我改变的一致，只能被看做是并合理地理解为革命的实践。"[①]在社会生活中，人们不断修正法律制度，法律也不断改变人类的社会生活。

二、马克思强调物质生产实践是认识法律本质的关键

在马克思劳动哲学视阈中，劳动本体论与劳动历史观是统一的，是"一而二，二而一"的关系。马克思的唯物史观不是物质本体论在社会领域中的运用，因为物质本体论运用到社会领域中，不能形成唯物史观，只能形成唯心史观。实际上，马克思是在创造劳动历史观的同时形成了劳动本体论哲学。

在《莱茵报》工作期间，马克思探讨林木盗窃法、新闻法和婚姻法等一系列法律问题时发现，单纯就法律讨论法律问题，不能把法律问题说清楚，人们关于法律的认识取决于其利益立场，因此，要说明法律问题必须深入市民社会，深入社会物质生活中去。离开《莱茵报》以后，马克思将研究方向转入政治经济学。在政治经济学的研究中，马克思发现了人类一切历史的第一前提，"人们为了能够'创造历史'，必须能够生活。但是为了生活，首先就需要吃喝住穿以及其他一些东西。因此第一个历史活动就是生产满足这些需要的资料，即生产物质生活本身，而且，这是人们从几千年前直到今天单是为了维持生活就必须每日每时从事的历史活动，是一切历史的基本条件"[②]。也就是说，马克思认为，人们创造物质生活资料的社会实践是一切历史的前提和基本条件，物质生产实践即劳动是第一社会实践。所以，马克思的唯物史观应该被称为劳动历史观。需要进一步明确的是，马克思强调不是物质是社会的基础，而是物质生活是社会的基础，物质生产实践是认识和把握社会的基础、前提和出发点。社会存在决定社会意识，经济基础决定上层建筑的意思不是物质决定意识、存在决定思维，是强调在人类社会实践中物质生产实践决定其他社会实践，劳动创造社会，劳动创造历史，劳动是一切历史的前提和基础，是理解历史问题的出发点。

法律是建构在经济基础之上的上层建筑，是被社会经济生活决定的社

---

① 《马克思恩格斯文集》第1卷，北京：人民出版社，2009年，第500页。

② 《马克思恩格斯文集》第1卷，北京：人民出版社，2009年，第531页。

会意识。这是我国法学界阐述马克思法律本质思想始终强调的观点，也是符合马克思思想的观点。但是，需要强调的是它的意思是法律取决于社会物质生产实践，法律是物质生产实践发展到一定阶段的产物，法律制度伴随物质生产实践的发展而变化，特定历史时期的物质生产实践的特点决定当时社会法律制度的主要特点，同时，也决定其消亡的历史。法律是被社会经济生活决定的社会意识，这句话的意思是强调在物质生产实践与法律实践活动的互动关系中，物质生产实践处于主导地位，它们之间的关系是人们不同的社会实践之间的关系，不是物质和意识的关系或者思维和存在的关系。

唯心史观与唯物史观的根本区别不是是否承认物质对意识的决定作用，而是是否承认物质生产劳动实践在社会生活中的决定作用。与唯心史观不同，唯物史观“不是在每个时代中寻找某种范畴，而是始终站在现实历史的基础上，不是从观念出发来解释实践，而是从物质实践出发来解释各种观念形态”[①]，是“从直接生活的物质生产出发阐述现实的生产过程，把同这种生产方式相联系的、它所产生的交往形式即各个不同阶段上的市民社会理解为整个历史的基础”[②]。也就是说，唯物史观的物不是客观物质世界的物，而是人的物质生产实践的物。唯物史观不是物质本体论在社会哲学中的运用，因为物质本体论哲学进入社会历史领域是不能解释社会本质的，这是几千年唯物主义哲学发展史所证明的。唯物史观是物质生产实践历史观即劳动历史观。马克思强调的是几千年来直到今天，物质生产实践是一切历史的基础，但并没有说它永远是一切历史的基础。如果将经济基础决定上层建筑理解为是物质决定意识，那么经济基础决定上层建筑就是永恒的。但是，如果将经济基础决定上层建筑理解为物质生产实践决定法律实践，那就是两种社会实践在人类社会实践中的相互关系问题。那么，我们可以认为在人类迄今为止的历史中物质生产实践都是第一社会实践，但是这种情况可以延续多长时间尚未可知，而且它是不是可能会退出第一社会实践的地位，也由其发展状况决定。但是，我们还是可以预见，在未来社会中，人类将不再把自己的主要精力都用到物质生产实践，而是用更多的精力进行精神文化创造，到那个时候，物质生产实践决定法律实践将不再成立，甚至法律作为一种社会现象可能也会退出历史舞台。

---

① 《马克思恩格斯文集》第1卷，北京：人民出版社，2009年，第544页。

② 《马克思恩格斯文集》第1卷，北京：人民出版社，2009年，第544页。

三、马克思强调要在事实与价值的对立统一中认识法律本质

世界观就是方法论。马克思的劳动本体论哲学从物质生产实践出发认识世界，而实践就是主体与客体、主观与客观的对立统一。也就是说，劳动本体论注定了马克思必然从矛盾出发去认识世界。以往唯物主义将客观物质作为认识世界的本体概念，所以在唯物主义哲学中世界缺乏能动性。世界的能动性只能由唯心主义去发展。辩证法在黑格尔哲学中是精神辩证法，是主观辩证法，是概念的矛盾运动。马克思认为黑格尔的辩证法是颠倒的，真正的辩证法是实践辩证法。客观物质世界本身没有能动性，有了主体——人，世界才有了能动性。因此，在马克思劳动哲学视阈中，辩证法既不像黑格尔理解的那样是精神的规律，也不像后来的马克思主义者理解的那样是客观物质世界的发展规律，辩证法是人类社会发展的规律，是实践的规律。主体与客体的矛盾是世界的根本矛盾，所以要从主体与客体的辩证运动中去认识人、社会和世界。

列宁说："必须把人的全部实践——作为真理的标准，也作为事物同人所需要它的那一点的联系的实际确定者——包括到事物的完整的'定义'中去。"①也就是说，给一个事物下定义，即确定一个概念的内涵，也就是阐释一个事物内在的本质，我们必须把握两个方面：一方面是对事物的事实认识，另一方面则是对事物进行价值评价。不论是对事物进行事实认识，还是进行价值评价，都不能脱离社会实践，实践既是检验真理的唯一标准，也是确定事物价值的唯一标准。事实认识和价值认识的关系是辩证统一的关系，二者既具有明确差别，又包含内在联系，在把握事物的时候既要关注二者的差别，也不能抛开二者的联系，这就是马克思劳动哲学的事实与价值相统一的原则。

马克思在劳动哲学视阈中，分析认识法律本质像认识其他事物一样，也贯彻了事实与价值相统一的原则。在西方法学中分析实证主义法学和人文法学的分野根源于区分事实与价值，不能完全否认这种分野对西方法学的积极影响，但是其弊端更不能否认，因为不论是分析实证主义法学还是人文法学都是割裂事实与价值,不能全面把握事实与价值辩证关系的产物。劳动辩证法是马克思哲学的根本方法论。在事实与价值的对立统一中把握法律这种社会现象的本质，就是强调人类法律实践既要遵循客观规律，也要体现人类的价值追求，法律既是对现实世界的客观反映，也体现了人类对自由的追求与向往，这是马克思对人类法学的最大贡献之一。

---

① 《列宁全集》第 40 卷，北京：人民出版社，2017 年，第 294 页。

第二节　马克思对法律本质的揭示

亚里士多德认为，确定了讨论问题的前提和共识以后，就可以对对象进行演绎分析了。马克思讨论法律本质问题的前提就是其劳动哲学。马克思正是在劳动本体论、劳动辩证法、劳动历史观和劳动人道主义价值观的前提下分析法律本质的。

一、马克思强调法律本质的阶级性与全民性的对立统一

马克思认为一切法律都具有阶级性，都是统治阶级意志的反映。马克思和恩格斯在《共产党宣言》中说："但是，你们既然用你们资产阶级关于自由、教育、法等等的观念来衡量废除资产阶级所有制的主张，那就请你们不要同我们争论了。你们的观念本身是资产阶级的生产关系和所有制关系的产物,正像你们的法不过是被奉为法律的你们这个阶级的意志一样，而这种意志的内容是由你们这个阶级的物质生活条件来决定的。你们的利己观念使你们把自己的生产关系和所有制关系从历史的、在生产过程中是暂时的关系变成永恒的自然规律和理性规律，这种利己观念是你们和一切灭亡了的统治阶级所共有的。"①不仅如此，马克思和恩格斯在其他论著中也多有类似表述。由此可见，在马克思劳动哲学视阈中，法律作为统治阶级意志是客观事实，既然是客观事实，就有存在的历史必然性、合理性，这是由阶级社会物质生产方式决定的，是不以人的意志为转移的。

但是，对马克思和恩格斯经典的诠释不能是教条主义或者本本主义的，而应该将其放到马克思整个思想体系中结合当时的社会背景去理解。实际上，即使单纯从文本上我们也可以看出，马克思虽然强调阶级社会中法律是统治阶级意志的体现，是统治阶级进行阶级统治的工具，但也强调它是阶级社会制度中最不合理的地方。马克思在《莱茵报》工作期间就强调当时德国的法律作为统治阶级的意志和国家意志，只维护特权阶层的利益，是不正当的。马克思说当时德国的法律是"追究思想的法律不是国家为它的公民颁布的法律，而是一个党派用来对付另一个党派的法律。追究倾向的法律取消了公民在法律面前的平等。这是制造分裂的法律，不是促进统一的法律，而一切制造分裂的法律都是反动的；这不是法律，而是特

---

① 《马克思恩格斯文集》第2卷，北京：人民出版社，2009年，第48页。

权”[①]。也就是说，在马克思劳动哲学视阈中，法律作为统治阶级意志的体现，是统治阶级维护自己特权的工具，它是以一种虚幻共同体的形式出现的，是一种异化现象，法律文化作为人的创造物，反而成为奴役人的力量。资本主义法律制度作为资产阶级意志的反映，正是它应该被批判，甚至被推翻的理由。

马克思认为任何社会的法律不仅仅是统治阶级意志的体现，也必须在一定程度上反映所有社会成员的意志，法律不仅要有阶级性，也要有全民性。在阶级社会，统治阶级与被统治阶级的利益存在根本差异，社会法律制度主要是维护统治阶级利益的，所以法律制度主要是统治阶级利益的体现。统治阶级与被统治阶级的利益也存在统一性，这种利益的统一性是社会法律制度全民性的社会基础。所以，马克思和恩格斯说国家和法律的功能“既包括由一切社会的性质产生的各种公共事务的执行，又包括由政府同人民大众相对立而产生的各种特有的职能”。[②]也就是说，法律既具有政治功能，是统治阶级维持统治地位的工具，也具有全民性，是维护社会秩序稳定的机制。因此，有的法律规范具有明确的阶级性，而有的法律规范不一定有明确的价值立场和阶级属性。比如，交通法规。除非这种交通法规赋予某个阶级在公共交通中的特权，否则它的主要功能就是维护公共交通秩序。马克思不仅强调法律是服务全社会和全体公民的，而且强调法律的这种社会功能才是基础性的。马克思说，法律的“政治统治到处都是以执行某种社会职能为基础，而且政治统治只有在它执行了它的这种社会职能时才能持续下去”[③]。由此可见，马克思认为法律只有得到全体公民的认可，才能获取普遍的社会效用，法律服务于社会的全民性也是其本质属性。如果一种法律制度丧失了这种全民性，也就说明它丧失了存在的历史必然性，其被推翻是早晚的事。

另外，统治阶级即使只想维护自己的利益，也不得不关注被统治阶级的利益，因为统治阶级制定法律制度，如果全然不顾被统治阶级的利益，就会遭到被统治阶级的反抗，他们的统治地位就会受到威胁。马克思认为，如果统治阶级以为法律是统治阶级意志的体现，就可以凭借法律为所欲为，那么这种法律也会“在世界的‘硬绷绷的东西’上碰得头破血流”[④]。可见，“水可载舟亦可覆舟”是统治阶级不得不接受的统治经验。

---

① 《马克思恩格斯全集》第 1 卷，北京：人民出版社，1995 年，第 121 页。
② 《马克思恩格斯文集》第 7 卷，北京：人民出版社，2009 年，第 431—432 页。
③ 《马克思恩格斯文集》第 9 卷，北京：人民出版社，2009 年，第 187 页。
④ 《马克思恩格斯全集》第 3 卷，北京：人民出版社，1960 年，第 379 页。

在马克思劳动哲学事实和价值相统一的方法论视阈中，法律的本质不仅是统治阶级意志，也应该具有全民性；法律的本质具有一个发展变化的历史过程，文明社会之初，法律的阶级性占据矛盾的主要方面，但是随着历史进步，阶级性应该不断淡化，全民性应该不断增加。无产阶级的历史使命就是消灭阶级，所以无产阶级要确立全世界各民族共同遵守的道德原则。1864 年马克思在《国际工人协会成立宣言》中说：工人阶级应该“努力做到使私人关系间应该遵循的那种简单的道德和正义的准则，成为各民族之间的关系中的至高无上的准则”[①]。社会主义社会应该是法律的阶级性和全民性矛盾的主次方面相互转化的时期，但在社会主义初级阶段，法律还具有明显的阶级性。马克思在《哥达纲领批判》中强调共产主义的初级阶段实施按劳分配，社会权利分配仍然具有资产阶级法权的性质，所以“我们这里所说的是这样的共产主义社会，它不是在它自身基础上已经发展了的，恰好相反，是刚刚从资本主义社会中产生出来的，因此它在各方面，在经济、道德和精神方面都还带着它脱胎出来的那个旧社会的痕迹”[②]。马克思的劳动哲学是无产阶级求解放的哲学，其价值立场是无产阶级的，所以社会主义法律还是坚持人民民主专政。对于人民民主专政，毛泽东是这样解释的：“人民是什么？在中国，在现阶段，是工人阶级，农民阶级，城市小资产阶级和民族资产阶级。这些阶级在工人阶级和共产党的领导之下，团结起来，组成自己的国家，选举自己的政府，向着帝国主义的走狗即地主阶级和官僚资产阶级以及代表这些阶级的国民党反动派及其帮凶们实行专政，实行独裁，压迫这些人，只许他们规规矩矩，不许他们乱说乱动。如要乱说乱动，立即取缔，予以制裁。对于人民内部，则实行民主制度，人民有言论集会结社等项的自由权。选举权，只给人民，不给反动派。这两方面，对人民内部的民主方面和对反动派的专政方面，互相结合起来，就是人民民主专政。”[③]随着社会主义不断发展，法律的全民性应该不断增加，要代表最广大人民群众的根本利益，但是社会主义法律也还是具有阶级性，中国特色社会主义法治建设要坚持中国共产党的全面领导，坚持马克思劳动人道主义的人民利益至上价值观，充分保护劳动者的利益。当然这里的劳动者不仅是体力劳动者，还包括所有脑力劳动者。人民利益至上是中国特色社会主义法治建设的基本价值原则。

---

① 《马克思恩格斯文集》第 3 卷，北京：人民出版社，2009 年，第 14 页。

② 〔德〕马克思：《哥达纲领批判》，中共中央马克思恩格斯列宁斯大林著作编译局编译，北京：人民出版社，2018 年，第 14 页。

③ 《毛泽东选集》第 4 卷，北京：人民出版社，1991 年，第 1475 页。

社会主义法治建设应该进一步减少法律阶级性与全民性的对立，增强法律阶级性与全民性的统一。在中国特色社会主义建设中，社会成员的根本对立已经消失，绝大多数社会成员的根本利益是一致的，这为社会主义法律制度的全民性奠定了经济基础。

二、马克思强调法律本质的科学性与人文性的对立统一

马克思劳动哲学的方法论是劳动辩证法，劳动辩证法的突出特色是在事实与价值的对立统一中把握事物。事实是价值的基础，价值是为人所需要的事实。一切社会现象都是主体与客体的互动，其本质是社会实践的。人们在社会实践中，必须遵守客观规律；同时，所有社会实践都是在人的主观意识指导之下，都体现着主观意愿对社会客观现实的改造。

事实与价值的对立统一在马克思关于法律本质思想中体现为法律的科学性和人文性的对立统一。人类法律实践既要遵循客观规律，也要体现人民的主观愿望和追求。

马克思的劳动哲学强调要把基于经济发展的社会历史看成是一个自然的过程。马克思说："不过这里涉及的人，只是经济范畴的人格化，是一定的阶级关系和利益的承担者。我的观点是把经济的社会形态的发展理解为一种自然史的过程。不管个人在主观上怎样超脱各种关系，他在社会意义上总是这些关系的产物。同其他任何观点比起来，我的观点是更不能要个人对这些关系负责的。"[①]马克思针对唯心主义哲学家把历史理解为客观精神和主观意识的产物，强调社会历史发展的客观性。因此，马克思认为认识法律也要坚持科学性，法律要反映事物的本质，立法要遵从事物发展的客观规律，立法者是发现法律，而不是发明法律。马克思说：法律"是事物的法理本质的普遍和真正的表达者。因此，事物的法理本质不能按法律行事，而法律倒必须按事物的法理本质行事"[②]。他认为人的思想观念是客观现实的反映，观念的价值以观念的客观性为基础，法律作为社会意识，应该符合社会客观现实，应该奠定在事物发展的客观必然性的基础上。一个立法者置社会客观现实于不顾，用主观臆想作为立法基础，是一种极端任性的自私行为。以往一切法学理论都是唯心主义的，因为它们都只是把法律作为统治阶级意志的体现，或者某种超自然力量的意志的体现，没有认识到法律是社会实践的反映，特别是对物质生产实践的反映，社会

① 〔德〕马克思：《资本论》第1卷，中共中央马克思恩格斯列宁斯大林著作编译局编译，北京：人民出版社，2004年，第10页。

② 《马克思恩格斯全集》第1卷，北京：人民出版社，1995年，第244页。

物质生活是法律的客观基础。

马克思强调把握法律本质要坚持主体与客体、主观与客观的对立统一，不仅要坚持事实认识原则，也要坚持价值原则。马克思强调，法律不仅要尊重客观规律，也要遵从人民的意志。他说："现代哲学持有更加理想和更加深刻的观点，它是根据整体观念来构想国家的。它认为国家是一个庞大的机构，在这里，必须实现法律的、伦理的、政治的自由，同时，个别公民服从国家的法律也就是服从他自己的理性即人类理性的自然规律。"[①]人的实践愿望必须契合人类理性的自然规律才能真正实现，法律只有尊重客观规律，才能做到契合人民的最大利益，同时，保证在人民最大利益的指导下改造客观现实的社会生活。马克思说："当然，只有当法律是人民意志的自觉表现，因而是同人民的意志一起产生并由人民的意志所创立的时候，才会有确实的把握，正确而毫无成见地确定某种伦理关系的存在已不再符合其本质的那些条件，做到既符合科学所达到的水平，又符合社会上已形成的观点。"[②]立法和执法既要观照事物的客观性质，又要关注人们的愿望。以此分析法律规范，我们可以发现有些规范有明确的科学依据，而另外一些规范则可能更契合人的主观愿望。例如，交通法规规定红灯停绿灯行是因为人们对红色和绿色比较敏感，特别是红色更引人注目。因为在可见光中，红光的波长最长，具有很好的透雾性。

法律反映事物的法理本质，建构在事实认识的基础上。提高科学性，才能使法律不脱离社会实际生活。同时，法律必须体现人民的主观意愿，坚持人文关怀，这样才具有不断完善自身的内在动力，也才能推进社会不断进步。因此，法律既是事物客观本性的反映，也是人民主观意愿的表达。

三、马克思强调法律本质的个体性与社会性的对立统一

马克思的劳动哲学认为，劳动生产力的发展导致了私有制社会的产生，劳动生产资料私有制的诞生使原本利益基本一致的社会产生分裂，个人利益与社会公共利益之间进入以对立为主的状态，个人与社会的关系问题成为社会哲学的核心问题。在个人和社会关系问题上，一直有两种针锋相对的观点，一种是社会唯名论，一种是社会唯实论。社会唯名论认为，只有个人是实体存在，社会只是个人的集合，不是实体性存在。因此，只有个人利益是真实存在的，集体利益或者社会利益只是个人利益的累加。

---

① 《马克思恩格斯全集》第1卷，北京：人民出版社，1995年，第228页。

② 《马克思恩格斯全集》第1卷，北京：人民出版社，1995年，第349页。

社会唯实论认为，社会也是真实的存在，集体也是社会实体，也是利益主体，集体利益和社会利益不是个人利益的机械累加，集体利益和社会利益高于个人利益。个人利益和社会利益的关系问题，是一切社会文化都不能回避的问题，更是法律、政治和伦理道德等社会文化的核心问题。因此，在法学中，也一直存在两种对立的法律观，一种观点认为法律就其本质而言是保障社会成员权益的手段，个体主体性是法律的本质属性；另一种观点则认为，法律就其本质而言是协调社会关系的机制，社会制约性才是法律的本质属性。

马克思从劳动哲学出发，在个人和社会关系的问题上，坚持劳动辩证法和劳动历史观，认为个人和社会的关系是对立统一的关系，社会和人统一于社会实践，人的本质和社会的本质都是实践。社会是个人自我实现的方式，个人也只有在社会中才能进行社会实践，才能获得自我实现。个人利益和集体利益、社会利益的关系是辩证的对立统一关系，个人、集体、社会都是利益主体，都是真实的社会存在，并且集体利益和社会利益是独立存在的，不是个人利益的机械累加。马克思说："国家制度只不过是政治国家和非政治国家之间的妥协，因此它本身必然是两种本质上相异的权力之间的一种契约。"①人不得不采取社会的方式生存，而为了维持社会存在，个人不得不将一部分权利让渡出来。也就是说，为了保证社会和谐有序必须对个人权利进行约束、划定界限，并且要用法律的形式把权利的界限明确出来。国家"必须实现法律的、伦理的、政治的自由，同时，个别公民服从国家的法律也就是服从他自己的理性即人类理性的自然规律"②。

在马克思劳动哲学视阈中，"国家是建筑在社会生活和私人生活之间的矛盾上，建筑在普遍利益和私人利益之间的矛盾上的"③。所以，法律在本质上是个体性和社会性的统一，既是保障和实现个人利益的手段，也是维护社会和谐秩序的机制。马克思既反对资本主义法律制度的个人主义价值观，也反对抹杀个体价值的"虚假集体主义"价值观。马克思认为，个人权利是抽象和具体的统一。我们在阅读马克思的文本的时候，可能更多地看到马克思对抽象人权的批判，甚至有任何权利都不是抽象的这样的表述，但是这并不意味着马克思反对所有抽象的人权的存在，反对超阶级的人权的存在。对资产阶级法学所倡导的抽象人权，马克思的批判主要集

---

① 《马克思恩格斯全集》第 3 卷，北京：人民出版社，2002 年，第 73 页。
② 《马克思恩格斯全集》第 1 卷，北京：人民出版社，1995 年，第 228 页。
③ 《马克思恩格斯全集》第 3 卷，北京：人民出版社，2002 年，第 386 页。

中在两个方面：一方面强调不突出人权的社会实践基础，人权作为抽象存在不能得到真正落实；另一方面强调超阶级的抽象人权只是最基本的人权，只是落实这些基本人权，无产阶级的根本命运不能得到根本转变。但是，这不意味着马克思否认这些基本人权存在的意义，他既充分肯定超阶级抽象人权的倡导在反封建中的历史价值，又强调这是资本主义法律制度赋予社会成员的权利，是无产阶级争取和保障自己利益的重要方式。在尚未具备推翻资本主义法律制度的条件时，利用法律保障无产阶级利益既是可能的也是必要的。所以，马克思既反对权力崇拜和国家崇拜，也反对个人主义崇拜；既反对将个人利益凌驾于社会整体利益之上，也反对以社会整体利益的名义扼杀社会成员的个人利益。马克思在《黑格尔法哲学批判》中，深刻批判了黑格尔将国家权力极端化的倾向，认为黑格尔的国家观的错误就是将国家凌驾于个人之上。当然，马克思在更多文献中也批判了资产阶级的个人主义价值观和方法论。

个人利益在集体利益和社会利益中的地位问题，不是一个抽象的理论问题，而是一个实践问题。社会实践为个人利益的保障和实现提供了社会基础和条件，即使是基本人权的实现，也要建构在客观物质生活条件与和谐有序的社会环境基础上，因此，为了形成和谐有序的社会环境，就不得不对个人权利进行约束和限制。马克思、恩格斯说："正是这些互不依赖的个人的自我肯定以及他们自己意志的确立（在这个基础上这种相互关系必然是利己的），才使自我舍弃在法律、法中成为必要，不过，自我舍弃是在个别场合，而利益的自我肯定是在一般场合。"[①]在个人利益和社会利益发生矛盾冲突的时候，法律在多大程度上保障个人利益，还是要求个人牺牲个人利益，或者在多大程度上牺牲个人利益，这不是一个理论问题，而是一个实践问题。物质生产劳动的发展水平是个人利益实现的根本和关键，也是个人利益实现的主要方式和手段，决定个人利益实现的性质、范围和程度。

总之，在马克思劳动哲学视阈中，法律是阶级性与全民性、科学性与人文性、个体性与社会性的对立统一，那么究竟是对立性占据主导方面还是统一性占据主导方面？在法律的阶级性与全民性、科学性与人文性、个体性与社会性的矛盾中，究竟是哪一方面占据矛盾的主要方面，这个问题不是一个纯粹抽象的哲学理论问题，而是一个实践问题，其取决于社会实践，特别是物质生产实践即劳动的发展水平。随着劳动水平的提高，阶级

① 《马克思恩格斯全集》第 3 卷，北京：人民出版社，1960 年，第 378 页。

性与全民性、科学性与人文性、个体性与社会性的对立性将逐渐减少，统一性将逐渐增多，法律的全民性、人文性和个体性将不断增强。

第三节　马克思对西方传统法律本质理论的批判与超越

法律的本质问题是法学家历来关注的问题，也是法学家莫衷一是的问题。马克思在批判以往西方传统法学法律本质理论的基础上，吸取其理论精华，并在自己的劳动哲学视阈中，创造性地提出了其实践论的法律本质理论，超越了以往西方一切法律本质理论。

一、马克思对自然法学法律本质理论的批判与继承

自然法学派认为自然法是事物的客观规律，人类社会的法律是人为法、实在法，法律制定必须遵循自然法。也就是说，自然法学派认为，法律就其本质而言是立法者依据世界的自然规律制定的人的行为规范，法律就是公平正义的象征,人类社会法律的公平正义就像自然法一样是永恒的。在马克思以前，自然法学主要呈现出古希腊罗马自然法学、中世纪神学自然法学、近代理性主义自然法学等表现形态。马克思在批判的基础上吸取了这些理论的精华。

古希腊罗马法学家认为自然法是法律的基础，法律是自然法的体现，人对法律的遵循与人对自然秩序与宇宙法则的遵循在本质上是相同的。中世纪基督教神学家提出了自己的法律本质理论，他们赋予了古希腊罗马自然法学派法律本质理论基督教神学的理论基础。基督教神学的集大成者托马斯·阿奎那认为，法是理性的，理智是灵魂的一种功能，灵魂是上帝赋予人的精神实体。法由永恒法、神法、自然法、人法构成。永恒法是上帝的意志，是一切法的依据；神法是体现在基督教神学教义中的法律；自然法是上帝为人制定的社会道德规范；人法则是世俗的立法者制定的法律，它应该遵循自然法制定，当然也不能违背永恒法和神法。总之，阿奎那认为法律归根结底是上帝意志的体现。近代资产阶级思想家格劳秀斯、霍布斯、洛克等，特别是康德，在批判继承古希腊罗马自然法学和基督教神学自然法学的基础上，提出了理性主义自然法学的法律本质理论。他们坚持传统自然法学关于法律是自然法的体现的思想，但是不再像古典自然法学那样，强调作为法律基础的自然法，是世界本身固有的秩序和法则，也不像基督教神学自然法学那样强调法律是神意的体现，而是强调自然法就是

人的理性的体现。人的理性可以发现永恒的公平正义的法则，而法律是依据理性制定的正义法则。

马克思批判继承了传统自然法学的法律本质理论，强调法律具有客观依据，这种客观依据是法律正义的基础。他说：法律“是事物的法理本质的普遍和真正的表达者。因此，事物的法理本质不能按法律行事，而法律倒必须按事物的法理本质行事”[①]。但是，马克思与传统的自然法学理论对法律客观依据的认识不同，他反对将这种客观依据与事物发展的自然规律等同，更不同意它来自上帝意志，也不同意将它归于人的理性，而是认为它的客观依据是人的社会实践，特别是物质生产实践即劳动。人类的物质生产实践是不断变化发展的，所以，法律作为社会实践特别是物质生产实践发展的产物，也伴随物质生产实践不断发展变化，自然法学所谓的永恒不变的法律正义是不存在的。马克思也反对自然法学将事实与价值混为一谈，而主张事实与价值的对立统一，强调事实是价值的基础，而不是价值本身。

二、马克思对法律本质的实证主义理论的批判与继承

自休谟以后，实证主义和人文主义的分离对西方社会科学研究各学科都产生了深远影响，法学中实证主义一度也大行其道。实证主义法学早期代表是杰里米·边沁和约翰·奥斯丁，主要代表有哈特、凯尔森等。边沁出生的时代早于马克思，奥斯丁则是和马克思同时代的人。马克思对边沁和奥斯丁的理论非常熟悉，并对其进行了深刻的反思和批判。哈特和凯尔森是马克思之后的人，凯尔森对马克思的法学思想有深入研究，著有《共产主义的法律理论》。法律实证主义认为法律的本质是国家制定的社会规范，与道德价值无关，不管它是不是正义的、是不是善的，只要是国家制定的规范就是法律，社会成员就有义务遵守，即使是恶的也要遵守，即“恶法亦法”。因此，法学研究要把法律作为一种客观对象进行研究，应该科学化，应该明确区分法律是什么和法律应该是什么。法学研究只关注法律是什么，不涉及法律应该是什么，所以要排除所有价值判断。法学研究只研究现有法律，不研究它是否符合道德标准。法律实证主义认为法律具有权威性，这种权威性不是来自其符合道德标准，而是由于它是国家统治者的命令，这种命令作为社会规则，在社会生活中贯彻即得到社会成员的遵从，可以维护社会秩序。

① 《马克思恩格斯全集》第1卷，北京：人民出版社，1995年，第244页。

法律实证主义思想对马克思的法律思想也产生了很大影响。马克思也主张法律是统治阶级意志的体现，法律应该反映社会现实，立法者是发现法律，而不是发明法律，把握社会法律现象不能只是进行简单的道德评价，简单判定法律优劣善恶，而是要科学地认识法律形成背后的社会原因。马克思说："立法者应该把自己看作一个自然科学家。他不是在创造法律，不是在发明法律，而仅仅是在表述法律，他用有意识的实在法把精神关系的内在规律表现出来。如果一个立法者用自己的臆想来代替事情的本质，那么人们就应该责备他极端任性。"[①]科学性是历史唯物主义法学的鲜明特性。

但是，马克思法律本质思想与法律实证主义有着根本区别。马克思批评法学家奥斯丁说："所有这些都是幼稚可笑的扯淡：拥有强制力量的人就是最高权力；实质法就是统治者对其臣民下的命令；他这样把责任加到臣民身上，于是就成了义务，并以不服从命令将加以惩罚相威吓；权利是统治者授予某些社会成员惩罚违犯社会义务的社会成员的权力，——所有这些都是幼稚可笑的话，就连霍布斯本人也未必能从他那赤裸裸的权力暴力论中发掘出更多的东西来；梅恩把约翰·奥斯丁当作教条认真宣讲的东西称为分析法学家所遵循的'程序'，这种程序与数学、政治经济学所遵循的极为相似，而且是'严格科学的'！这一切涉及的只是形式方面，这个方面对一个法学家说来自然到处都是重要的。"[②]实证主义法学的哲学基础是实证主义分析哲学，实证主义分析哲学在事实与价值之间设置了不可逾越的鸿沟，其强调法学的科学化和去价值化，因此关注的更多只是法律的外在形式，而忽略了实质内容。马克思法律本质思想的哲学基础是劳动哲学，强调事实与价值的对立统一，认可事实与价值的差别，同时，强调事实与价值的统一性。在法哲学上，马克思既强调法学的科学化，也强调法学的价值属性。在法律本质问题上，马克思强调法律作为统治阶级意志的体现，是阶级社会的现实，却不应该是法律应有的状态。马克思主义就是要改变法律作为统治阶级意志的现实，以此实现无产阶级乃至全人类的解放。

第四节　从劳动哲学看当今中国法律本质问题的争论

马克思建构在劳动哲学基础上的法哲学为我们提供了系统的法律本

---

① 《马克思恩格斯全集》第1卷，北京：人民出版社，1995年，第347页。

② 《马克思恩格斯全集》第45卷，北京：人民出版社，1985年，第649页。

质理论，它是中国特色社会主义法学研究与中国特色社会主义法治建设的指导思想。但是，由于长期受苏联哲学家的影响，我国法学在法律本质理论研究中存在一系列认识的混乱。我国法学研究一直将法律作为一种客观存在，“法律作为客观事物的一种，始终处于不断的发展变化之中，那么它的本质也应该随着法律的发展变化而变化”①，而没有坚持马克思劳动哲学在主体与客体相互作用的社会实践中把握世界的哲学方法论。对法律的认识也是更多从事实认识角度出发，没有真正贯彻马克思劳动哲学的事实与价值相统一的思维原则。由于没有真正坚持马克思哲学的劳动本体论和劳动辩证法，统治阶级意志论的法律本质理论在马克思主义法理学中一直占据主导地位。1978 年以后，为了适应经济体制改革和社会法治建设的急迫需求，我国法律制度建设借鉴了西方诸多法条。与此同时，在法学理论研究中，西方多种法律本质理论也粉墨登场，开始质疑和批评阶级意志论的法律本质理论。接下来我们从马克思劳动哲学出发，对当前我国法学界关于法律本质理论代表性的观点进行理论得失的分析。

一、法律本质的统治阶级意志论

法律本质的统治阶级意志论，是新中国成立近 30 年内法学界关于法律本质占主导地位的理论观点。究其原因是新中国刚成立时，法学研究深受苏联法学影响。改革开放以后，法律本质的统治阶级意志论不能完全适应市场经济体制改革的需要，法学界开启了关于法律本质的全面讨论。尽管学界对法律本质的统治阶级意志论批评很多，但到目前为止，它仍然是占据主流意识形态的法律本质理论。在部分教科书中它仍然是核心观点，如陈守一等主编的《法学基础理论》、沈宗灵主编的《法理学》等。很多知名学者在自己的学术著作中亦坚持这种理论，如李步云、高全喜在其主编的《马克思主义法学原理》中说：“什么是法？它区别于其他社会现象的质的规定性在哪里？这是法理学首先应当回答的问题。马克思主义的法学观认为，法是体现统治阶级意志的社会规范。法是统治阶级的整体意志，而不是个别统治者的意志，或统治者个人意志的简单相加。不是统治阶级意志的全部，而仅仅是上升为国家意志的那部分意志。法是由国家强制力保障实施的社会规范。法律规范区别于道德规范、宗教规范、纪律规范等其他社会规范的首要之处在于，它是由国家制定或认可的并由国家强制力保障实施的社会规范体系。法是受社会物质生活条件决定的社会规范。物

① 杨显滨：《论当代中国法律本质的应然归属》，《法学论坛》2014 年第 1 期，第 64 页。

质资料的生产方式是决定社会面貌、性质和发展的根本因素，也是决定法律本质、内容和发展方向的根本因素。”[①]这段话有三层主要含义：首先，法是体现统治阶级意志的社会规范，法律规范体现着统治阶级的整体阶级意识；其次，法律规范不同于其他社会规范的关键在于法律由国家制定、由国家强制力保障实施；最后，法是受社会物质生活条件决定的社会规范。

从理论上来说，强调法律本质的阶级性和工具性，在马克思的文本中我们可以找到诸多条论据。对此我们在本章第二部分研究中已经论及，同时我们在本章第二部分中也已经明确，这不是对马克思法律本质理论全面和准确的解读。马克思在劳动哲学视阈中，强调在法律阶级性与法律全民性的统一中把握法律本质，在阶级社会中法律作为统治阶级意志的体现是社会现实，并不是法律的应是，法律的全民性是法律的应是，但在现实中却往往很少体现，并难以落实。

从中国社会主义法治建设实践来说，社会主义是共产主义的初级阶段，此时社会法治建设还带有私有制社会的残余。用马克思的话来说，社会主义的权利还包括资产阶级法权，中国社会主义是社会主义的初级阶段，它不是建立在发达资本主义基础上，而是建构在半封建半殖民地的基础上，社会法治建设要保留更多阶级性。但是，社会主义法律作为统治阶级意志和阶级统治工具，不再是剥削阶级意志的体现，而是劳动人民意志的体现；不再是剥削阶级压迫劳动人民的工具，而是人民当家作主的方式，社会主义实行人民民主专政。同时，我们也应该认识到，社会主义制度的建立为法律的全民性提供了经济和政治基础。突出法律本质的阶级性而忽视全民性，在社会主义法治建设中产生了消极影响，不仅没有推进法治进程，反而使法律的地位和作用不能得到真正保证。这是改革开放以后，我国法学家反思、质疑乃至反对这种法律本质理论的重要原因。

二、法律本质的社会论

法律本质的社会论认为法律本质属性是社会性。法律是调节人与人之间相互关系的行为规范。法律是社会矛盾发展变化的产物，是物质关系的产物，不是阶级斗争的产物。法律不是阶级社会特有的社会现象，未来社会仍然需要法律作为社会关系的调节器，所以也不能断言法律的消亡。作为社会意识，法律是由社会经济基础决定的，而不是由占统治地位的阶级决定的，不是统治阶级意志的体现。即使在阶级社会，统治阶级会利用法

---

① 李步云、高全喜：《马克思主义法学原理》，北京：社会科学文献出版社，2014 年，第 1 页。

律巩固自己的统治地位，但是法律的社会公共职能也具有很重要的作用。在阶级社会中，法律规范也只有部分具有阶级性，并非所有规范都具有阶级性。有的学者甚至认为即使资本主义法律制度有阶级性，社会性也是其本质属性，“尽管西方也有阶级社会，法律也常常被用做御用工具来欺压民众，但是法律本身追求公平与正义的理念没有变过，并且随着商品经济的发达、社会的进步，这种理念越来越深入人心，直至成为民众反对民权、限制王权、实行民主的强大武器”[①]。也就是说，他们认为法律自古以来就是实现社会公平正义的机制，“公平正义的特质与法律的诸多属性在本质上具有相同的特质，体现了法律的价值追求和本质特征，从而决定了其作为法律本质的价值归属”[②]。他们认为社会主义社会中，阶级性不再是法律的本质属性，全民性才是法律的本质属性，而社会公共职能是法律的根本职能。随着社会经济和政治的进步，法律制度的阶级性将逐渐削弱，以至于完全消失。

法律本质的社会论主要是针对法律的统治阶级意志论提出的，其实质看似突出法律的社会公共职能，但实际是突出法律的全民性，即法律不是阶级统治的工具，是服务于全体公民的。实际上，法律的社会性应该是相对于个体性而言的，在法律文化中，是把法律作为维护社会成员个体权利的方式，还是作为维护社会和谐稳定的机制，是法律本质的另一个侧面，我们前文已经论述过。改革开放以后，中国法学强调法律的社会公共职能，这是市场经济体制改革的产物，对于中国市场经济体制改革也起到了推动作用。现在，我们反思改革开放 40 多年的经验，对这种理论的历史贡献不可否认。

同样不可否认的是，这种理论显然是受西方资产阶级法学法律永恒正义论影响产生的。社会主义社会制度的建立为法律阶级性的削弱、社会公共职能的加强奠定了经济基础。但是，必须强调的是，社会主义社会法律的人民民主专政性质，法律是劳动人民意志的体现，要以维护劳动人民的利益作为根本价值导向。“要把党的领导贯彻到依法治国全过程和各方面，坚持党的领导、人民当家作主、依法治国有机统一。”[③]这不是一个单纯的法律观念问题，它的性质是由社会物质生产方式决定的。我国现在实行的公有制为主体、多种所有制经济共同发展的经济制度，社会财富分配以按劳分配为主体、多种分配方式并存。在这样的社会经济基础上，社会成员的根本利益基本是一致的。

---

① 白向永：《关于“法律本质”概念的中西方比较》，《华商》2008 年第 15 期，第 68 页。

② 杨显滨：《论当代中国法律本质的应然归属》，《法学论坛》2014 年第 1 期，第 68 页。

③ 习近平：《习近平谈治国理政》第 2 卷，北京：外文出版社，2017 年，第 114 页。

三、法条主义的法律本质观念

法条主义是我国改革开放以后法学研究的一种倾向，它确实不是一种系统的法律本质理论，但是法条主义者的做法，却体现出他们对法律本质的相关认识。法条主义者关注的既有法律条文中的具体概念、具体规定和具体制度，认为能够通过严谨的分析发现一种逻辑结构和方案，再依据这种逻辑结构和方案解释各种法律规则和制度之间的逻辑关系，并将与其不一致的规则和制度废除，使法律成为高效的协调社会关系的手段。

在这种法学研究倾向中，我们可以看到西方分析实证主义法学否定法学形而上学研究的重要性影响。虽然他们不注重法律本质问题的研究，但是这不意味着法律本质问题在他们这里是没有意义的。显然，他们与实证主义法学一样，是把法律的本质理解为立法者已经确立的既定存在，对法条的分析不是穷究其价值取向，而只是对其进行语言逻辑分析。

法条主义的这种法学分析实证主义倾向对中国法治建设既有积极影响，也有消极影响。它注重法律规范建设对中国法律制度的健全完善所具有的积极贡献,使中国特色社会主义市场经济建设从无法可依到有法可依；法律技术的改进以及实证主义的思维方式对中国实际法律工作者和法学学者科学化思维的形成和发展也发挥了促进作用。在实际的法治建设中，实证主义的弊端也很明显。中国特色社会主义法治建设必须具有明确的理论导向，必须形成具有中国特色和时代特色的法律本质理论，否则就不能保证中国特色社会主义法治的正确方向。社会法治建设不是有法可依就够了，而是必须明确要建设中国特色社会主义法治体系，这与如何理解法律本质密切相关。

四、权利本位论的法律本质理论

法律是协调稳定社会关系的机制，还是社会成员个人维护自己权利的手段，自古以来就是法学家关注的核心问题。中国古代文化总体上是在整体主义价值观的主导下,将法律的社会关系协调功能作为法律的本质属性,而西方社会在个人主义价值观的主导下，更注重法律作为社会成员个人权益自我保证的性质。新中国成立后，法律本质的统治阶级意志论的流行与中国数千年法律文化传统密切相关。

权利本位论认为法律就其本质而言是社会成员保障个人自我利益的手段，现代法学的基础范畴就是权利。权利本位论认为把握法律本质应该从市场经济本质、规律与要求出发，要从当代西方人文社会科学思想的角度，确证现代法律的精神的基础上，强调社会主义法律的精神是社会主义自由。

自给自足的自然经济和社会主义计划经济是整体主义和集体主义价值观形成的社会经济基础。市场经济发展需要对个人自我利益的充分尊重，建构在中国特色社会主义市场经济基础上的法治建设需要对个人自我利益的重新认识。权利本位主义的法律本质理论是适应中国特色社会主义市场经济改革提出的，对推进市场经济体制改革，建构中国特色社会主义法治文化都发挥了积极促进作用。

权利本位论的法律本质理论在研究和分析问题的时候，很大程度上是把西方的地方性知识，经由普遍主义的方式扩展为普适世界的问题；把西方社会现代化以后，学者抽象概括出来的现代性因素，倒因为果作为中国社会现代化的前提性条件；把市场经济、民主政治、理性文化以及与此相关的现代法律制度等西方现代法治的基本因素，理解为中国特色社会主义法治建设的构成要件；把中国传统法律文化视为中国社会向现代转型的基本障碍。这些做法忽略了中国特色社会主义法治建设中中国传统文化的积极意义，也忽略了中国特色社会主义市场经济与西方资本主义市场经济的本质差别。法条主义和权利本位论都存在把西方的理论和观念以及理论预设在未经中国验证的情况下视作当然的问题，都脱离现实生活，缺失中国的时空维度。

法律不仅是社会成员维护自我权利的手段，也是维护社会和谐的机制。法律就其本质而言要在保障社会成员的个人权利和社会和谐之间寻求平衡，社会和谐稳定是底线性追求。也就是说，法律在保障社会良序的基础上，应该给予社会成员个体自我权利尽可能多的尊重和保护。法律对个人自我权利的保护与社会和谐稳定的结合不是一个抽象的理论问题，而是一个实践问题，社会成员个体自我利益不是绝对的，其实现取决于物质生产实践即劳动的发展水平。

五、法律本质多层次论

在法律本质讨论中，有的学者主张将多种观点折中，提出了法律本质多层次论。童之伟认为，其一，法律本质是阶级性与社会性的统一，认为马克思强调法律本质的阶级性，并不反对法律本质的社会性；其二，法律本质是阶级性与物质性的统一，法律作为协调社会关系的规范体系是法律的表现形式，而马克思强调的是法律作为规范体系是被社会物质生活条件决定的[①]；其三，法律本质是阶级性、国家性和社会物质生活条件的统一，法律是国家意志的体现，作为国家意志就是统治阶级的意志，没有超越国家和阶级的法律，统治阶级意志来自其社会物质生活。葛洪义主张，法的本质是国家与社会的对立统一，法的正式性、阶级性和社会性都是法的本质属性。[②]

马克思主义方法论的突出特色就是辩证法，在事物的矛盾对立统一中，对事物进行本质分析。法律本质多层次论在多种矛盾对立冲突中把握法律本质，体现了马克思主义辩证法精神，对法律本质的阐发相对全面。但是，运用辩证法对事物进行辩证分析，必须做到综合分析的是一对矛盾的两个方面。法律本质多层次论在谈统一的时候，有时涉及的不是对立面的统一。比如，阶级性与物质性的统一，阶级性是指法律的阶级立场，与问题相关的应该是不同阶级立场之间,或者阶级立场与超阶级立场的关系；物质性涉及的是法律的物质基础，相对应的是法律的精神性。马克思强调法律作为统治阶级意志，取决于其物质利益，而其物质利益取决于社会物质生产实践，阶级意志和阶级利益在这里总体上是一致的，但片面强调二者的统一性，不是对事物的辩证分析。再比如，法律的利益性与公正性二者的关系，也不是矛盾关系，法律的公正性体现在对相关者利益分割的公平合理上。

六、法律本质虚无论

法律本质虚无论认为法律没有确定的本质属性，法律的本质是人造出来的，是应该抛弃的，没有必要因为纠结于法律本质这样虚无缥缈的问题而烦恼。法律本质虚无论的产生不是空穴来风，其与不能正确坚持马克思哲学的劳动本体论直接相关。现象是事物性质的表现，而本质是事物的根本规定性，是各种性质中决定此物为此物且决定此物非他物的性质。劳动哲学强调在主客体的互动中，在社会实践特别是在物质生产实践中把握事物，在马克思的劳动哲学中没有社会实践之外的纯粹客观的事物。马克思说："非对象性的存在物是非存在物。"[③]对于事物的性质来说，哪一种性质是这个事物的根本规定性，不是一个纯粹客观的问题，而是一个社会实践的问题，一个主观与客观相统一的问题。在社会实践中，外在事物的

---

① 童之伟：《当代中国应当确立什么样的法本质观——法的本质研究之三》，《法学》1998 年第 12 期。

② 葛洪义：《法理学教程》，北京：中国法制出版社，2000 年。

③ 《马克思恩格斯文集》第 1 卷，北京：人民出版社，2009 年，第 210 页。

哪一种性质与人的实践发生主要联系，这种性质就是事物的根本规定性，就是事物的本质。法律本质虚无论者强调法律本质是人造的，以说明法律本质不是一个客观问题有一定道理。但是，法律本质问题不是一个虚无缥缈的问题，其存在是主观与客观的统一。法律本质问题确实是一个难以界定的问题，也是一个不可回避的问题。

法律本质虚无论者认为，统治阶级意志论的法律本质论是错误的，因为"集体意志是虚构的，个体意志之间总是矛盾的、冲突的，无法形成统一的集体意志"。[①]但是完全否定集体意志的存在是错误的，是典型的个人主义社会哲学观念。在一个集体中，个体意志之间总是有矛盾、相互冲突，这是正确的，但是这不意味着无法形成统一的集体意志，因为个体意志有差异也有共性，这种共性是集体意志形成的基础。卢梭所主张的法律应该代表公意，应该也是这个意思。

法律本质虚无论的提出也具有一定的现实意义。改革开放以后，统治阶级意志论的法律本质论不能完全适应改革开放的要求。法律本质虚无论的目的表面看起来是解构法律本质论，实际上是解构统治阶级意志论的法律本质论。这对于推进中国社会改革，特别是推进法学研究的改革也具有积极意义。

本章小结

马克思在创立劳动哲学实现人类哲学革命的基础上，将劳动哲学世界观和方法论用于分析社会法律现象，实现了人类法哲学革命，其根本表现就是提出了全新的法律本质理论。将原生态马克思法哲学思想中国化，在劳动哲学视阈中阐发马克思的法律本质理论，才能使其对中国特色社会主义法治建设进行准确指导。

① 法律文化研究中心：《法律的本质：一个虚构的神话》，《法学》1998年第1期。

第六章　马克思的法律功能论

法律功能就是法律具有的影响社会发展的性质。它是法哲学研究的主要问题之一，对它的认识直接影响人们对法律本质的认识。马克思基于劳动哲学的法哲学认为，把握法律功能要坚持事实与价值相统一的原则，既要充分认识法律在以往社会历史发展中产生的实际社会作用，也要认识到人们对法律功能的期许及在未来社会法治建设中可能产生的影响，既要把握法律对经济、政治等主要社会制度的作用，也要看到法律对道德、宗教等其他社会文化现象的影响。

第一节　马克思对法律社会功能的定位

法律在社会生活中的作用到底有多大？在维系社会生活的各种社会机制中，法律的作用大于道德、宗教，还是道德和宗教等社会机制的作用大于法律？不同的法学流派有不同的认识。在法律功能问题上存在两种极端观点，即法律虚无论和法律万能论。法律虚无论否定或者贬低法律在社会作用中的重要性，而法律万能论则强调法律可以调节一切社会关系，事无巨细，应该对所有事情都作出明确的法律规定。

在中国悠久的社会历史发展中，虽然一直存在所谓王道还是霸道之争，但是大多数学者都主张道德的作用大于法律，占主流地位的儒家思想也明确主张道德作用大于法律，王道学说的倡导者一直占据争论的主导方，德主刑辅是中国历朝历代治国的基本方略。孔子说："为政以德，譬如北辰，居其所而众星共之。"[①]又说："道之以政，齐之以刑，民免而无耻，道之以德，齐之以礼，有耻且格。"[②]

改革开放后，法律虚无论的声音逐渐微弱，但是法律万能论的思想开始产生并且影响越来越大。很多学者为了改善社会道德状况，主张把道德规范法规化，认为市场经济社会是法治社会，而不再是伦理社会，法律才是社会治理应该依赖的根本方式。

---

① 杨伯峻：《论语译注》，北京：中华书局，2009 年，第 11 页。

② 杨伯峻：《论语译注》，北京：中华书局，2009 年，第 12 页。

在西方思想发展史上，对法律和道德哪一个作用更大的问题，思想家们也有分歧。自古希腊开始，更多的学者主张社会秩序的协调主要靠法律。但柏拉图是个例外，他主张道德的作用更大，倡导贤人政治，认为国家的最高统治者是哲学家，其次是武士，再次是工商业者，如果三个社会阶层的人都能够使自己的行为符合其社会角色的道德要求，那么社会就能够和谐有序。与柏拉图不同，他的弟子亚里士多德就认为社会治理应该主要依靠法治，而不是人治。古罗马社会思想家们也都非常重视法律的作用，并极大地推进了法律文化的发展，罗马法为后来西方社会法律文化的发展奠定了良好基础。西方中世纪基督教文化占据社会主流意识形态，其他文化都成为基督教文化的“婢女”，法律当然也不例外。基督教神学强调法律是上帝为人类创造的，是人类应该遵守的社会秩序。近现代社会以后，法律再度成为西方社会治理的主要方式，法治文化日益发展完善。资产阶级法学家都认为，法律是立法者依据自然法或者理性原则制定的协调社会关系的行为规范体系，是所有社会成员应该遵守的契约。

马克思基于劳动哲学的法哲学认为，物质生产劳动实践是社会发展的最终决定力量，是整个社会的经济基础，政治、法律、道德、宗教与艺术都是这个经济基础之上的上层建筑，法律与其他社会意识一样都是被经济基础决定的。也就是说，在人类所有的社会实践行为中，物质生产劳动实践是第一社会实践，决定其他社会实践。马克思说：“思想、观念、意识的生产最初是直接与人们的物质活动，与人们的物质交往，与现实生活的语言交织在一起的。人们的想象、思维、精神交往在这里还是人们物质行动的直接产物。表现在某一民族的政治、法律、道德、宗教、形而上学等的语言中的精神生产也是这样。”[①]在马克思的劳动哲学体系中，物质生产劳动实践是第一性的，精神生产是第二性的，法律不是社会生活的决定性因素，相反，它是被物质生产劳动实践决定的。马克思认为以往一切哲学家，不论是唯物主义的还是唯心主义的，在社会历史领域都是唯心主义的，就是因为他们都没有从物质生产劳动实践出发认识社会现象。马克思、恩格斯在《德意志意识形态》中指出，青年黑格尔派哲学家将法律作为纯粹主观意志的产物，这是他们的错觉。马克思说：“因为国家是统治阶级的各个人借以实现其共同利益的形式，是该时代的整个市民社会获得集中表现的形式，所以可以得出结论：一切共同的规章都是以国家为中介的，都获得了政治形式。由此便产生了一种错觉，好像法律是以意志为基础的，

① 《马克思恩格斯文集》第1卷，北京：人民出版社，2009年，第524页。

而且是以脱离其现实基础的意志即自由意志为基础的。同样，法随后也被归结为法律。”①马克思从劳动哲学出发，强调“不是意识决定生活，而是生活决定意识”②。因此，马克思认为社会问题的根本解决是要依靠解除产生社会问题的原因。但这一原因位于社会物质生活领域中，社会根本问题的解决或者主要社会问题的解决都依靠物质生产劳动实践的发展，法律制度是与物质生产劳动实践的发展阶段相适应的。因此，根本社会问题的解决必须突破原有的经济、政治和法律的制度框架，不摧毁一个社会的法律制度，这个社会的根本性质就不会改变。在资本主义社会法律制度之下，无产阶级被剥削、被压迫的命运永远也不能得到真正的改变，只有推翻整个资本主义制度，建立无产阶级专政的社会，无产阶级才能真正翻身，当家做主人。

总之，马克思主张应该准确把握法律的社会地位和社会功能。他既反对法律虚无论也反对法律万能论。马克思认为法律不是社会生活的最终决定性力量，物质生产劳动实践才是社会生活的最终决定性力量，法律伴随物质生产劳动实践而发展变化，而且是社会生活决定法律，而不是法律决定社会生活。另外，马克思又认为法律在社会生活中发挥着主要的社会功能。与道德、宗教等其他社会调节方式相比，马克思认为法律对社会生活的作用更大。马克思认为空想社会主义思想家企图用道德的方式劝资本家良心发现，消灭私有制实现公有制，这是不切实际的幻想。在物质生产劳动实践的发展不能为使用暴力革命推翻资本主义制度提供足够的社会条件时，无产阶级应该把法律作为争取自己利益的工具。

第二节　马克思对法律功能表现形式的认识

对于法律功能的表现形式，不同的法学家有不同的认识。一般来说，法学家将法律功能分为规范功能和社会功能两大类型。所谓规范功能，总体而言是指法律影响社会成员个人思想行为的功能，具体包括：指引、评价、预测、教育和强制等。法律的指引功能是指法律可以为社会成员昭示可行或不可行的行为指向，法律授予社会成员的权利即社会成员的自由，法律禁止的则意味着社会成员没有相关的行动自由。法律的评价功能是指法律作为衡量社会成员行为正确与否，以及是否得到国家法律制度保护的

① 《马克思恩格斯文集》第1卷，北京：人民出版社，2009年，第584页。

② 《马克思恩格斯文集》第1卷，北京：人民出版社，2009年，第525页。

标准。法律的预测功能是指法律可以成为社会成员预判他人在特定社会情况下采取行动的依据。法律的教育功能是指法律可以为社会成员昭示行为的界限，通过法律的惩戒使社会成员认可法律蕴含的价值观念。法律的强制功能是指法律对非法行为的强行制止，以及对违法行为的强行惩戒。所谓社会功能，总体而言是指法律影响其他社会现象的功能，具体包括经济功能、政治功能以及文化功能。马克思法哲学作为无产阶级革命的法学理论主要探讨了法律的政治功能。恩格斯晚年进一步发展了马克思的法哲学思想，丰富了马克思的法律功能理论，还对法律的社会管理功能进行了阐发。

一、法律是阶级统治和压迫的工具

马克思认为法律既是统治阶级维护既得利益的工具，也是人民保障自我权利的手段；法律既具有强化统治阶级统治地位的政治功能，也具有保障社会和谐有序的社会功能。当然，马克思出于革命需要对法律作为阶级统治工具的功能进行了更深入全面的阐发，特别是深刻地批判了资产阶级法学家鼓吹的资本主义法律永恒正义的谎言，揭示了资本主义法律维护资产阶级利益的本质。马克思和恩格斯在《共产党宣言》中说："但是，你们既然用你们资产阶级关于自由、教育、法等等的观念来衡量废除资产阶级所有制的主张，那就请你们不要同我们争论了。你们的观念本身是资产阶级的生产关系和所有制关系的产物，正像你们的法不过是被奉为法律的你们这个阶级的意志一样，而这种意志的内容是由你们这个阶级的物质生活条件来决定的。你们的利己观念使你们把自己的生产关系和所有制关系从历史的、在生产过程中是暂时的关系变成永恒的自然规律和理性规律，这种利己观念是你们和一切灭亡了的统治阶级所共有的。"[①]

马克思对资本主义法律的功能进行了更深入的分析，强调在资本主义社会，无论是在事实上还是在法律上，无产阶级都是资产阶级的奴隶。马克思通过对英国对股份公司和一般贸易公司的法律规定给予了资产阶级各种各样法律特权的分析，说明资本主义的法律是在资产阶级操纵之下制定的。马克思还引证了一家报纸的统计数据来说明资产阶级操纵立法的事实："今天一家日报刊登了以下的议会统计数字：一共有 327 个选区。这 327 个选区受选举巨头控制的情况是：有 1 个选举巨头控制 9 个选区，有 4 个选举巨头各控制 8 个选区，有 1 个选举巨头控制 7 个选区，有 3 个选举巨头各控制 6 个选区，有 8 个选举巨头各控制 5 个选区，有 26 个选举巨头各

① 《马克思恩格斯文集》第 2 卷，北京：人民出版社，2009 年，第 48 页。

控制 4 个选区，有 29 个选举巨头各控制 3 个选区；结果 72 个选举巨头控制着 297 个选区。所谓‘独立的’选区仅仅有 30 个。下院总共有 654 名议员，其中 594 名议员是由 297 个受控制的选区选出来的。这 594 名议员中有 274 名不是贵族，就是贵族的直系亲属。”①

资产阶级认为资本主义社会的法律制度是神圣的，而关于资本主义法律的神圣性，恩格斯在《英国工人阶级状况》中说：“趁这个机会来谈谈在英国是怎样神圣地看待法律的。对资产者来说，法律当然是神圣的，因为法律是资产者本身的创造物，是经过他的同意并且是为了保护他和他的利益而颁布的。资产者懂得，即使个别的法律对他特别不利，但是整个立法毕竟是保护他的利益的，而最重要的是，法律的神圣性，由社会上一部分人积极地按自己的意志规定下来并由另一部分人消极地接受下来的秩序的不可侵犯性，是资产者的社会地位的最强有力的支柱。英国资产者把法律看做自己的化身，正如他把自己的上帝看做自己的化身一样，所以他认为法律是神圣的，所以警察手中的棍子（其实就是他自己手中的棍子）对于他具有极大的安抚力。而在工人看来当然就不是这样。工人有足够的体验，并且十分清楚地知道，法律对他来说是资产者给他准备的鞭子，因此，不是万不得已工人是不会诉诸法律的。”②马克思对恩格斯的《英国工人阶级状况》曾经给予了非常高的评价。

二、法律对统治阶级内部关系的协调作用

法律不仅要协调处理统治阶级与被统治阶级之间的关系，而且要协调处理统治阶级内部的关系，包括统治阶级整体与个人的关系以及统治阶级的各个集团之间的关系。马克思认为，“官员只有犯了违背等级制或犯了等级制认为不必要犯的罪行时，才会受到等级制的惩罚。但是，如果是等级制本身通过某个官员犯了罪行，那么它总是对这个官员百般庇护。此外，等级制不会轻易相信它的某些成员犯了罪”③。

马克思强调法律是统治阶级共同意志的体现，这意味着并非每一个统治阶级个人的意志都能够得到法律的认可。法律对统治阶级个人的犯罪行为往往采取惩罚和包庇两种态度，如果统治阶级个人的犯罪行为不会危及统治阶级的整体利益，那么他们的犯罪行为往往会得到法律的庇护，只有在他们的犯罪行为触犯统治阶级整体利益的时候，他们才会受到惩罚。统

① 《马克思恩格斯全集》第 14 卷，北京：人民出版社，2013 年，第 526 页。
② 《马克思恩格斯文集》第 1 卷，北京：人民出版社，2009 年，第 462 页。
③ 《马克思恩格斯全集》第 3 卷，北京：人民出版社，2002 年，第 67 页。

治阶级个人的利益与统治阶级的整体利益有共性也有差异，当统治阶级的个人利益与整体利益相矛盾的时候，个人就会产生修改法律的愿望；当他的愿望得不到统治阶级整体认可的时候，他就有可能违反法律。所以，法律不仅仅要对付被统治阶级，也要对付统治阶级内部的个别反对者，限制统治阶级个别人的过分行为。为了应对无产阶级的强烈反抗，资本主义法律也限制个别资本家过分贪婪和残酷的行为。

社会分工导致统治阶级中包含不同的社会利益集团，各个集团之间的利益也是对立统一的。马克思认为封建贵族和资产阶级共同统治英国的时候，他们彼此之间也存在着利益冲突。当时，英国法律保障了贵族对行政权的垄断，也保障了资产阶级对立法权的垄断，这导致了贵族领导的政府周期性破坏法律，而资产阶级不得不通过立法不断限制政府的绝对权力。马克思认为资产阶级由很多利益集团组成，可以分为金融资产阶级和工业资产阶级，也可以分为大资产阶级、中资产阶级和小资产阶级，资产阶级的不同利益集团之间存在共同利益，也存在着利益分歧，无论是利益的共性还是分歧都会影响立法和司法。

三、法律也是人民争取自由的手段

（一）人民法律自由的界限

马克思认为法律对社会成员个体的权利划定界限，不仅是对人民自由的限制，也是对人民自由的认可。马克思通过新闻出版法和新闻自由的关系，说明了法律和人民自由的关系，他说："新闻出版法就是对新闻出版自由在法律上的认可。它是法，因为它是自由的肯定存在。所以，甚至当它完全没有被采用的时候，例如在北美，它也必须存在，而书报检查制度正如奴隶制一样，即使它千百次地作为法律而存在，也永远不能成为合法的。"[①]马克思在《论犹太人问题》中说："自由是可以做和可以从事任何不损害他人的事情的权利。每个人能够不损害他人而进行活动的界限是由法律规定的，正像两块田地之间的界限是由界桩确定的一样。"[②]

（二）人民获取法律自由的前提

在现实社会的法治建设中，应该正确处理法律科学性和人文性的辩证关系，只有当法律达到像科学那样反映事物的客观本质，同时又能够全面表达人民的意志的时候，法律的积极的社会功能才能正常发挥。马克思说：

① 《马克思恩格斯全集》第1卷，北京：人民出版社，1995年，第176页。
② 《马克思恩格斯文集》第1卷，北京：人民出版社，2009年，第40页。

"当然，只有当法律是人民意志的自觉表现，因而是同人民的意志一起产生并由人民的意志所创立的时候，才会有确实的把握，正确而毫无成见地确定某种伦理关系的存在已不再符合其本质的那些条件，做到既符合科学所达到的水平，又符合社会上已形成的观点。"[①]当法律的事实性和人文性缺失的时候，法律与人民的意志相违背，这个时候法律就不是人民自由的肯定，而是人民自由的否定，人们不愿意遵守这样的法律，即使遵守也是被迫的，不是发自内心的。

（三）人民获取法律自由的曲折过程

马克思认为人类法律文明产生和发展的历史，就是人的价值不断提高的历史，因而也是作为社会主体的人的自由日益发展的过程。人类在原始社会中，物质生产劳动水平低下，人在自然中获取的物质生活资料极度匮乏，在自然面前没有选择的自由，导致在社会生活中也没有选择的自由，只能采取依靠共同体共存的方式。在原始共同体中，人与人之间的平等是以牺牲个体的自由为前提的，生命个体没有自由选择权，人只能在血缘依附关系中谋求生存，所以马克思把这个时期称为人的相互依赖的时期。马克思说："在发展的早期阶段，单个人显得比较全面，那正是因为他还没有造成自己丰富的关系，并且还没有使这种关系作为独立于他自身之外的社会权力和社会关系同他自己相对立"[②]，"在这里，无论个人还是社会，都不能想象会有自由而充分的发展"[③]。伴随物质生产劳动水平的提高，特别是剩余产品的产生，人开始有了选择自由，社会需要法律肯定这种自由，这是法律自由的诞生，同时也是对人的法律自由的限制。法律自由的核心就是权利，主要是私有财产占有的权利，特别是物质生产资料占有的权利。当然这种权利不是所有人都具有的，而是只有物质生产资料所有者才具有，是少数人的自由。到资本主义社会，物质生产劳动水平大幅度提高，物质生产劳动者获得的自由也越来越多，无产阶级尽管还是没有物质生产资料所有权，但是法律开始保障他们的政治自由。当然，资本主义社会中劳动者的自由还是抽象的、形式的，而且没有经济自由为基础的自由，在社会生活中不能真正实现。物质生产资料所有权是享有自由，享有其他社会权利的基础。

---

① 《马克思恩格斯全集》第1卷，北京：人民出版社，1995年，第349页。

② 《马克思恩格斯文集》第8卷，北京：人民出版社，2009年，第56页。

③ 《马克思恩格斯文集》第8卷，北京：人民出版社，2009年，第136页。

四、法律是阶级斗争的手段

在阶级社会中，统治阶级利用法律巩固阶级地位，被统治阶级也可以利用法律作为争取自己权利的手段。因此，现代社会中围绕立法各阶级之间必然展开激烈的阶级斗争。

马克思和恩格斯研究了工人阶级利用法律同资产阶级斗争的历史。在英国，封建贵族曾经借助工人阶级反对资产阶级，资产阶级也曾利用工人阶级反对贵族，因此，工人阶级也曾利用封建贵族和资产阶级的矛盾，为自己争取法律权利。马克思充分肯定英国工人阶级的斗争策略和阶级自觉性，强调如果封建残余势力尚存，工人阶级首先应该联合资产阶级反抗封建势力。工人阶级与资产阶级的斗争，在资产阶级真正掌握政权以后才真正开始。恩格斯认为工人阶级反对资产阶级有一个发展变化的过程。最初工人阶级运用砸碎机器、捣毁工厂等违法方式反对资产阶级压迫；后来，他们才开始组织秘密工会和罢工，争取只有贵族和资产阶级才享有的结社自由。1824 年，工人迫使议会废除了禁止工人阶级结社的法律规定。马克思和恩格斯认为，关于 10 小时工作日法案的斗争，是工人阶级利用法律武器与资产阶级进行阶级斗争的杰出事例。恩格斯说："为规定工作日而进行的斗争，从自由工人在历史上最初出现的时候起，一直延续到现在。在各种不同的行业中，流行着各种不同的传统的工作日；可是实际上这样的工作日很少得到遵守。只有在那些由法律规定工作日，并且其遵守受到监督的地方，才能够说，在那儿，存在着正常的工作日。但是直到现在，几乎只有在英国的工厂区才是这种情况。在这里为一切妇女和 13 岁至 18 岁的男孩规定了 10 小时工作日（每星期前五天每天做工 10 小时半，星期六做工 7 小时半）。同时，因为男工没有女工童工就不能劳动，所以，他们的工作时间每天也就变为 10 小时了。英国的工厂工人获得这一法律，是由于多年的坚持，是由于与工厂主作过最激烈最坚决的斗争，是由于新闻出版自由、集会结社的权利，并且是由于巧妙地利用统治阶级内部的分裂。这个法律成了英国工人的保护者。"①

马克思和恩格斯肯定了无产阶级通过干预立法争取阶级利益，但是他们也强调，无产阶级希望通过法律从根本上改变自身命运是不可能的，过于依赖合法手段争取无产阶级的利益是舍本逐末，工人阶级地位的真正改变只有依赖无产阶级革命。

① 《马克思恩格斯文集》第 3 卷，北京：人民出版社，2009 年，第 85 页。

五、法律的社会管理功能

马克思主要阐发了法律的政治功能，晚年才关注到法律的经济功能和社会管理功能。马克思在《资本论》中强调，资本主义社会与以往的所有政府一样都具有社会管理功能，“因为在这里，生产过程同时就是资本家消费劳动力的过程。这完全同在专制国家中一样，在那里，政府的监督劳动和全面干涉包括两方面：既包括由一切社会的性质产生的各种公共事务的执行，又包括由政府同人民大众相对立而产生的各种特有的职能”①。法律是国家发挥这些功能的主要方式。

恩格斯在马克思思想的基础上进一步阐发了法律的社会管理功能。恩格斯认为物质生产劳动实践的进步，导致了劳动分工，脑力劳动和体力劳动的分工推进了社会阶级分化，形成了统治阶级和被统治阶级，被统治阶级成为体力劳动者，统治阶级主要“从事社会的公共事务——劳动管理、国家事务、法律事务、艺术、科学等等”②。恩格斯说：“政治统治到处都是以执行某种社会职能为基础，而且政治统治只有在它执行了它的这种社会职能时才能持续下去。不管在波斯和印度兴起和衰落的专制政府有多少，每一个专制政府都十分清楚地知道它们首先是河谷灌溉的总管，在那里，没有灌溉就不可能有农业。”③在近代英国，法律的社会管理功能得到了更充分的发挥。当时，英国法律在改善大城市工人街区的生活状况等方面做出了诸多努力，委任了调查工人阶级卫生状况的政府委员会，对工人阶级的卫生状况做了全面调查，为立法提供了精确、完备、公正的资料。

第三节　法律对社会经济发展的影响

我国马克思法哲学研究基于以往苏联哲学家对马克思主义哲学的理解，将马克思的唯物史观作为物质本体论在社会领域中的贯彻，而不是从物质生产劳动实践出发去把握社会历史现象，认为社会存在决定社会意识是物质决定意识在社会生活中的体现，所以没有充分认识到马克思实践的唯物主义超越以往机械唯物主义的哲学革命的价值，没有认识到物质决定

① 《马克思恩格斯文集》第7卷，北京：人民出版社，2009年，第431—432页。

② 〔德〕恩格斯：《反杜林论》，中共中央马克思恩格斯列宁斯大林著作编译局编译，北京：人民出版社，2018年，第193页。

③ 〔德〕恩格斯：《反杜林论》，中共中央马克思恩格斯列宁斯大林著作编译局编译，北京：人民出版社，2018年，第190—191页。

意识是客观决定主观，而社会存在决定社会意识是物质生产决定精神生产，是主体的一种社会实践决定另一种社会实践。在主体的社会实践中，哪一种社会实践占据主导地位，是一个具体的社会实际生活的问题，而不是一个抽象的理论问题。马克思说："人本身是他自己的物质生产的基础，也是他进行的其他各种生产的基础。因此，所有对人这个生产主体发生影响的情况，都会在或大或小的程度上改变人的一切职能和活动，从而也会改变人作为物质财富、商品的创造者所执行的各种职能和活动。在这个意义上，确实可以证明，所有的人的关系和职能，不管它们以什么形式和在什么地方表现出来，都会影响物质生产，并对物质生产发生或多或少是决定的作用。"[①]也就是说，马克思基于劳动哲学的法哲学认为，物质生产劳动实践决定法律实践，唯物史观要求从社会物质生活出发去认识法律，而不是用法律去解释社会物质生活。马克思认为物质生产劳动实践与法律实践的关系不是物质和精神的关系，而是人的物质生产劳动实践与精神生产劳动实践之间的关系。人的所有实践都是主体与客体的对立统一、主动与受动的对立统一，也就是说法律以及所有的社会精神生产实践是完全受动的、被动的、被决定的，同时，法律等社会精神生产实践具有决定性作用。

一、法律确立物质生产资料所有制形式

马克思的劳动哲学从物质生产劳动实践出发来认识世界，认为在社会历史发展中，谁掌握了劳动生产资料，就掌握了劳动过程的主动权，在社会生活中就成为统治阶级。因此，马克思把物质生产资料所有制形式作为区分社会历史发展阶段的主要因素。统治阶级首先是用暴力的形式占有了物质生产资料，然后通过国家和法律把这种对生产资料的所有权合法化。也就是说，物质生产劳动实践发展的特定状态决定那个社会的生产关系，统治阶级利用国家机器将生产关系合法化，使生产关系体现为财产关系、法权关系。因此，奴隶社会奴隶主对生产资料的占有，封建社会地主阶级对生产资料的占有，以及资本主义社会资产阶级对物质生产资料的占有，都是以当时社会合法化的形式实现的，法律是维护统治阶级对物质生产资料的占有权的根本手段。马克思说："社会上占统治地位的那部分人的利益，总是要把现状作为法律加以神圣化，并且要把现状的由习惯和传统造成的各种限制，用法律固定下来。撇开其他一切情况不说，只要现状的基础即作为现状的基础的关系的不断再生产，随着时间的推移，取得了有规

① 《马克思恩格斯全集》第33卷，北京：人民出版社，2004年，第350页。

则的和有秩序的形式，这种情况就会自然产生；并且，这种规则和秩序本身，对任何取得社会固定性和不以单纯偶然性与任意性为转移的社会独立性的生产方式来说，都是一个必不可少的要素。这种规则和秩序，正好是一种生产方式的社会固定的形式，因而是它相对地摆脱了单纯偶然性和单纯任意性的形式。在生产过程以及与之相适应的社会关系的停滞状态中，一种生产方式所以能取得这个形式，只是由于它本身的反复的再生产。如果这种再生产持续一个时期，那么，它就会作为习惯和传统固定下来，最后被作为明文的法律加以神圣化。”①物质生产资料所有制是保证统治阶级利益的最根本的社会制度。在社会生活中，统治阶级为了维护社会生活的稳定，很多时候也不得不做出让利的行为，但是统治阶级绝对不会允许被统治阶级危及社会物质生产资料所有制。统治阶级会利用警察，以及法庭、监狱等法律设施，维护物质生产资料所有制的绝对安全，镇压一切危及物质生产资料所有制安全的行为。马克思和恩格斯说：“过去一切阶级在争得统治之后，总是使整个社会服从于它们发财致富的条件，企图以此来巩固它们已经获得的生活地位。”②

二、法律固化社会财富分配方式

社会财富分配制度以生产资料所有制为基础，物质生产资料所有者的利益通过社会财富分配制度得以保证和实现。因此，阶级社会中各个统治阶级都会将社会物质财富分配方式纳入法律制度，以国家机器确保社会物质财富的分配格局。也就是说，不论统治者如何仁慈、不论国家福利制度如何健全，基于物质生产资料私有制的社会物质财富分配格局，是由国家统治者利用法律制度确立的。奴隶社会一切物质生产资料归属于奴隶主，包括奴隶。奴隶主占有奴隶的一切劳动成果，一切物质财富都归属于奴隶主。封建社会主要的物质财富分配方式是地租，没有土地的农民租种地主的土地，他们将劳动成果的大多数作为地租交给地主。当然，也有一些小自耕农拥有少量土地，自给自足。资本主义社会的物质财富分配方式是利润、工资和地租。每一个社会历史时期的法律制度，都以维护当时统治阶级的根本利益为价值追求，因此奴隶社会的法律要保证奴隶主对奴隶的绝对统治，封建社会的法律要保证地主能够获得地租，资本主义社会的法律也以保护利润为根本追求。马克思说：“从前法国种植葡萄的人要求颁布

---

① 《马克思恩格斯文集》第 7 卷，北京：人民出版社，2009 年，第 896—897 页。

② 《马克思恩格斯文集》第 2 卷，北京：人民出版社，2009 年，第 42 页。

一条法律来禁止开辟新的葡萄园，这和荷兰人烧毁亚洲的香料和铲除摩鹿加群岛的丁香树如出一辙，他们就是想减少众多来提高交换价值。整个中世纪人们都奉行了这个原则，他们以法律规定，一个师傅只可以雇用多少帮工、使用多少工具。”①

社会主义的物质生产资料所有制和物质财富分配方式，同样需要法律制度维护。中国特色社会主义市场经济体制改革，是由国家启动的自上而下的改革，法律在社会经济秩序重构中的作用更加重要。1978 年我国实行改革开放以后，虽然宪法中长期规定的还是计划经济体制，但实际上进行了以市场导向为基础的改革。不过，由于法律制度没有明确，所以改革初期障碍重重。1993 年 3 月 29 日，第八届全国人民代表大会第一次会议通过宪法修正案，明确规定中国实行社会主义市场经济，改革开放的步伐才逐渐加快。在中国特色社会主义建设中，法律的主要功能就是表现在维护中国特色社会主义经济制度，确认各种市场主体的法律地位，规定各种经济成分在社会物质财富分配中应该具有的利益所得，在促使一部分人先富起来的基础上，实现社会共同富裕。同时，中国特色社会主义市场经济不同于资本主义完全自由放任的市场经济，既强调要充分发挥市场经济的资源配置作用，也强调政府通过法律制度建构和贯彻执行对经济发展的宏观调控。

三、法律维护市场经济中劳动生产和交换的秩序

和谐稳定的社会秩序是一切经济运作得以进行的前提条件，这种社会秩序不仅包括由物质生产资料所有制决定的社会利益分配的总体格局，也包括社会成员在市场经济运作中所产生的生产劳动关系和交换关系。马克思说：在资本主义生产方式中，“完全同在专制国家中一样，在那里，政府的监督劳动和全面干涉包括两方面：既包括由一切社会的性质产生的各种公共事务的执行，又包括由政府同人民大众相对立而产生的各种特有的职能”②。不论是这两种关系中的哪一种都必须由法律制度协调。

在以农耕为主要物质生产方式和自给自足的物质交往方式的社会中，社会呈现出“家国同构”的状态，社会成员日常的人际交往主要发生在有血缘亲情的人之间。人们之间即便没有血缘亲情，也会日久生情。在亲情社会、熟人社会中，因为自给自足人们交往中的利益冲突少，有利益冲突的交往也主要发生在亲情关系中，彼此可以不过于计较利害得失。熟人社

---

① 《马克思恩格斯全集》第 4 卷，北京：人民出版社，1958 年，第 83 页。

② 《马克思恩格斯文集》第 7 卷，北京：人民出版社，2009 年，第 431—432 页。

会交往的反复性也为人们利益的相互补偿提供了不可计数的机会，没有必要计较一次交往的公正与否，更不用凡事都要国家用强力方式贯彻某种规范，社会舆论、风俗习惯是维系社会关系和谐稳定更有效的方式，这是伦理型社会的特色。

市场经济冲破以血缘共同体为基本模式的社会生存状态，社会进入生人社会、公共社会。市场经济的发展扯下了自然经济社会人际关系的温情面纱，增加了人与人之间利益冲突的程度和频率。马克思说："资产阶级在它已经取得了统治的地方把一切封建的、宗法的和田园诗般的关系都破坏了。它无情地斩断了把人们束缚于天然尊长的形形色色的封建羁绊，它使人和人之间除了赤裸裸的利害关系，除了冷酷无情的'现金交易'，就再也没有任何别的联系了。它把宗教虔诚、骑士热忱、小市民伤感这些情感的神圣发作，淹没在利己主义打算的冰水之中"，"资产阶级撕下了罩在家庭关系上的温情脉脉的面纱，把这种关系变成了纯粹的金钱关系"[①]。生人交往本没有温情可言，交往者的交往目的就是追求自我利益，同时交往者也不可能寄希望于"礼尚往来"来实现利益均衡，交往的频繁和利益冲突的加剧，也意味着难以依靠人情面子、社会舆论和风俗习惯实现人际关系的和谐有序，社会生活要求有一个客观的、社会共同认可的、公正的规范体系，并有社会机制能够强迫所有人贯彻执行。市场经济社会必然是法治社会。

在现代法治社会中，双方在合作之前会签订合同，合同对双方合作各环节的权利和义务都有明确规定。在市场交换中，买卖双方在交易过程中，也会签订交易合同，合同中也会对交易双方在交易各环节中的权利和义务做出明确规定，国家对经济契约中规定的相关者的合法权利都会给予法律保护。因此，虽然法律不能够改变经济规律，但是能够加强社会法治建设，可以为经济发展创造和谐有序的社会环境，促进社会经济发展。马克思说："一个社会即使探索到了本身运动的自然规律——本书的最终目的就是揭示现代社会的经济运动规律——，它还是既不能跳过也不能用法令取消自然的发展阶段。但是它能缩短和减轻分娩的痛苦。"[②]

四、法律影响经济的有限性

马克思认为法律对经济发展有重要影响，但是要准确评价这种影响，

---

① 《马克思恩格斯文集》第2卷，北京：人民出版社，2009年，第33—34页。

② 《马克思恩格斯文集》第5卷，北京：人民出版社，2009年，第9—10页。

不能过分夸大法律的作用。在评论英国谷物法的立废时，马克思强调谷物法的废除在某种程度上扩大了英国的国外市场，影响了美国和俄国的自由贸易，但是在美国和俄国产生的作用却非常不同，因此“不能对此赋予太大的意义”。

另外，法律对经济的影响，无论表现在哪个方面，性质都有可能是不同的，既可能是积极的，也可能是消极的。当生产关系适应生产力、上层建筑适应经济基础的时候，法律对经济的影响主要是积极的；当生产关系不适应生产力、上层建筑不适应经济基础的时候，法律对经济的影响往往是消极的。恩格斯说：“国家权力对于经济发展的反作用可以有三种：它可以沿着同一方向起作用，在这种情况下就会发展得比较快；它可以沿着相反方向起作用，在这种情况下，像现在每个大民族的情况那样，它经过一定的时期都要崩溃；或者是它可以阻止经济发展沿着某些方向走，而给它规定另外的方向——这种情况归根到底还是归结为前两种情况中的一种。但是很明显，在第二和第三种情况下，政治权力会给经济发展带来巨大的损害，并造成大量人力和物力的浪费。”①

第四节　法律对社会政治发展的影响

法律的政治功能是指国家统治者用法治的方式，协调政治关系、规范政治行为，进而改进社会政治生活。在各种社会意识现象中，政治和法律的关系最为密切，彼此影响最大。法律在社会生活中可以协调政治关系，规范政治行动，促进政治发展。

一、法律是维护国家政治制度性质的根本手段

在阶级社会中，政治和法律的性质都取决于特定的经济基础。所谓政治是国家协调处理阶级与阶级、集团与集团、民族与民族以及国家与国家之间等主要社会关系的方式，确定每个社会成员根本利益所得，是社会生活的核心。法律是国家统治阶级意志的体现，是统治阶级维护统治地位的主要方式。国家政治制度的性质决定各社会阶层的利益。在各种政治形式中，统治者都会用法律的方式明确表示国家政治制度的性质。宪法是一个国家的根本制度，是国家一切法律的依据，宪法的首要功能就是明确规定一个国家政治制度的性质。

---

① 《马克思恩格斯文集》第10卷，北京：人民出版社，2009年，第597页。

二、法律确立统治阶级的统治地位

政治关系是以社会经济为基础的社会权力分配关系，其核心是权力关系，包括统治阶级和被统治阶级的关系、执政党和在野党之间的关系、政党和社会公共权力的关系、中央权力和地方权力的关系、民族与民族的关系，以及立法权、行政权、司法权和军事权之间的关系，等等。统治阶级和被统治阶级的关系是政治关系的核心，执政党是统治阶级的政治代言人，国家的立法权、行政权、司法权和军事权都掌握在统治阶级手中，主要的社会政治关系都需要国家用法律方式来协调，统治阶级通过立法的方式来确定自己的合法地位。恩格斯说："官吏既然掌握着公共权力和征税权，他们就作为社会机关而凌驾于社会之上。"[①]

三、法律对统治阶级的约束和限制

法律是统治阶级意志的体现，因此，在阶级社会中，法律总是以维护统治阶级的利益为根本价值追求。统治者也会把法律作为维护自己统治地位的根本方式，但是法律制度一旦形成，也会对统治者形成一定的约束，马克思和恩格斯说："因为国家是统治阶级的各个人借以实现其共同利益的形式，是该时代的整个市民社会获得集中表现的形式，所以可以得出结论：一切共同的规章都是以国家为中介的，都获得了政治形式。由此便产生了一种错觉，好像法律是以意志为基础的，而且是以脱离其现实基础的意志即自由意志为基础的。同样，法随后也被归结为法律。"[②]也就是说，法律不是某个统治者个人意志的体现，而是统治阶级共同意志的反映；作为阶级的共同意志，法律对统治者个人也有相应的约束。

在社会生活中，当然也会有统治者力求摆脱法律的约束。力求摆脱法律约束的统治者就是独裁者和暴君，因此现代政治都尊崇法治、反对独裁，要求一切社会矛盾的解决要在法治的框架范围内进行。要对政治权力建立起一整套外部监督与权力相互制约的法律机制，要用法律机制保障权力主体对权力行使者的监督和制约，要用法律特别是行政法为行政活动制定基本的规范和程序，国家行政管理就要切实做到"法无授权不可行"，把权力关进法律制度的笼子里。

---

① 〔德〕恩格斯：《家庭、私有制和国家的起源》，中共中央马克思恩格斯列宁斯大林著作编译局编译，北京：人民出版社，2018 年，第 190 页。

② 《马克思恩格斯文集》第 1 卷，北京：人民出版社，2009 年，第 584 页。

四、法律规范社会各阶级的政治行为

政治行为是社会成员为争取政治权力进行的社会活动，包括政治统治、政治管理、政治参与和政治斗争等。法律是政治斗争的产物，也是政治斗争的手段。法律通过限制政治斗争的程度和方式，规范各阶级的政治行为，实现社会政治关系的和谐有序。法律既是统治阶级进行阶级统治的工具，也是被统治阶级争取合法政治权利的手段。人们的政治行为分为暴力和非暴力两种。暴力的政治行为往往导致社会法律制度的根本改变，非暴力的政治行为则在法律的框架范围内进行。绝大多数现代法治国家的法律制度会对非暴力政治行为的界限作出明确规定。法律是现代国家进行社会管理的根本方式。法律通过政治权力的规范化把政治领导、政治决策、政治协调和政治监督等政治管理方式纳入法制轨道，通过规范政治行为使政治法治化，防止各种政治权力的滥用，减少各种政治腐败。

政治革命是暴力的政治行为，政治改革是非暴力的政治行为。政治发展主要通过政治革命和政治改革两种方式实现。政治革命是法律制度的根本改变，政治改革则是在原有法律制度的基础上，通过对现有法律制度的修订，实现对不同社会阶层政治权利关系的调整，以此推进政治进步。

当然法律也明确规定规范政治行为的界限，也就是说某些特定的政治行为在一般的法律规范约束之外。《中华人民共和国行政诉讼法》明确规定，人民法院不受理公民、法人或其他组织对于国防、外交等国家行为提起的诉讼，也不受理对抽象行政行为提起的诉讼。

第五节　法律对社会文化发展的影响

马克思劳动哲学中文化概念有广义、狭义之分，广义的文化涵盖人类一切社会实践活动以及活动成果；狭义的文化则是人类的精神活动以及活动成果。马克思认为，法律对道德、宗教和艺术等社会文化现象的发展都有重要影响。在社会生活中，法律、道德和宗教是三种主要的社会人际关系调节方式，三者在人类社会早期是浑然一体的。原始宗教禁忌往往也就是那个民族的道德风俗习惯，也是当时人们不得不遵守的法，当然这种法还不是法律，因为它还不是国家制定的，也不由国家权力机关来实施。人类进入文明社会后，由这三种方式混同发挥调节社会关系的作用也是常见的。在古希腊文明中，法律也往往指称所有社会调节方式，包括宗教礼仪、伦理习惯和城邦立法。西方中世纪社会中，不仅国家可以制定法律，

而且教会也是立法和司法机构，更是主要的法律教育机构。中国古代社会法律与伦理的界限更加模糊。法律、道德和宗教界限的清晰化是近现代社会的事情。

一、法律对道德的影响

道德和法律在社会治理中相辅相成、缺一不可。任何社会的社会治理都应该德法并重。社会关系的调节应该尽可能采用道德手段，道德不足以解决的问题，则必须依靠法律手段来解决。任何社会矛盾的解决都不能摆脱道德的作用，但是根本性的利害冲突，则必须通过法律来协调。

加强社会法治可以促进社会道德风尚淳化，推动社会道德进步。法律可以确定主流道德价值导向的核心地位。国家法律制度是统治者意志的体现，代表着统治者的道德价值追求。一种道德价值观念一旦体现为社会法律规范，它在社会生活中的贯彻执行就有了国家法律的保障。统治阶级的观念依靠国家权力机关的强制贯彻执行，加之各种社会舆论的强化，这些价值观念会逐渐深入社会成员内心，固化为社会成员的内在信仰。因此，法律不能与社会成员的伦理道德理念相抵触，而应该与人们的伦理价值观念相契合，马克思说："我们再一次重申我们已经发表过的意见：'如果任何立法都不能颁布法令让人们去做合乎伦理的事情，那么任何立法更不能承认不合伦理的事情是合法的。'"①

加强社会法治可以增加社会道德资本。道德价值共识是社会成员在交往中相互信任的前提，是一个社会不可或缺的社会资源。一个社会的道德价值共识度高，就可以极大程度地减少交往成本，缺乏道德价值共识则会导致交往障碍，增加社会交往成本。所以也可以说，道德价值共识是一个社会发展的社会资本，或者叫道德资本。现代社会个性自由解放的理念被越来越多的社会成员接受，道德价值相对主义成为影响巨大的社会思潮，道德多元价值共生共存。在多元价值相互尊重和宽容的社会氛围横扫专制主义阴霾的同时，道德价值共识的建构也成为社会难题。风俗习惯、社会舆论以及宗教信仰等维护道德共识的传统力量的作用在不断弱化，法律成为维持公民道德共识建构可操作性最重要的手段。公正的法律判决可以弘扬社会正气，打击歪风邪气，而一个不公正的法律判决，则会严重败坏社会道德风气。

---

①　《马克思恩格斯全集》第1卷，北京：人民出版社，1995年，第347页。

二、法律对宗教的影响

法律确定宗教在社会生活中的定位。人类宗教与政治的关系有一个发展变化的过程，古代社会不同民族实施的政教关系政策区别很大，神学政治、政教合一、国教制和神道设教是主要的政教关系表现形式。在神学政治中，宗教领袖是社会的实际统治者，世俗社会的统治者要服从宗教领袖。在政教合一的社会中，宗教领袖与政治领袖合二为一。在神学政治和政教合一的社会中，宗教规范都有法律效力，教会设有宗教法庭，宗教法庭可以独立行使司法权。在实施国教制的国家中，国家用法律规定国民的宗教信仰，宗教价值观念是这种国家法律的指导思想。4 世纪末，罗马皇帝狄奥多西一世宣布基督教为国教，基督教在罗马帝国从异教变为法定信仰。在神道设教的政教关系中，世俗社会统治者的地位高于宗教领袖，宗教为世俗政治提供宗教支持。中国古代社会几千年来一直采取的就是神道设教的政策，各种宗教都不能干预朝廷政务，只能为朝廷提供宗教支持。

近现代社会以后，伴随物质生产方式的发展变化，大多数国家采取政教分离的宗教管理政策，通过宪法明确规定尊重和保护宗教信仰自由，不突出某一种宗教或某一个教派的特殊宗教地位，宗教信仰是社会成员个人的自由选择。马克思认为只有宗教摆脱了政治束缚，人民才能够得到真正的信仰自由。马克思和恩格斯说："在发达的现代国家，情形正好相反。国家宣布，宗教，正像其他的市民生活要素一样，只有当国家宣布它们是非政治的因而让它们自行其是的时候，它们才开始获得充分的存在。取消这些要素的政治存在，比如说，通过废除选举资格限制来取消财产的政治存在，通过废除国教来取消宗教的政治存在，正是这种宣告这些要素对国家的隶属关系已经消亡的做法，才能使这些要素保持最强有力的生命，这个生命从此便顺利无阻地服从于自身的规律，并且充分扩展其生存的空间。"①

法律应该尊重和保障宗教信仰自由。马克思在《〈黑格尔法哲学批判〉导言》中将宗教称为人民的鸦片，强调宗教对人民具有精神安慰的作用，同时这种精神上的安慰也会消磨人民群众的革命意志，让他们接受现实的剥削和阶级的压迫。马克思主义理论作为无产阶级革命的哲学，对宗教的社会消极作用进行了深刻批判。但是马克思也认为，自由选择宗教信仰是基本人权，法律必须尊重和保障人民的宗教信仰自由。马克思说："每一个人都应当有可能满足自己的宗教需要，就像满足自己的肉体需要一样，

---

① 《马克思恩格斯文集》第 1 卷，北京：人民出版社，2009 年，第 317 页。

不受警察干涉。”[①]所以，马克思反对神学政治、政教合一、国教制和神道设教等国家宗教制度和宗教政策，支持政教分离，反对用政治的手段来干预人民的宗教信仰。尊重和保障宗教信仰自由是马克思主义宗教理论的基本精神，是社会主义法律制度必须坚持的价值追求。

宗教可以为社会法治奠定信仰文化基础。在原始社会，道德尚未形成自己完备的社会形态，法律还没有产生，社会行为规范的主要表现方式是宗教禁忌和风俗习惯，原始宗教禁忌作为人类行为规范的早期形态和基本信念，成为文明社会伦理道德和法律的共同源泉。法律规范中所包含的仪式、传统、权威性、神圣性和普遍性等因素都起源于宗教中的相关因素。在相当长的历史发展中，大多数民族也都把法律作为神为世俗社会颁定的行为规范，把神意或者天意作为法律合理性的依据。摩西十诫被犹太人称为耶和华的启示，它是犹太教律法和基督教法律制度的最初范本。从人类社会文明发展史的角度看，马克思充分肯定犹太教和基督教在西方法律发展史中的作用，强调犹太教和基督教的上帝面前人人平等是近代资本主义社会法律面前人人平等的宗教文化基础。从社会现实生活的角度，马克思也肯定信仰对于社会成员守法的影响。马克思认为人们遵守法律规范包括两种不同情况：自觉的和非自觉的。社会成员把法律规范转化为内在信念，就会自觉地、自然而然地履行法律规定；如果社会成员不能发自内心地接受法律规范，那么他即便不违反法律规定，也只是因为畏惧社会惩罚。马克思说：“对于一个守法者来说，法已成为他自己的习惯；而违法者则被迫守法，纵然法并不是他的习惯。”[②]也就是说，如果要充分发挥法律的社会作用，就要将法律内化于社会成员的内在价值世界中，将法律融入社会成员的信仰。马克思曾经批判当时德国一些法学家割裂法律与人们精神信仰的关系的做法，强调法律与人们的伦理观念和信仰有区别也有联系，他说：“这种世界观由于用肤浅的方式把信仰同法的意识分开，不是解决最麻烦的冲突，而是把它劈成两半；它把法的世界同精神的世界，从而把法同精神割裂开来，这样也就把法学同哲学割裂开来了。”[③]

法律和宗教都是维护社会秩序和谐稳定的重要手段。在社会生活中，法律、宗教和道德都是人类各民族协调社会关系的主要方式，它们相辅相成、相互补充，通过不同的方式和方法作用于人们的思想和行为，其社会功能主要都是维护社会秩序和谐稳定。在不同的历史时期或不同的民族文

---

① 《马克思恩格斯文集》第3卷，北京：人民出版社，2009年，第448页。

② 《马克思恩格斯全集》第1卷，北京：人民出版社，1995年，第249—250页。

③ 《马克思恩格斯全集》第1卷，北京：人民出版社，1995年，第316页。

化中，法律、宗教和道德在社会治理结构中的地位不同，发挥作用的大小也有一定差别。中国古代社会是农业社会，血缘亲情关系是主要的社会关系，因此伦理道德也是社会关系的主要调节方式，社会治理文化呈现出德主刑辅的特色。古希腊罗马时期，社会商品经济有了一定程度的发展，社会更早进入公共社会，法律文化获得了更长足的发展。欧洲中世纪基督教占据社会意识形态的主流，也是社会关系最重要的调节方式，诸多社会法律事务也是由教会法庭裁决的。罗马天主教教廷制定的《寺院法大全》不仅规定了教会本身的组织、制度和教徒的行为规范，而且对世俗社会的政权关系、土地、婚姻、财产继承、犯罪以及诉讼等各方面事务都有详细规定。西方进入近现代社会以后，法律成为协调社会关系最重要的方式。在社会生活中，各种宗教的理念尽管千差万别，但是大多数都倡导克制自我、适应现实，忍受现实生活的种种不幸和苦难，所以宗教能化解社会冲突，减少社会矛盾。同时，宗教倡导的公正、容忍、爱心等对社会法治秩序的建构也有极大的积极意义。

当然宗教对法律也有消极影响。宗教宣传的法律是神意的体现，妨碍人们正确认识宗教的本质及其产生的根源。宗教信仰也曾导致宗教信仰者过分狂热的非理智行为，影响社会秩序和谐稳定。宗教组织也曾经干预司法，影响司法公正。宗教本身固有的保守，也会对社会的进步发展产生消极影响。

中国特色社会主义社会治理体系强调加强党对宗教的依法治理。依法管理宗教是中国社会法治建设的重要组成部分。《中华人民共和国宪法》第三十六条规定："中华人民共和国公民有宗教信仰自由。任何国家机关、社会团体和个人不得强制公民信仰宗教或者不信仰宗教，不得歧视信仰宗教的公民和不信仰宗教的公民。国家保护正常的宗教活动。"同时，也规定了宗教信仰者的守法义务："任何人不得利用宗教进行破坏社会秩序、损害公民身体健康、妨碍国家教育制度的活动。宗教团体和宗教事务不受外国势力的支配。"《中华人民共和国宪法》《中华人民共和国刑法》对干预公民宗教信仰自由，以及利用会道门、邪教组织或者封建迷信破坏国家法律的行为，都作出了明确的处罚规定。

第六节　非马克思主义的法律功能理论批判

一、马克思对资产阶级法律功能理论的批判

资产阶级法学家掩盖资本主义社会法律作为资产阶级统治工具的本

性，宣称资本主义法律是永恒正义的体现，在法律功能理论上的表现就是法律万能论。马克思深刻批判了资产阶级的法律万能论。

马克思从劳动哲学出发，强调法律制度随物质生产劳动实践的发展不断变化。法律是社会经济生活的反映，每个时代的财产关系是那个时代的生产方式和交换方式的结果，法律必须服从经济发展规律，立法者力求通过法律来消除生产规律是徒劳无益的。马克思通过对 1844 年《英格兰银行法》的评价，来说明违背价值规律的立法只能加剧金融恐慌和货币危机。在《哲学的贫困》中，马克思批判蒲鲁东“假如颁布一道法令，说从 1847 年 1 月 1 日起人人的劳动和工资都有保障，那么工业上的极端紧张状态立即就会转变为严重的松弛”的观点，说：“如果我们以为只需颁布几道法令就可以摆脱竞争，那么我们就永远摆脱不了竞争。如果我们更进一步建议废除竞争而保留工资，那就等于建议用王室法令来做一些毫无意义的事。但是各民族并不是按照王室法令来发展的。各民族在制定这样一些法令之前，至少必须彻底改变他们在工业上和政治上的生存条件，也就是要彻底改变他们的整个生活方式。”[①]总之，马克思和恩格斯认为法律是重要的社会现象，但是在社会生活中，法律不是万能的，不能解决所有社会问题，特别是法律包括立法、司法也都要尊重经济规律。

马克思、恩格斯对法律万能论的批判在当今社会仍然具有重要意义，中国特色社会主义市场经济建设，需加强社会现代法治建设，在重视法治建设的同时，要认识到法律不是万能的，中国特色社会主义社会治理体系现代化应该是经济、政治、生态、法律和文化等全方位的治理体系现代化。

二、基于马克思法哲学对法律决定论的批判

现代西方制度经济学派更是将法律作为社会发展的决定性力量，所以新制度经济学派的代表道格拉斯·诺斯的理论被称为法律决定论。

诺斯的法律决定论内含于其制度决定论中。诺斯反对马克思主义的历史唯物主义思想，认为不是经济决定社会制度，而是社会制度决定经济发展。他认为：“制度是一个社会的游戏规则，更规范地说，它们是为决定人们的相互关系而人为设定的一些制约。”[②]诺斯所谓的制度与人们的一般理解不同，它泛指一切社会规范。诺斯说：“制度包括人类用来决定人

---

① 《马克思恩格斯文集》第 1 卷，北京：人民出版社，2009 年，第 632 页。

② 〔美〕道格拉斯·诺斯：《制度、制度变迁与经济绩效》，刘守英译，上海：三联书店，1994 年，第 3 页。

们相互关系的任何形式的制约。制度是正规的还是非正规的？二者兼而有之。我对正规制约（如由人类设定的规则）及非正规制约（如习俗和行为准则）都有兴趣加以探讨。制度可能是由人们创造出来的，如美国宪法；也有可能仅仅是随时间演进的，如普通法。”[①]诺斯认为法律制度是社会的根本制度，法律规范是一切社会规范的核心。伴随市场经济的深入发展，阻碍市场经济发展的行会、商会等社会团体逐渐被废除，以往由商会、行会等确立的经济交往规范也随之被废除。市场经济的发展要求经济交往的规范日益正式化、客观化和普遍化，即依靠法律的手段和独立的司法机构来约束人们的经济行为。人类市场经济行为的规范，有一个从非正式的制度走向正式的制度的过程，市场约束机制也有一个从交易双方自愿的实施机制，到带有强制性的第三方实施机制不断变化的过程，制度的演进不断推动人类历史的发展。

诺斯通过对世界经济发展史的考察，说明法律在经济发展中的决定作用。诺斯认为，14 世纪的中国已经具备工业革命的基本条件，但没有引发科学技术革命，就是因为中国封建专制王朝没有保护科技发明者和工厂主产权的法律制度。相较于中国，当时英国等西方国家废除了一系列不利于科学技术和工业发展的法律规定。行会制度的废除，扫清了科学技术和工业发展的障碍，同时，建立了一整套保护发明创造的产业法律制度，即公司法和专利法等。特别是专利法的制定，明确了发明创造者的合法权益，在市场经济中确实保障了发明创造者的物质利益回报。诺斯说：“付给数学家报酬和提供奖金是刺激努力出成果的人为办法，而一项专为包括新思想、发明和创新在内的知识所有权而制定的法律则可以提供更为经常的刺激。没有这种所有权，便没有人会为社会利益而拿私人财产冒险。”[②]诺斯法律决定论的核心思想就是，产权制度是对经济发展起决定作用的法律制度，通过立法明确产权，就是通过国家权力保障社会成员的民事经济权利。只有充分保障社会成员的经济权利，才能激发经济主体的内在创造力，降低交易成本、减少经济交往的不确定性，才能真正提高经济效率。

关于科学技术和发明创造在社会发展中的作用，诺斯和马克思主义者的观点针锋相对。马克思从物质生产实践出发认识社会，认为科学技术是

---

① 〔美〕道格拉斯·诺斯：《制度、制度变迁与经济绩效》，刘守英译，上海：三联书店，1994 年，第 4 页。

② 〔美〕道格拉斯·诺斯、罗伯斯·托马斯：《西方世界的兴起》，厉以平、蔡磊译，北京：华夏出版社，2017 年，第 6 页。

第一生产力，而诺斯认为："产业革命的技术不是出现在结构变迁之前，而是在其之后。尽管火药、指南针、优良的船舶设计、印刷术和纸张在西欧的扩张中起了作用，但结果却很不相同。与产业革命相联系的技术变化要求事先建立一套产权，以提高发明和创新的私人收益率。"[①]也就是说，在诺斯看来，不是社会法律制度要适应生产力和科学技术发展的变化，而是社会法律制度决定生产力和科学技术的发展变化，产权法律机制是推进经济生活稳定和快速发展的必要前提和决定性动力，因为科学技术发明者的创造动力，来自权益最大化的追求，只有产权法律机制才能保证发明创造者的权益最大化。

关于法律对社会经济作用的性质，与马克思主义者一样，诺斯也认为法律对社会经济发展的影响是双向的，既有积极作用，也有消极作用。诺斯说："整个市场是一个制度的混合物，其中有些使效率增加，而有些则使效率减低。"[②]

诺斯的法律决定论对法律制度在现代经济发展中意义的揭示，对于构建市场经济秩序毫无疑问具有重要作用。不可否认，没有明确的产权制度，科技发明者和工厂主的创造积极性都会受到严重打击。但是诺斯忽略了是物质生产劳动实践的发展提供了科技发展的需要，刺激了科技发明者的积极性，而且是社会经济提供了科技发明获得物质利益的机会，才会有在法律上保护知识产权的需求。没有市场经济创造的科技获取物质利益的机会，发明者不会有保护知识产权的内在需求。

诺斯强调没有先在的产权法律，科技发明者就没有进行科技发明创造的内在动力。这样的观点显然是将人视为单纯的理性"经济人"，将个人的物质利益作为科技发明创造的唯一动力，而实际上，人性是复杂的，人不是单纯的理性"经济人"，人行为的动机是多方面的，不只是为了追求个人物质利益。诺斯的法律决定论与古典自由主义经济学和法学，不仅在人性论前提下是一致的，更重要的是他强调只有确立产权法律，才能激发发明创造者的积极性，提高经济效率，其目的还是为资本谋取更多利润，其理论实质是为资本主义私有制进行理论辩护。

诺斯与传统资产阶级关于法律社会作用的理论并无本质的不同，而他们和马克思主义关于法律社会作用的理论的根本不同在于：社会生活中哪

---

① 〔美〕道格拉斯·诺斯：《经济史中的结构与变迁》，陈郁、罗华平等译，上海：三联书店，1994年，第166页。

② 〔美〕道格拉斯·诺斯：《制度、制度变迁与经济绩效》，刘守英译，上海：三联书店，1994年，第94页。

一种社会现象发挥的社会作用更大，是社会经济生活决定社会制度？还是社会制度决定社会经济生活？马克思并不否认法律在社会生活中具有重要的社会作用，但是他强调法律是被社会经济生活所决定的社会意识，与社会经济生活相比，法律的作用是第二性的。马克思说："一切政府，甚至最专制的政府，归根到底都不过是本国状况的经济必然性的执行者。它们可以通过各种方式——好的、坏的或不好不坏的——来执行这一任务；它们可以加速或延缓经济发展及其政治和法律的结果，可是最终它们还是要遵循这种发展。"①而诺斯认为不是经济决定法律的发展，而是法律制度决定经济的发展。假如真如诺斯所言，法律是社会生活的决定因素，那么人们制定法律的依据是什么？难道法律不是社会生活的反映，而只是立法者的任性吗？或者换句话说，如果立法者任意立法，那么立法能够真正提高经济效率吗？何况诺斯也认为法律对经济的作用是双向的。那么，什么样的法律才能真正提高经济效率呢？答案显然是符合经济发展要求的。

诺斯通过经济发展史来说明法律的决定作用，有明确的循环论证的倾向。他用法律决定论解说经济发展史，然后再利用经济发展史说明法律是社会发展的决定因素。14 世纪，中国封建专制王朝确实没有保护科技发明者和工厂主产权的法律制度，但是这不是中国没有产生工业革命的原因，而是中国没有工业革命的结果。中国几千年农耕的生产方式和自给自足的交往方式，导致了家国同构的社会结构，建构在家国同构基础上的封建专制统治者不可能制定出保护产权的法律制度。西方社会法制文化的发达也不是市场经济发展的原因，真实原因是西方自古希腊罗马社会起手工业和商业就具有较高发展水平，10 世纪以后教权与王权的冲突，又为第三阶层设置了较大的发展空间，为市场经济的发展提供了健全社会法制的需求，以至于教权和王权都热衷于健全保护产权的法律制度。

当然，我们也应该认识到马克思和诺斯理论分歧产生的原因，包括他们认识视角、认识目的的不同。马克思是从社会历史发展最终决定性因素的角度看问题，而诺斯认识问题的视角是社会制度如何建构才能提高经济效率，不可否认这样两种认识社会问题的视角都是不可或缺的。同样不可否认的是，马克思经济学和法学研究的目的是寻找无产阶级解放的道路，而诺斯经济学和法学研究的目的是寻找提高资本利润的方法。

---

① 《马克思恩格斯文集》第 10 卷，北京：人民出版社，2009 年，第 626 页。

本 章 小 结

马克思基于劳动哲学的法哲学思想从物质生产劳动实践出发把握法律的社会功能问题,认为法律是物质生产劳动实践发展到一定阶段的产物，法律功能的内容和形式也是由物质生产劳动实践的发展水平决定的，因此法律不是社会生活的决定性因素。马克思强调法律既具有社会政治功能，也具有一般社会管理功能；在阶级社会中，法律既是阶级统治的工具，也是人民自由的圣经。马克思法哲学作为无产阶级革命理论，对法律的社会政治功能作了更加全面系统的论述。

第七章　马克思的法律价值论

马克思将物质生产劳动实践作为哲学本体概念，把主体与客体的互动作为把握一切社会现象的方法论。马克思的价值论建构在劳动哲学基础上，劳动哲学的方法论为马克思法哲学阐释法律事实与法律价值的相互关系奠定了方法论基础。西方法学家关于事实与价值的关系存在重大分歧，自然法学派的法学家不区分事实与价值；分析实证主义法学家则将事实与价值对立起来，没有全面阐释法律问题中事实与价值的关系；马克思基于劳动哲学的法哲学，强调法律事实与法律价值的关系是辩证的对立统一，并且在社会历史发展的具体的主体与客体互动中，把握法律事实与法律价值的对立统一，是对二者关系的全面阐发。

第一节　法律事实与法律价值的辩证关系

自英国哲学家休谟以后，区分事实与价值成为大多数哲学家的共识。20 世纪后，实证主义分析哲学影响日益扩大，几乎所有社会科学家都接受了将事实与价值对立的方法论，法学受此影响也形成了分析实证主义法学和自然法学的对立。只有在哲学上全面把握事实与价值的辩证关系，才能在法哲学中正确处理法律事实与法律价值的辩证关系，才能准确阐释法哲学法律本质、法律功能等一系列法学理论的重大问题。马克思基于劳动哲学的法哲学全面揭示了事实与价值的辩证关系，为法哲学正确处理一系列重大法学问题奠定了坚实的理论基础。

一、法律事实与事实

以往的唯物主义哲学家关于世界、客观对象和现实事物，都只是从客体或者直观的形式去理解，而不是作为人的感性活动去理解，不是从主体与客体的互动中去理解，认识事物突出强调世界的先在性、客观性。世界、客观对象和现实事物在旧唯物主义哲学理论中只是一堆僵死的材料，事物及对事物的认识都缺乏灵活性、能动性。因此，在旧唯物主义哲学中，所谓事实是外在于人的、客观的存在，关于事物的事实性认识只是对客观事物的直观反映，人的意志和认知方法不能改变对事物的认识，或者人对事物的认识不以主观意志为转移。马克思的劳动哲学强调，将所有事物乃至整个世界，都纳入物质生产劳动实践发展史中去把握，把认识的对象作为社会实践对象去理解。作为唯物主义者，马克思承认世界的客观性、先在性不以人的主观意志为转移，但并不将世界的客观性和先在性作为把握事物的主要视角，而是强调将事物作为社会实践的对象，联系人的社会实践特别是物质生产劳动实践认识事物，不关注人的实践活动之外的世界，把非对象性存在当成非存在或无。马克思说："一个存在物如果在自身之外没有对象，就不是对象性的存在物。一个存在物如果本身不是第三存在物的对象，就没有任何存在物作为自己的对象，就是说，它没有对象性的关系，它的存在就不是对象性的存在。非对象性的存在物是非存在物。"[①]在劳动哲学视阈中，所有事实都是社会实践中的事物，没有进入社会实践范畴的世界，即没有经过人化的自然，就把它视为无。马克思说："非对象性的存在物是一种非现实的、非感性的、只是思想上的即只是想象出来的存在物，是抽象的东西。说一个东西是感性的即现实的，是说它是感觉的对象，是感性的对象，也就是说在自身之外有感性的对象，有自己的感性的对象。说一个东西是感性的，是说它是受动的。"[②]也就是说所有事实都具有客观性，事实不是主体主观想象的产物，同时，事实也不能脱离人的社会实践，不是完全客观的、完全受动的。所有事实是人把握的事实，而不是纯粹客观的事实，自然也不是外在于社会实践的自然，是社会实践中的自然即人化自然。主体在认知事实、把握事实的过程中，必然融入主体的情感以及思想观念。甚至事物的本质也不是完全客观的，主体将事物具有诸多性质中的哪个方面确定为事物的根本性质即本质，既取决于事物的客观性质，也取决于主体的需要。主体往往是将事物与主体关系最密切的那个方面作为事物的本质，如形状、保温效果、易清洁程度等实用性质是一盏茶杯作为饮茶器具时的本质属性，造型和釉色等因素是这盏茶杯作为工艺品时的本质属性。可见，事物的本质属性既是客观的，也与主观价值相关。

马克思的劳动历史观认为历史是人类在改造世界的过程中的自我创造，是主体自我选择与扬弃相结合的过程，每一种社会现象呈现出的实际状态都是人自我选择与扬弃的结果。马克思说："正像一切自然物必须形

① 《马克思恩格斯文集》第1卷，北京：人民出版社，2009年，第210页。

② 《马克思恩格斯文集》第1卷，北京：人民出版社，2009年，第211页。

成一样，人也有自己的形成过程即历史，但历史对人来说是被认识到的历史，因而它作为形成过程是一种有意识地扬弃自身的形成过程。历史是人的真正的自然史。"[①]从唯物主义世界观出发，人们认识中的事实首先应该是客观事实，法律事实也是如此。法律事实首先是社会生活中的客观事实，但是并非所有的客观事实都能够成为法律事实。认识的事实性问题就是思维的真理性问题，思维的真理性问题不是单纯的思维问题，实践是检验真理的唯一标准。马克思说："人的思维是否具有客观的真理性，这不是一个理论的问题，而是一个实践的问题。人应该在实践中证明自己思维的真理性，即自己思维的现实性和力量，自己思维的此岸性。关于思维——离开实践的思维——的现实性或非现实性的争论，是一个纯粹经院哲学的问题。"[②]抛开实践，认识只能停留在纯粹理论层面，其真实性无法证明，如同经院哲学，只有结合社会实践才能确定认识的真实性，而所有实践都是在主体价值指导之下进行的，强调结合实践认识事物，意味着认识的事实性是不能完全脱离价值因素的。法律事实不仅是已经认识到的客观事实，而且应该是有证据证明的客观事实，因此，对法律事实的把握更要结合社会实践，在主体与客体的对立统一中完成。法律事实与法律价值是不能完全分割的，它们不是完全对立的关系，而是对立统一的关系，二者既有本质不同，又相互影响、相互依存。

在劳动哲学视阈中，法律事实是主观与客观的对立统一。法律事实包括一切与法律相关的事实，既包括立法、执法、司法和守法等直接与法律相关的行为，也包括社会成员维护自我或者所属共同体利益的行为，还包括已有的法律制度、法规、案例以及社会管理政策等。客观性是事实成为法律事实的前提，但是法律事实不是全部事实，法律事实是具体的、与具体法律行为相关的事实，法律事实不是纯粹客观的，只有在法律实践中可以验证的事实才是法律事实。执法和司法都以事实为依据，能够作为依据的事实必须具有客观性，又必须有充分的证据支持。

马克思反对旧唯物主义哲学物质本体论，反对对世界和事物只是做感性直观的阐释，因为这样就意味着不能把握事物的能动性、灵活性，遇到具有能动性和灵活性的社会现象，就不能阐发其主客观统一的本质，而只能把社会现象归为主观的或者神秘莫测的。作为唯物主义者，马克思当然反对唯心主义的精神本体论，因为精神本体论将世界和事物阐释为主观精

① 《马克思恩格斯文集》第1卷，北京：人民出版社，2009年，第211页。

② 《马克思恩格斯文集》第1卷，北京：人民出版社，2009年，第500页。

神或者客观精神的产物。马克思结合对黑格尔法哲学的批判，说明了一切唯心主义法哲学把法律作为主观意志或者绝对精神的产物都是错误的，社会现实既不是主观思想也不是客观精神的产物，反过来思想是现实生活的产物。国家和法律作为社会现实不是精神创造的，也不是国家和法律创造了社会现实，而是社会现实创造了国家和法律。法律事实首先是客观事实，尽管它是人把握的客观事实、证明了的客观事实。

二、法律价值与价值

在马克思的劳动哲学视阈中，价值是标志主体与客体相互关系的哲学范畴，它指称客观事物为主体所需要的属性，是主体对满足自身需要的事物客体属性的主观评价。马克思认为，“如果说，人们不仅在实践中把这类物当做满足自己需要的资料，而且在观念上和在语言上把它们叫做‘满足’自己需要的物，从而也是‘满足’自己本身的物（当一个人的需要得不到满足时，他就对自己的需要、因而也是对自己本身，处于一种不满意的状态），——如果说，‘按照德语的用法’，这就是指物被‘赋予价值’，那就证明：‘价值’这个普遍的概念是从人们对待满足他们需要的外界物的关系中产生的”[①]。所以，价值是主观与客观的对立统一，它既体现事物的客观属性，也彰显主体的主观愿望。把握事物的价值既不能抛开事物的客观性质，也不能完全抛开主观自由意志。忽视价值的客观性，就无法把握价值的客观内容、现实性和具体性，价值就会变成空洞的没有实际意义的抽象概念。价值完全变成主观随意的，可能会被说成是永恒不变的概念，也可能会被说成是变动不居、没有确定性的概念。价值是事物满足主体需要的性质，忽视价值的主观性，离开主体人，就没有所谓的价值。

法律价值是主体对法律相关事物满足其需要的性质的主观评价，也是指导法律相关行为的价值观念，包括自由、平等、正义、义务、秩序等。在劳动哲学视阈中，法律价值是具体的，而不是抽象的，其内涵伴随物质生产劳动实践的变化而变化，而不是恒定不变的。同时，法律价值是社会成员对法律生活的价值反映，是社会成员进行法律行为选择的价值指导。

三、法律事实与法律价值

在马克思的劳动哲学视阈中，事实认识是价值评价的基础和依据，价值观念是人认知心理背景的重要方面，对人认知事实有重大影响，很可能

① 《马克思恩格斯全集》第19卷，北京：人民出版社，1963年，第406页。

造成视而不见听而不闻的现象。同时，价值观念能够引导人们适应乃至改造社会现实。事实认识与价值认识是相互对立、相互作用、相互依存的关系，法律事实与法律价值的关系也是如此。

法律事实是法律价值的客观基础和法律价值判断的依据。立法者、执法者和司法者的法律行为都必须以法律事实为依据，不能凭借主观臆测进行法律价值判断，对他人或事物的价值评价也要以事实为依据，而不是臆测他人的思想动机，所以法律只能审判人们的行为是否有罪，而不能追究人思想的错误。马克思说："我的行为就是法律在处置我时所应依据的唯一的东西，因为我的行为就是我为之要求生存权利、要求现实权利的唯一东西，而且因此我才受到现行法的支配。"[①]法律制裁必须只以已经被证实的法律行为为对象。

在劳动哲学视阈中，人不能把握全部的客观事实，只能把握与其社会实践相关的事实，曾经发生的行为事后也不是完全可以验证的，法律价值判断不能以主观臆测为依据，也做不到以所有客观事实为依据，而只能以法律事实为依据。执法者和司法者应该从杂乱的事物中抽绎出相关法律事实，收集尽可能多的证据力求还原事物的本来面目，以此为基础对法律事实做出准确价值判断。当然这不意味着说，执法者和司法者不能对法律相关事物进行合理推理乃至想象，而只是说，不论推理多么合情合理，也不能以此作为法律价值判断的依据，推理和想象只能促使执法者和司法者在自己头脑中还原事物的本来面目，以此为指导去寻找相关证据。

法律的价值取向应该是法律事实的反映，不能脱离现实社会生活，必须与现实社会生活相适应，又应该在一定程度上高于社会现实水平，引导对社会现实的矫正和改造，发挥惩恶扬善的社会功能，引导社会不断进步完善。

第二节　对资产阶级法律价值理论的批判

因为反对劳动辩证法的方法论，资产阶级法学家不能全面阐释法律事实与法律价值的辩证关系，要么把它们混为一谈，要么将二者对立，使法学研究和社会法治建设都产生了很多问题。

一、对法律价值绝对主义的批判

自古以来西方大多数法哲学家都认为，自然法是法律制度建构的基

① 《马克思恩格斯全集》第1卷，北京：人民出版社，1995年，第121页。

础，自然法既是自然法则，也是理性法则，是永恒不变的正义本身，而法律制度是维持社会正义的机制，永恒不变的正义是法律价值的核心。中世纪天主教神哲学家将自然法深化，阐释为神的意志的体现，法律价值被进一步绝对化。文艺复兴以后，古希腊罗马自然法学的法律价值绝对性理论被资产阶级法学家继承并发扬。德国哲学家康德认为，道德原则是法律的基础，法律必须建构在理性的绝对命令基础上。自然法学和理性主义法学都主张道德是法律的基础，只是自然法学认为，作为法律基础的道德，既是客观的自然法则，也是主观的理性法则，而理性主义法学则认为，道德就是主观理性为人设定的绝对命令。自然法学和理性主义法学都将价值看成与事实一样的客观存在，这是它们将法律价值绝对化的认识论原因。

在马克思的劳动哲学视阈中，把握社会现象的关键不是对社会现象进行简单的价值评价，更重要的是揭示社会现象产生的深层原因，探寻社会发展的客观规律,以指导社会实践特别是物质生产劳动实践对世界的改造。马克思强调要把社会历史发展看成一个具有客观必然性的自然过程,同时，也要认识到社会规律与自然规律存在根本不同，自然规律是客观的、外在的，而社会规律就其本质而言是实践的，是主体选择的结果。马克思认为，强调社会规律的客观必然性，不能否认社会规律的主体实践性，社会规律是所有人主观意志的合力，因此，既是必然的，也具有偶然性。社会科学研究必须坚持事实认识与价值认识的对立统一，只有这样才能既摆脱主观随意性和客观僵死性，又把握社会发展的客观规律。只有辩证对待事实与价值的关系，社会科学才能既保持其科学性，又不失人文导向。

在马克思的劳动哲学视阈中，一切社会现象都被纳入物质生产劳动实践发展史中考察，人的一切思想观念都是在社会实践中产生的，其中更多的是在物质生产劳动实践中产生的，并伴随物质生产劳动实践发展而不断变化。所有价值观念同其他思想观念一样，不是永恒的、一成不变的，法律价值当然也不例外。法律价值观念的内涵是社会生活特别是社会物质生活的反映，社会物质生活是法律价值观念的客观基础，其产生与发展变化具有客观必然性。

二、对法律价值相对主义的批判

受语言分析哲学影响，英国法学家奥斯丁在 19 世纪后期创立了分析实证主义法学，将事实与价值对立的实证主义研究方法引入法学研究，强调：法学要科学化，要区分实然法和应然法；法学只将实然法作为研究对象，与应然法无关；法学拒绝价值判断，并要清除所有价值判断；应然法属于伦理学的研究对象。事实和价值是对立的，法学中保留价值判断就会导致法学丧失科学性，因为价值是主观的、随意的，具有明确的相对性和不可确定性，不能进行实证分析，所以不能成为科学研究的对象。20 世纪，美籍奥地利法学家汉斯·凯尔森进一步发展了分析实证主义法学的思想，更加强调事实与价值、存在与正当的差别，创立了纯粹法学，进一步提出法学的科学性，主张法学只研究政府已经制定的法律，对现有成文法进行语言逻辑分析，法律是否具有正当性不在于其是否具有自然法或者道德基础，而在于其是不是符合上位法，是不是能够与法律规范体系的总体逻辑相契合。宪法是最高位的法，所有法律规范都不能与宪法发生逻辑矛盾，只有宪法的正当性来自超越逻辑预设的社会基本规范。社会基本规范是不同主体的价值信念，价值信念不能进行逻辑验证和经验证明，不是科学研究的对象，所以不属于法学范畴，而属于伦理学的研究对象。分析实证主义法学将事实与价值、存在与应当完全对立起来，使价值失去了客观基础，变成了主观随意的东西，所以分析实证主义法学学者是价值相对主义者。

分析实证主义法学将事实与价值、存在与应当完全对立起来，使对许多法哲学问题的阐释陷入极端和片面的泥淖，为人文法学学者提供了反诘分析实证主义法学的契机。20 世纪中叶以后，经过与人文主义法学的多轮论战，分析实证主义法学不断修正理论观点，几乎放弃了法学研究应完全剔除价值判断的立场，尽管依然秉持事实与价值二元对立，坚持法学科学化和价值相对主义的立场，但不得不向人文主义法学做一定妥协，在法学研究中融入某些价值判断，并将法律价值作为研究对象。

马克思的劳动哲学，在主体与客体的对立统一中把握事实与价值的辩证关系，认同实证主义区分事实与价值的思想，但反对他们将二者完全对立起来。马克思从物质生产劳动实践出发看问题，认为事实认识是价值认识的基础，价值是事实认识的目的和导向，人们在物质生产劳动中的地位，决定其在社会生活中的地位，决定其利益所得，社会地位和物质利益决定价值取向。也就是说，人们的法律价值观念取向不是凭空产生的，也不是个人主观想象的产物，而是以社会现实利益为基础的。社会生活中人们的现实利益决定法律价值的取向和具体内容。

因为认同要区分事实与价值，所以马克思也赞同分析实证主义法学关于法学研究应该科学化的理论，强调法律应该具有客观性，是社会实际生活的反映，立法者是发现法律，而不是创造法律。马克思说：“立法者应该把自己看作一个自然科学家。他不是在创造法律，不是在发明法律，而仅仅是在表述法律，他用有意识的实在法把精神关系的内在规律表现出来。如果一个立法者用自己的臆想来代替事情的本质，那么人们就应该责备他极端任性。”[①]马克思还说：“因为法律只是在自由的无意识的自然规律变成有意识的国家法律时，才成为真正的法律。”[②]

马克思认同分析实证主义法学关于法学科学化的思想，但是反对他们将事实认识和价值认识对立的思想，认为法学研究不可能摆脱价值评价，法学研究应该坚持科学性和人文性的统一。立法必须尊重社会生活的实际状况，坚持立法科学化，更必须坚持人文情怀，使法律尽最大可能体现人民的价值追求，保护人民的自由权利，成为人民自由的圣经。马克思说：“因此，新闻出版法根本不可能成为压制新闻出版自由的措施，不可能成为以惩罚相恫吓的一种预防罪行重犯的简单手段。恰恰相反，应当认为没有关于新闻出版的立法就是从法律自由领域中取消新闻出版自由，因为法律上所承认的自由在一个国家中是以法律形式存在的。法律不是压制自由的措施，正如重力定律不是阻止运动的措施一样。因为作为引力定律，重力定律推动着天体的永恒运动；而作为落体定律，只要我违反它而想在空中飞舞，它就要我的命。恰恰相反，法律是肯定的、明确的、普遍的规范，在这些规范中自由获得了一种与个人无关的、理论的、不取决于个别人的任性的存在。法典就是人民自由的圣经。”[③]

马克思既反对价值绝对主义，也反对价值相对主义，主张价值的绝对性和相对性的统一，对分析实证主义法学的理论采取辩证分析的态度，反对将事实与价值相对立、相割裂，强调事实是价值的客观基础，是价值确定性的客观依据。法律价值具有现代性，也具有绝对性，法律规范是普遍的、肯定的、明确的规范。

总之，马克思对自然法学和分析实证主义法学都采用辩证分析的态度，既反对将事实与价值相混淆，也反对将事实与价值相割裂，主张在事实与价值的对立统一中把握二者关系。自然法学派的法律价值绝对主义，否定价值的具体性、历史性和相对性，导致法律价值观念日益脱离社会生活，流于空洞形式；分析实证主义法学的法律价值相对主义，否定价值的抽象性、绝对性，使法律价值丧失了引导性。

① 《马克思恩格斯全集》第1卷，北京：人民出版社，1995年，第347页。
② 《马克思恩格斯全集》第1卷，北京：人民出版社，1995年，第176页。
③ 《马克思恩格斯全集》第1卷，北京：人民出版社，1995年，第176页。

第三节　马克思法律价值理论的人性论基础

价值观念是社会实践活动的行动指南。人的存在先于本质，人在社会实践中创造自己的本质。人对自我本质的设定直接影响社会实践的结果，进而影响社会生活。社会是人实践特别是物质生产劳动实践的产物，而人性论是所有社会科学的理论基础，当然也是法学的基础。人们对人性善恶、人是理性还是非理性、是共同体存在还是个体存在等人性论重大问题的回答，直接影响人们对法律价值的认识。

一、法律价值与人性善恶

自古以来关于人性善恶的问题始终是哲学家热衷的问题，形成了观点各异的不同流派，如人性本善论、本恶论、无善无恶论和有善有恶论等。马克思的劳动哲学认为人性是社会实践的产物，不是先天固有的，在物质生产劳动实践发展的不同时期，人性有不同的表现。结合社会实践把握人性，既要注重客观必然性，也要注重主观能动性，要坚持事实认识与价值认识的对立统一。从事实认识的角度出发看问题，善恶是人们在社会实践中形成的评价事物道德价值的观念，人们对人性善恶的认识以人对社会生活的认识为基础，人生而具有的性质无善恶可言；从价值认识的角度出发看问题，人们关于人性本善还是本恶的“本”，可以理解为本是，也可以理解为本应该；从应该与否的角度看，人性善恶的问题是一个有意义的问题，对人性应该是善还是恶的认识，对主体行为选择将产生不同影响，而且关于人性善恶的信念对社会制度建构有重大影响。

西方绝大多数思想家都相信人性本恶。较之东方社会，西方社会手工业和商业发展较早，影响更大。商品经济发展促使人口流动，导致原始血缘共同体的破裂，人们不得不走出熟人社会进入生人社会。生人交往缺乏血缘亲情，人不得不自存自保，公平合理地处理利益冲突是维持社会关系和谐的根本。中世纪基督教文化的发展为欧洲近现代文明的发展奠定了基础。基督教神学关于人是灵与肉、魔鬼和天使合一的人性论，依照哲学逻辑属于人性有善有恶论，但基督教的原罪学说说明基督教哲学人性论更重视人性恶。基督教哲学人性论认为，人类始祖亚当和夏娃在伊甸园中的时候本性主要应该是善的，但违背上帝意愿偷吃禁果犯罪以后，人人皆有了原罪，人类社会变成了由罪恶的人构成的世界；在现实世界中，人的神性被遮蔽，人性恶得到更充分的显现。所以，从古希腊罗马到中世纪，人性本恶论一直占据西方意识形态的统治地位，对西方法学产生了深远影响。

10 世纪欧洲商品经济发展推动了市民社会发展，市民社会的社会生活极大程度地放大了人的物质生活需要，对自我权力和利益的追求充斥了社会生活。人们将占有物质财富作为自我实现的方式，成为商品拜物教的信徒，心灵长期被物欲控制。这被误以为是人的本性，并将其作为思考问题的出发点。资产阶级经济学家、政治学家和法学家都将自私的、追求物质欲望的满足作为人的本性，理性“经济人”的人性假设的内容就是自我物质利益最大化。马克思说：“任何一种所谓的人权都没有超出利己的人，没有超出作为市民社会成员的人，即没有超出封闭于自身、封闭于自己的私人利益和自己的私人任意行为、脱离共同体的个体。在这些权利中，人绝对不是类存在物，相反，类生活本身，即社会，显现为诸个体的外部框架，显现为他们原有的独立性的限制。把他们连接起来的唯一纽带是自然的必然性，是需要和私人利益，是对他们的财产和他们的利己的人身的保护。”[①]资产阶级经济学、政治学和法学人性自私的设定，是其个人主义价值观和方法论的哲学基础。资产阶级人性论既是对资本主义市场经济的反映，也是对市民社会中社会成员人性的真实反映，但不是对人性的全面认识。资产阶级人性论是资产阶级维护阶级利益的理论，是其价值立场的反映，以此为基础确立的基本人权都以市民社会为基础，都是为了维护现代资产阶级的切身利益，资本主义法律制度将其作为法权的主要内容。

二、法律价值与人的个体性和群体性

西方社会从古希腊罗马开始，原始氏族部落血缘共同体逐渐瓦解，社会更早地进入了生人交往的公共社会。在公共社会中，社会成员个体不得不自己谋生，失却血缘共同体束缚的同时，也失却了血缘共同体的保护，独立的生活方式促使个人不得不自己捍卫自己的利益，社会文化对共同体价值的认同逐渐降低，对个人自我价值的认同逐渐上升，社会法律制度建构开始注重保护私权、限制公权。在奴隶社会中，血缘共同体仍然发挥重要作用，人与人相依赖仍然是社会生活的基本状态，奴隶作为奴隶主的财富，根本不被作为人对待，完全依附于奴隶主生活。到中世纪，作为体力劳动者，世俗社会的农民获得了独立身份，而农奴依然依附或者半依附于庄园主。天主教教会是束缚社会成员身心的社会共同体，天主教神哲学的

① 《马克思恩格斯文集》第 1 卷，北京：人民出版社，2009 年，第 42 页。

社会哲学占据意识形态主流，强调社会共同体对社会成员生存的重要性，“宗教人”是其对人性的基本设定，强调人的社会存在。以天主教信仰为基础的法律体系突出共同体价值的主导性。

资本主义社会是真正的公共社会。物质生产劳动实践的发展为个性自由解放创造了社会基础，人开始更大程度地摆脱共同体的束缚，获得生活的独立性。马克思在《1857—1858年经济学手稿》中谈到笛福的《鲁滨孙漂流记》时强调，鲁滨孙在荒岛谋生，不是像某些文化史学家说的那样，仅仅是对现代文明的反动,而更多的是对18世纪市民社会个体生存孤独状态的真实反映。市场经济在给予人们个性自由解放的同时，也使每个人成为孤立的原子式的生命体。在摩肩接踵的城市中，每个人的生存感受就如同生活在荒岛上一样。社会唯名论哲学得到日益广泛的传播，个人主义成为大多数社会成员信奉的价值观念的同时，也成了资本主义法律等主要社会制度建构的指导思想。个人主义不仅是大多数社会成员的价值观念，也是大多数思想家思考问题的方法。在个人主义哲学中，只有个人才是实体性存在，共同体只是个人的集合；只有个人利益是实在的，共同体利益只是个人利益的累加，个人利益高于共同体利益，不能将共同体利益作为伤害个人利益的充分理由，资本主义法律必须将保护个人利益作为主要价值追求。为了保护私权，限制公权是法律制度设计的重要考量。

在马克思的劳动哲学视阈中，个人和共同体是对立统一的关系。马克思也充分肯定个人的历史意义，强调个人是一切历史的前提，物质生产劳动实践是现实的、具体的个人的社会实践，但是社会是物质生产劳动实践的唯一方式，任何人都不能脱离社会而存在，人性是自然属性和社会属性的统一。马克思说：“人的本质不是单个人所固有的抽象物，在其现实性上，它是一切社会关系的总和。”[①]马克思赞同卢梭的孤立个人从社会整体获得个人存在的思想，反对其他资产阶级个人主义思想家主张的只有个人是真实存在，主张个人和共同体都有实体性意义，都是利益主体，共同体利益也是真实的，不是个人利益的简单累加。马克思也反对封建专制主义将社会整体凌驾于个体之上，认为专制主义蔑视个人存在、侵犯个人尊严，限制了个性自由和解放，资产阶级革命推翻封建专制，是人类文明的重大进步。个人与共同体的关系始终是对立统一关系，伴随社会历史发展个人在社会中的地位不断强化，但是在前资本主义时期，共同体一直居于矛盾主要方面，资产阶级革命成功使个人成为矛盾的主要方面，这是资本

① 《马克思恩格斯文集》第1卷，北京：人民出版社，2009年，第501页。

主义法律制度限制公权保护私权的社会基础。

在马克思的劳动哲学视阈中，法律价值更重视个人利益还是共同体利益，不单纯是抽象的主观价值问题，而是一个社会实践问题。个体与共同体、个人利益与社会整体利益的关系伴随物质生产劳动实践的发展不断变化，物质生产劳动实践水平越高，社会法律制度给予个人利益的认可就越多。但是，只要物质生产劳动实践发展还不足以满足所有社会成员的物质生活需要，还需要法律调节社会利益分配，法律制度就必然会对个人权利做出一定的限制，当然也必须对公共权力划出权力界限。个人利益、共同体利益和社会整体利益相互妥协的结合点是由物质生产劳动实践的发展水平决定的，并伴随物质生产劳动实践不断发展变化。

三、法律价值与人的理性和非理性

对于人的本性是理性还是非理性问题的回答，影响人们对法律价值绝对性和相对性关系的认识。认为人的本性是理性的学者，往往对理性持乐观主义态度，相信理性可以创造绝对的真善美原则，相信理性可以创造理想乃至完美的社会制度。认为人的本性是非理性的学者，则往往对理性乐观主义持怀疑态度，认为理性的能力是有限的，理性不可能创造出完美的社会制度，因为对于人类社会制度来说，过多的理性设计往往使社会制度的漏洞更多更大，尤其是市场经济体制，其本性就是自由竞争，像一只看不见的手那样发挥作用，过多理性设计的制度干预市场，只能破坏市场固有的运作秩序。

古希腊罗马自然法学、基督教神学自然法学、资产阶级理性自然法学和康德的理性法学各学派的法学家，大都认为人的本性是理性的，人为法所依据的自然法既是自然的也是理性的法则，是绝对的正义法则。康德反对以往自然法学家将感性经验也作为法律的基础，强调只有理性才能为人类提出绝对正义的行为法则，形成理性法学体系。19 世纪后期，资本主义社会的问题逐渐暴露。反思资本主义制度的同时，思想家对传统理性主义思想提出质疑，非理性主义思想在西方兴起。人们开始反思人的本性是理性化思想的合理性，越来越重视非理性因素在社会生活中的作用。到弗洛伊德主义兴起时，很多人开始相信人的本性是非理性的。20 世纪以后，非理性主义成为现代西方社会影响广泛的社会思潮，在这种思潮的影响下人们开始质疑价值绝对主义的合理性，价值相对主义的社会影响日益增大。很多思想家都主张法律价值是相对的，理性不可能设计出绝对的价值原则和完美的法律制度，加之，宗教世俗化的社会思潮，使法律价值观念与宗教信仰分离，人们遵守法律只是因为法律是政府的规定，而不是因为它建构在绝对正义的原则基础上。

马克思既反对价值绝对主义也反对价值相对主义。在马克思的劳动哲学视阈中，人性是理性与非理性的统一，理性和情感、意志、本能等非理性因素都是人性合理的组成部分。马克思认为法律价值的基础是物质生产劳动实践，而不是理性原则，物质生产劳动实践是具体的、历史的，所以法律价值具有绝对性也具有相对性。人类社会不断进步，现实的法律制度是不完美的，但人类实践拥有使社会制度不断完美的内在潜力。

第四节　法 律 正 义

社会制度设计的首要原则是正义。罗尔斯说："正义是社会制度的首要德性，正像真理是思想体系的首要德性一样。一种理论，无论它多么精致和简洁，只要它不真实，就必须加以拒绝或修正；同样，某些法律和制度，不管它们如何有效率和安排有序，只要它们不正义，就必须加以改造或废除。"[①]大多数思想家也都认为正义是社会制度设计的根本原则，只是关于正义的内涵和实现正义的方式存在重大分歧。关于马克思的社会正义理论，西方学者也存在重大分歧。以艾伦·伍德和罗伯特·塔克为代表的学者，认为马克思不将正义作为认识社会问题的出发点；以科恩为代表的一些学者，则认为马克思可能自己没有意识到正义是他认识社会问题的重要视角，但是事实上他确实是这样做的。马克思从物质生产劳动实践出发，把握所有社会历史现象。他确实强调不能只对社会现象进行正义与否的评价，而是应该深挖社会产生不正义的根源，以便对症下药，但是由此否认马克思关注社会正义问题显然背离了马克思思想的主旨。正义理论是马克思法哲学的重要组成部分，马克思提出了与资产阶级思想家具有本质差别的社会正义理论。他的社会正义理论与资产阶级思想家的社会正义理论不仅在对正义内涵的阐释和正义实现方式上有本质差别，更重要的是在哲学方法论和价值目的论上都存在本质差别。

一、认识法律正义的理论出发点

在马克思的劳动哲学视阈中，思想观念不是社会生活现象产生的原

---

① 〔美〕约翰·罗尔斯：《正义论》，何怀宏、何包钢、廖申白译，北京：中国社会科学出版社，2009年，第3页。

因，相反所有思想观念都是社会生活的反映。马克思社会正义理论的特色，在于将社会正义问题纳入物质生产劳动实践发展史中去把握。他说："法的关系正像国家的形式一样，既不能从它们本身来理解，也不能从所谓人类精神的一般发展来理解，相反，它们根源于物质的生活关系，这种物质的生活关系的总和，黑格尔按照 18 世纪的英国人和法国人的先例，概括为'市民社会'，而对市民社会的解剖应该到政治经济学中去寻求。"①

在马克思的劳动哲学视阈中，法律是物质生产劳动实践发展到一定历史阶段的产物，正义等所有法律价值观念都不具有永恒价值，伴随物质生产劳动实践不断发展变化。法律正义是指法律制度所维护的社会权利分配的公平合理性，这种公平合理性不是绝对的、抽象的，而是不断发展变化的。

原始氏族部落中，由于物质生产劳动不足以创造剩余产品，所以没有提供平均主义之外的分配方式的可能性。到原始社会后期，物质生产劳动实践能够创造满足人们生存需要之外的剩余产品以后，才有了选择剩余产品的分配方式的可能，分配的正义性才成为社会现实问题。也就是说，原始氏族部落中有了满足氏族成员生存需要之外的剩余物质资料，同时，这些物质资料又不能满足所有氏族成员的需要，是社会财富分配正义性问题产生的前提。

正义观念的内涵伴随物质生产劳动实践不断发展变化。物质生产劳动实践的发展状态即生产什么、怎么生产以及用什么生产，决定人们在生产中的关系，阶级就是人们在生产中相互关系的重要表现。不同阶级的人因为在生产关系中所处地位不同，在社会权利分配中的获益也不同，关于正义分配的观念也存在不同。在阶级社会中，物质生产劳动过程的主导者是物质生产资料的所有者，而不是体力劳动者。物质生产资料的所有者因为操控这个物质生产劳动过程，占有经济上的主动权，经济地位决定了他们成为社会的统治阶级，成为国家法律制度的制定者。统治阶级作为法律制度的制定者使法律成为维护自己既得利益的手段，所以，法律是统治阶级意志的体现，是阶级统治的工具，法律正义作为法律价值观念主要体现的是统治阶级的价值取向。统治阶级为了维护统治格局的稳定，也不能全然不顾被统治阶级的利益，法律正义也包括维护社会公共秩序的内蕴。法律既是阶级统治的工具，也是维护公共秩序的社会机制，只是在大多数历史时期，前者的意义远远大于后者。随着社会历史进步，法律作为维护公共

① 《马克思恩格斯文集》第 2 卷，北京：人民出版社，2009 年，第 591 页。

秩序的机制的意义越来越强，到社会主义社会，法律作为维护公共秩序机制的价值超越法律作为阶级统治工具的价值，并成为这对矛盾的主要方面。

在马克思的劳动哲学视阈中，法律正义兼具阶级性和全民性，兼具绝对性和相对性。马克思在《神圣家族》《哲学的贫困》等文献中，确实更多批判了法律的永恒正义论，强调法律的永恒正义是资产阶级法学家的幻想，法律正义是具体的、相对的，是伴随物质生产劳动实践不断变化的。奴隶社会中，奴隶主都认为奴隶制是正义的，封建社会的庄园主也将农奴制看成是正义的，而近代资产阶级思想家则认为奴隶制和农奴制是不正义的。恩格斯说："法学在其进一步发展中把各民族和各时代的法的体系互相加以比较，不是把它们视为相应经济关系的反映，而是把它们视为自身包含自我根据的体系。比较是以共同点为前提的：法学家把所有这些法的体系中的多少相同的东西统称为自然法，这样便有了共同点。而衡量什么算自然法和什么不算自然法的尺度，则是法本身的最抽象的表现，即公平。于是，从此以后，在法学家和盲目相信他们的人们眼中，法的发展就只不过是使获得法的表现的人类生活状态一再接近于公平理想，即接近于永恒公平。而这个公平则始终只是现存经济关系的或者反映其保守方面，或者反映其革命方面的观念化的神圣化的表现。"①马克思、恩格斯都明确反对法律正义的永恒性，主张法律正义的内涵在不同历史时期有不同的内容，不同的阶级对法律正义也有不同的理解。但是这不意味着马克思认为法律正义只具有相对性而不具有绝对性。法律正义的绝对性是对具体的法律正义的抽象，是不同历史时期、不同民族和不同阶级的法律正义的共性。具体的、历史的法律正义都是相对的，但人类社会法律制度具有不断接近绝对的、理想的正义的趋势。绝对的、理想的永恒正义尽管不是现实的存在，但作为理想性存在却对人类法律实践具有价值指导意义。法律正义是绝对与相对的统一。

二、资本主义法律正义的社会基础

在马克思的劳动哲学视阈中，一切社会制度都建构在物质生产劳动实践基础上，物质生活是一切社会生活的基础，物质生产劳动方式决定社会整体状态，决定人们过怎样的生活。马克思说："个人怎样表现自己的生命，他们自己就是怎样。因此，他们是什么样的，这同他们的生产是一致的——既和他们生产什么一致，又和他们怎样生产一致。因而，个人是什

① 《马克思恩格斯文集》第3卷，北京：人民出版社，2009年，第322—323页。

么样的，这取决于他们进行生产的物质条件。”[①]社会是人的存在方式，社会物质生活状态决定人们的社会生活方式。

马克思的劳动哲学以资本主义社会作为研究的范本，揭示了社会历史的基本规律。机器大工业和市场经济是资本主义社会的经济基础。市场经济的物质交往方式要求商品交易者相互尊重彼此的自我利益合理性，在相互平等的基础上自愿交换，这是资本主义法律正义保护公民平等、自由享有私有财产所有权的经济基础。马克思说：“如果说经济形式，交换，在所有方面确立了主体之间的平等，那么内容，即促使人们去进行交换的个人和物质材料，则确立了自由。可见，平等和自由不仅在以交换价值为基础的交换中受到尊重，而且交换价值的交换是一切平等和自由的生产的、现实的基础。作为纯粹观念，平等和自由仅仅是交换价值的交换的一种理想化的表现；作为在法律的、政治的、社会的关系上发展了的东西，平等和自由不过是另一次方上的这种基础而已。而这种情况也已为历史所证实。这种意义上的平等和自由恰好是古代的自由和平等的反面。古代的自由和平等恰恰不是以发展了的交换价值为基础，相反地是由于交换价值的发展而毁灭。”[②]市场经济不仅为摧毁封建法律制度提供了根本动力，也为资本主义法律制度奠定了经济基础，同时，资本主义市场经济中的正义观念为资本主义法律制度建构了伦理价值导向。所以，资本主义法律正义的价值旨归就是维护市场经济秩序，维护市场经济决定的社会利益格局，保障市场经济中利益既得者的权益。马克思说：“生产当事人之间进行的交易的正义性在于：这种交易是从生产关系中作为自然结果产生出来的。这种经济交易作为当事人的意志行为，作为他们的共同意志的表示，作为可以由国家强加给立约双方的契约，表现在法律形式上，这些法律形式作为单纯的形式，是不能决定这个内容本身的。这些形式只是表示这个内容。这个内容，只要与生产方式相适应，相一致，就是正义的；只要与生产方式相矛盾，就是非正义的。在资本主义生产方式的基础上，奴隶制是非正义的；在商品质量上弄虚作假也是非正义的。”[③]资本是主导市场经济运转的核心因素，资本家是资本的人格化，是市场经济的利益既得者，这注定了资本主义法律正义以资为本位价值，将金钱作为一切价值度量衡。

---

① 《马克思恩格斯文集》第 1 卷，北京：人民出版社，2009 年，第 520 页。

② 《马克思恩格斯全集》第 30 卷，北京：人民出版社，1995 年，第 199—200 页。

③ 《马克思恩格斯文集》第 7 卷，北京：人民出版社，2009 年，第 379 页。

三、资本主义法律正义的实质

市场经济体制是资本主义法律正义的经济基础，资本主义法律正义的本质追求是维护市场经济秩序。马克思说："劳动力的买和卖是在流通领域或商品交换领域的界限以内进行的，这个领域确实是天赋人权的真正伊甸园。那里占统治地位的只是自由、平等、所有权和边沁。自由！因为商品例如劳动力的买者和卖者，只取决于自己的自由意志。他们是作为自由的、在法律上平等的人缔结契约的。契约是他们的意志借以得到共同的法律表现的最后结果。平等！因为他们彼此只是作为商品占有者发生关系，用等价物交换等价物。所有权！因为每一个人都只支配自己的东西。边沁！因为双方都只顾自己。使他们连在一起并发生关系的唯一力量，是他们的利己心，是他们的特殊利益，是他们的私人利益。"①资本主义法律正义以市场经济为基础，尊重和保护市场经济主体的个人利益是其主要的价值追求。

资本主义法律正义是市场经济发展的产物，其价值旨归是维护市场交换秩序，其公平合理性在市场交换中也有充分体现，但是，走出市场交换领域，进入物质生产和财富分配等其他经济领域，资本主义法律正义的不合理性就马上暴露出来。马克思说："货币占有者支付了劳动力的日价值，因此，劳动力一天的使用即一天的劳动就归他所有。劳动力维持一天只费半个工作日，而劳动力却能发挥作用或劳动一整天，因此，劳动力使用一天所创造的价值比劳动力自身一天的价值大一倍。这种情况对买者是一种特别的幸运，对卖者也决不是不公平。我们的资本家早就预见到了这种情况，这正是他发笑的原因。"②即使在市场交换中，资本主义法律正义也不像资产阶级法学家所说的那么崇高神圣。在资本主义市场交换中，交换双方看似自由的等价交换，而实际上，资本家雇佣劳动力是为了赚更多钱，被雇佣者饥肠辘辘等米下锅，不出卖劳动力就只有饿死，形式上的正义掩盖着实质的不正义。走出市场交换领域，形式上的正义就更是烟消云散。市场交换中看似平等的双方一进入生产领域，一方颐指气使，另一方忍气吞声；一方不直接参与财富创造，却占有主要劳动成果，另一方辛勤劳作才能勉强养家糊口。揭露资本主义生产中资本家无偿占有工人剩余价值的秘密，是马克思对人类社会的伟大贡献之一。

---

① 《马克思恩格斯文集》第5卷，北京：人民出版社，2009年，第204—205页。

② 《马克思恩格斯文集》第5卷，北京：人民出版社，2009年，第226页。

四、实现法律正义的途径

马克思不仅批判了资本主义社会制度的非正义性，而且挖掘了其非正义性的社会原因，揭示了资本主义制度产生、发展和走向灭亡的必然规律。工业化大生产的物质生产劳动方式的发展，催生了市场经济的物质交往方式，它们共同构成资本主义法律制度的经济基础。资本主义生产资料私人所有制与工业化大生产之间的矛盾，是资本主义制度本身不可克服的内在矛盾。对此，恩格斯说："现代资本主义生产方式所造成的生产力和由它创立的财富分配制度，已经和这种生产方式本身发生激烈的矛盾，而且矛盾达到了这种程度，以至于如果要避免整个现代社会毁灭，就必须使生产方式和分配方式发生一个会消除一切阶级差别的变革。现代社会主义必获胜利的信心，正是基于这个以或多或少清晰的形象和不可抗拒的必然性印入被剥削的无产者的头脑中的、可以感触到的物质事实，而不是基于某一个蛰居书斋的学者的关于正义和非正义的观念。"①

马克思通过对资本主义法律制度产生、发展过程的分析，深刻批判了资本主义法律正义的形式性、抽象性和虚伪性，并明确指出消灭资本主义法律正义不能依赖理论批判，只有通过对资本主义法律制度进行武器批判，即彻底推翻资本主义制度，才能解决资本主义法律实质不正义的问题。马克思认为，"批判的武器当然不能代替武器的批判，物质力量只能用物质力量来摧毁"②。他认为空想社会主义的理论之所以只能流于空想，就是因为将理论批判、道德谴责当成了解决资本主义不正义的主要手段。

马克思认为，在资本主义法律制度框架内进行法律制度改革，不能真正解决资本主义法律制度不正义的问题，要消除资本主义法律不正义，只有铲除资本主义法律不正义观念形成的经济基础。工业化大生产与物质生产资料私人所有制的矛盾，是资本主义法律不正义观念形成的根本原因，因此，只有消灭物质生产资料私有制，才能建立正义的法律制度。马克思说："许多人要正义，即要他们称为正义的东西，但他们并不因此就是共产主义者。而我们的特点不在于我们一般地要正义——每个人都能宣称自己要正义——，而在于我们向现存的社会制度和私有制进攻，在于我们要财产公有，在于我们是共产主义者。"③

① 《马克思恩格斯文集》第9卷，北京：人民出版社，2009年，第165页。
② 《马克思恩格斯文集》第1卷，北京：人民出版社，2009年，第11页。
③ 《马克思恩格斯全集》第42卷，北京：人民出版社，1979年，第431页。

五、对社会主义法律正义内涵的规定

马克思认为物质生产资料私有制是资本主义一切制度不正义的根源，只有消灭资本主义物质生产资料私有制，实现物质生产资料劳动者共同所有制，才能真正消灭包括资本主义法律制度在内的一切不正义的社会制度。因此，代替资本主义的理想社会，必须是一个物质生产资料劳动者共有的社会。当然，社会制度更替，不是由人们的正义观念决定的，而是由物质生产劳动实践的发展水平决定的。恩格斯说：社会主义公有制“正如其他一切社会进步一样，这种占有之所以能够实现，并不是由于人们认识到阶级的存在同正义、平等等等相矛盾，也不是仅仅由于人们希望废除这些阶级，而是由于具备了一定的新的经济条件”[①]。马克思、恩格斯都认为社会主义制度应该建立在物质生产劳动实践高水平发展的基础上。

只有物质生产资料劳动者共有制才能适应社会化物质大生产，物质生产资料劳动者共有制是社会主义的基本经济制度，维护物质生产资料劳动者共有制是社会主义法律制度的根本功能。马克思主义是无产阶级革命的理论，社会主义是马克思为劳动者设计的理想社会，社会主义法律正义建构在物质生产劳动的基础上，社会物质利益分配正义要求分配要以创造为依据，实行“各尽所能，按劳分配”。社会主义消灭物质生产资料私有制，同时，废除物质生产资料所有者的一切法律特权，特别是榨取劳动者剩余价值的剥削特权。物质生产资料所有者即资本所有者是资本主义社会的主体，劳动者是社会主义社会的主体，资本主义法律制度以资为本位价值，社会主义法律制度以劳动为本位价值，社会主义是劳动者的主义即劳动主义，社会主义法律正义以保证物质生产劳动者的权益为根本价值旨归。

社会主义法律制度比资本主义法律制度需要更高的物质生产劳动实践水平。由于多种历史原因，中国社会主义建立之初，物质生产劳动实践水平不够高，这注定了中国此时尚不具备发达社会主义社会的经济基础，尚不具备物质生产资料高度公有的社会经济基础。恩格斯说：“自从资本主义生产方式在历史上出现以来，由社会占有全部生产资料，常常作为未来的理想隐隐约约地浮现在个别人物和整个整个派别的头脑中。但是，这种占有只有在实现它的实际条件已经具备的时候，才能成为可能，才能成为历史的必然性。”[②]中国共产党基于中国社会物质生产劳动实践的实际

① 《马克思恩格斯文集》第3卷，北京：人民出版社，2009年，第562页。

② 《马克思恩格斯文集》第3卷，北京：人民出版社，2009年，第562页。引文原文中两个“整个”连用，疑为原稿校对失误。

水平，设计了中国特色社会主义的以公有制为主体、多种所有制经济共同发展的经济制度，以按劳分配为主体、多种分配方式并存的分配制度。中国特色社会主义法律制度必须以中国社会的经济为基础，维护多种所有制带来的利益分配格局，同时要坚持维护物质生产资料公有制并确实保障物质生产劳动者的既得利益。

六、超越法律正义

资本主义法律正义建构在天赋人权基础上，以维护资本所有者的利益为宗旨；社会主义法律正义建构在物质财富创造的基础上，以维护劳动者的利益为宗旨。由于社会主义的物质生产劳动实践水平尚不能满足所有社会成员的需要，社会主义法律正义捍卫按劳分配的分配制度，强调物质财富分配正义的标准是为社会和物质生产提供的劳动量。社会主义是共产主义的初级阶段，法律正义建构在劳动正义的基础上。到共产主义社会，伴随物质生产劳动实践水平的高度发展，物质财富极大丰富，达到足以满足所有社会成员的需要，作为社会正义存在前提的物质财富的相对匮乏将不复存在，社会正义将被真正超越，维护社会成员利益差异格局的法律将随之消失，法律正义将被送入历史博物馆。

第五节　法 律 自 由

在马克思的劳动哲学中，自由是人生存状态进步的根本标志，是衡量社会历史进步的根本价值尺度。马克思说："自由不仅包括我靠什么生活，而且也包括我怎样生活，不仅包括我做自由的事，而且也包括我自由地做这些事。"[①]劳动自由是人与自然关系中人的生存状态改进的根本尺度，人与自然矛盾的解决，是人与共同体、人与社会矛盾解决的基础，劳动自由是其他社会自由的基础。法律自由也建构在劳动自由的基础上，法律赋予社会成员的自由权以物质生产劳动实践发展的水平为依据。自由不是像资产阶级思想家所说的那样是抽象的绝对人权，自由是具体的、历史的，是社会成员基于对客观必然性的把握在社会实践活动中实现自我目的。法律自由是法律制度赋予社会成员的实践活动权限。法律禁止社会成员某方面的社会实践活动，就意味着社会成员在这方面没有法律自由。

法律规范主要是对社会成员行为界限的规定，因此，从形式上看法律

① 《马克思恩格斯全集》第 1 卷，北京：人民出版社，1995 年，第 181 页。

是自由的限制，而实质上法律是保障社会成员自由的社会机制。法律不是压制自由的措施，“法律是肯定的、明确的、普遍的规范，在这些规范中自由获得了一种与个人无关的、理论的、不取决于个别人的任性的存在。法典就是人民自由的圣经”[①]。在马克思的劳动哲学视阈中，自由从来不是为所欲为，而是行为主体在遵循客观必然性基础上实现实践的目的，法律维护社会秩序，为社会成员实现实践目的创造社会条件。在协调社会关系的过程中，法律作为统治阶级意志的体现，更多的是维护统治阶级的利益，迫使被统治阶级接受被压迫的状态。为了稳定社会秩序，立法者也不得不使法律在一定程度上体现人们公意，所以法律自由不是统治阶级独享的权利。在资本主义社会中，当推翻资本主义制度的社会基础尚未形成时，工人阶级也可以运用法律的手段争取自我利益，在一定程度上争取法律自由。在《资本论》中，马克思阐发了工人阶级通过斗争实现每日八小时法定工作时间的过程，说明了在资本主义社会中工人阶级也可以享有一定的法律自由。

马克思认为法律自由关乎社会成员社会生活的方方面面，是一个包括人身自由、行业自由、财产自由、言论自由和信仰自由的整体系统。法律自由的各方面相互联系、相互作用。马克思说：“自由的每一种形式都制约着另一种形式，正像身体的这一部分制约着另一部分一样。只要某一种自由成了问题，那么，整个自由都成问题。只要自由的某一种形式受到指责，那么，整个自由都受到指责，自由就只能形同虚设，而此后不自由究竟在什么领域内占统治地位，将取决于纯粹的偶然性。”[②]

在马克思的劳动哲学视阈中，自由不是绝对的、抽象的，而是相对的、具体的，与物质生产劳动实践的发展水平相关。法律赋予社会成员多少自由，取决于物质生产劳动实践发展创造的社会物质基础。马克思说：“人们每次都不是在他们关于人的理想所决定和所容许的范围之内，而是在现有的生产力所决定和所容许的范围之内取得自由的。”[③]自由是在把握客观必然性的基础上，利用客观必然性实现主体的目的。法律自由是社会成员在遵守法律秩序的前提下，享有法律赋予的社会权利。自由在任何时候都不是抛开客观必然性为所欲为。法律自由更不是无视乃至破坏法律规范。

黑格尔的自由观是人类自由认识发展史的重大进步，因为他认识到自由是对必然的认识，但是他没有认识到，自由不仅是对必然的认识，更是

① 《马克思恩格斯全集》第1卷，北京：人民出版社，1995年，第176页。
② 《马克思恩格斯全集》第1卷，北京：人民出版社，1995年，第201页。
③ 《马克思恩格斯全集》第3卷，北京：人民出版社，1960年，第507页。

在社会实践中的贯彻，对必然的认识仅仅是自由的基础，有了对必然的认识还不是真正的自由，只有在社会实践中实现了主体目的，主体才获得了真正自由。在马克思的劳动哲学视阈中，自由是社会实践结果的合目的性。法律自由是针对主体行为而不是主体思想而言的，法律只是行为的规范，而不是思想的戒律，法律自由只是划定行为界限，惩罚过错的行为，而不限制思想，更不能追究思想谬误。马克思说："只是由于我表现自己，只是由于我踏入现实的领域，我才进入受立法者支配的范围。对于法律来说，除了我的行为以外，我是根本不存在的，我根本不是法律的对象。我的行为就是法律在处置我时所应依据的唯一的东西，因为我的行为就是我为之要求生存权利、要求现实权利的唯一东西，而且因此我才受到现行法的支配。"[①]法律可以通过惩罚犯罪达到预防犯罪的作用，但是法律只能惩罚犯罪于行为发生之后，而不能去惩罚预估的可能的犯罪行为。

人在与自然关系中的自由是人在与社会关系中的自由的基础。主体在物质生产劳动实践中目的的实现就是劳动自由，劳动自由是人在与自然关系中的自由的根本标志。人与自然矛盾冲突解决的程度是人从自然界获取物质生活资料能力的标志，人在社会生活中的矛盾根源主要在于物质生活资料的匮乏，物质生产资料所有者因为控制物质生产劳动过程而成为统治阶级，主导社会制度建构，社会制度的主要目的就是维护物质生产资料所有权。因此，物质生产资料所有制是一切社会制度的基础，也是一切社会制度的核心。法律自由是社会财产关系的法权表现，维护财产占有格局是法律的基本功能。在一切法律自由中，占有财富的自由是最重要的自由，是其他自由得以实现的条件。在占有财富自由的问题上，资产阶级法学家将占有财富自由作为天赋的权利，实质上回避了占有财富自由的获取资格问题。马克思基于劳动哲学的法哲学强调，占有财富的自由不是抽象的天赋权利，占有财富的自由必须以创造物质财富的物质生产劳动实践为基础。物质财富的占有与创造、分配、管理不可分割。

第六节　法 律 平 等

法律平等是指社会成员享有相同的法律权利和义务，以及在司法中得到相同的对待。近代社会以前的法律制度，尽管也有一定程度的平等的精神，但直到近现代社会，平等才成为法律价值的基本观念。

---

① 《马克思恩格斯全集》第1卷，北京：人民出版社，1995年，第121页。

原始氏族部落中的成员在大多数时候处于基本平等的地位，他们之间的平等是由于物质生产劳动实践水平低下，没有其他选择，不得不相依附而生存导致的，所以并不是后来社会生活意义上的平等。不平等是阶级社会中社会关系的根本特点，有了不平等，平等也才成为人们真正的价值追求。马克思说："自我意识是人在纯粹思维中同他自身的平等。平等是人在实践领域中对他自身的意识，也就是说，人意识到别人是同自己平等的人，人把别人当做同自己平等的人来对待。平等是法国的用语，它表示人的本质的统一，表示人的类意识和类行为，表示人和人的实际的统一性，也就是说，它表示人同人的社会关系或人的关系。"①平等和不平等构成一对矛盾，矛盾双方相伴发生。阶级对抗注定了不平等是矛盾的主要方面，维护阶级差别是法律制度的重要社会功能，法律平等观念是法律制度维持阶级不平等的社会格局而不得不倡导的价值观念。

马克思基于劳动哲学的法哲学认为，法律平等不是抽象的，在不同的物质生产劳动实践条件下，法律平等的内涵具有重大差别，法律平等成为法律基本价值观念是商品经济发展的结果，市场经济体制确立以后，法律平等在法律制度中才得到比较充分的体现。古代东方社会，建构在以农耕为主的自然经济基础上的法律体系较缺乏平等精神，因为农业社会中以血缘关系为主的社会关系，注定是宗法等级社会。在宗法等级社会中，希望法律能够体现平等的价值追求，无疑是一种奢望，所谓"王子犯法，庶民同罪"只能是美好理想，甚至干脆是空想。西方社会商品经济发展较早，法律制度也较早体现了平等的精神追求。公元前 5 世纪，伯里克利就提出了法律面前人人平等的思想。古罗马时期，商品经济进一步发展，法律制度的平等追求也更加明确，法律除了对自由民和奴隶规定了不同权利，公民与被保护民、罗马公民与臣民之间的权利和义务基本上是平等的，"在这种平等的基础上罗马法发展起来了，它是我们所知道的以私有制为基础的法的最完备形式"②。中世纪的欧洲，基督教神学始终占据意识形态主流地位，社会生活中尽管充斥着贵族和平民、基督教神职人员（他们垄断神权）和一般信仰者的不平等，但是基督教上帝面前人人平等的观念对后世法律制度影响深远。16 世纪后，马丁·路德和让·加尔文领导的基督教新教改革，用"上帝在每个人的心中"的信仰，冲击了天主教神学家对神学特权的垄断，为法律面前人人平等创造了更深厚的社会文化基础。

① 《马克思恩格斯文集》第 1 卷，北京：人民出版社，2009 年，第 264 页。

② 〔德〕恩格斯：《反杜林论》，中共中央马克思恩格斯列宁斯大林著作编译局编译，北京：人民出版社，2018 年，第 109 页。

中世纪后期，市场经济快速发展，要求废除封建关税和行会制度，为经济发展提供更公平的社会环境，市民阶层更加渴求自由贸易。同时，市民阶层在市场经济中积攒了大量财富，经济富足后他们开始谋求社会地位，迫切要求废除封建贵族制度，实现人人平等。自由和平等成为市民阶层高扬的旗帜。马克思基于劳动哲学的法哲学，深刻阐释了市场经济与法律平等的内在关联性。首先，在商品经济中，交换双方商品的特殊性和差异性为交换提供了必要性，不论交换双方经济实力差距多大、社会地位如何，只要相互需要就愿意进行交换，也就是说商品交换双方各有所求，彼此都能够满足自己的需要也能够满足对方的需要，双方就是平等的；其次，在商品交换中，交换双方都不能用暴力去侵占对方的利益，暴力胁迫的交换不是真正的市场交换；最后，商品交换的基本原则是等价交换，交换主体只有觉得对方的交换品与自己的交换品是等值的时候，才会愿意进行交换。马克思说："主体只有通过等价物才在交换中相互表现为价值相等的人，而且他们通过彼此借以为对方而存在的那种对象性的交替才证明自己是价值相等的人。因为他们只是彼此作为等价的主体而存在，所以他们是价值相等的人，同时是彼此漠不关心的人。"[①]在市场交换中，商品交换主体的平等地位以及他们的平等诉求，既是市场经济的产物，也是市场经济的前提，这就是马克思认为商品天生是平等派的理由。马克思说："因此，如果说流通从各方面来看是个人自由的实现，那么流通过程就其本身来看，也就是从它的经济形式规定来看，则是社会平等的充分实现（因为自由这一关系同交换的经济形式规定没有直接关系，而是既同交换的法律形式有关，又同内容即同使用价值或需要本身有关）。主体作为流通的主体首先是交换者，每个主体都处在这一规定中，即处在同一规定中，这恰好构成他们的社会规定。其实，他们只是作为主体化的交换价值，即作为活的等价物，作为价值相等的人互相对立。作为这样的人，他们不仅相等，他们之间甚至不会产生任何差别。他们只是作为交换价值的占有者和需要交换的人，即作为同一的、一般的、无差别的社会劳动的代表互相对立。"[②]他又说："因此，流通中发展起来的交换价值过程，不但尊重自由和平等，而且自由和平等是它的产物；它是自由和平等的现实基础。作为纯粹观念，自由和平等是交换价值过程的各种要素的一种理想化的表现；作为在法律的、政治的和社会的关系上发展了的东西，自由和平等不过是另一次方上

① 《马克思恩格斯全集》第 31 卷，北京：人民出版社，1998 年，第 359 页。

② 《马克思恩格斯全集》第 31 卷，北京：人民出版社，1998 年，第 358 页。

的再生产物而已。这种情况也已为历史所证实。”[①]既然交换者的平等地位是市场经济更加快速发展的前提，那么与市场经济相适应的法律制度就必然将平等作为基本的价值追求，在法律体系中废除封建特权，彻底解除不平等的人身依附关系。资本主义社会法律制度设计用金钱平等取代了宗法特权，当然所谓金钱平等就意味着有钱人和没钱的人是不平等的。

资本主义法律平等是市场经济的产物，其实质也是维护市场的自由竞争，在市场经济中自觉的等价交换看起来是真正的平等，但是这种平等交往的形式掩盖了交往实质的不平等。资本主义的法律平等保护的是人们占有财富的平等权利，而根本不管人们手中财富的多少。参与市场交换的双方，一方腰缠万贯，进行交换的目的是赚取更多的金钱，而另一方却饥肠辘辘，着急出卖自己的劳动力，以求换取养家糊口的活命钱。更可悲的是，交换完成以后，劳动力的出卖者进入生产领域，就不得不任人摆布，接受超强度、超时长而且环境安全没有保障的劳动。马克思说：“原来的货币占有者作为资本家，昂首前行；劳动力占有者作为他的工人，尾随于后。一个笑容满面，雄心勃勃；一个战战兢兢，畏缩不前，像在市场上出卖了自己的皮一样，只有一个前途——让人家来鞣。”[②]他还说：“资本是天生的平等派，就是说，它要求把一切生产领域内剥削劳动的条件的平等当做自己的天赋人权”[③]。资本主义市场交换的平等掩盖了整个生产过程中存在的实际的不平等。

法律平等伴随物质生产劳动实践产生、发展和变化，它从来不是绝对的、永恒不变的、无条件的。资产阶级法学家倡导法律平等永恒论，将法律平等价值绝对化，目的在于维护其阶级利益。马克思以蒲鲁东的永恒平等论为例，全面系统地批判了资产阶级的法律平等永恒论，他说：“当然，平等趋势是我们这个世纪所特有的。认为以往各世纪及其完全不同的需求、生产资料等等都是为实现平等而遵照天命行事，这首先就是用我们这个世纪的人和生产资料来代替过去各世纪的人和生产资料，否认后一代人改变前一代人所获得的成果的历史运动。”[④]

资本主义的法律平等主要是强调人的社会政治地位平等，以此保障自由市场竞争的主体能够平等地参与市场竞争，体现在法律规范中就是突出强调享有物质财富所有权的平等，而不是实际经济地位的平等，甚至认为

① 《马克思恩格斯全集》第31卷，北京：人民出版社，1998年，第362页。
② 《马克思恩格斯文集》第5卷，北京：人民出版社，2009年，第205页。
③ 《马克思恩格斯文集》第5卷，北京：人民出版社，2009年，第457页。
④ 《马克思恩格斯文集》第1卷，北京：人民出版社，2009年，第611—612页。

法律就是要保证人们经济地位的不平等，法律追求公民实际经济地位的平等是法律不公平的表现。黑格尔说："人们当然是平等的，但他们仅仅作为人，即在他们的占有来源上，是平等的。从这意义说，每个人必须拥有财产。所以我们如果要谈平等，所谈的应该就是这种平等。但是特殊性的规定，即我占有多少的问题，却不属于这个范围。由此可见，正义要求各人的财产一律平等这种主张是错误的，因为正义所要求的仅仅是各人都应该有财产而已。其实特殊性就是不平等所在之处，在这里，平等倒反是不法了。的确，人们往往看想他人的财产，但正是这不法，因为法对于特殊性始终是漠不关心的。"①

马克思在批判资本主义法律平等的基础上，进一步阐发了社会主义法律平等。资本主义法律平等只是抽象的、形式的平等，法律规定的政治上的人人平等如果没有经济平等的保障，只能流于口号甚至是片面保护富人利益，成为使穷人遭受不平等待遇的遮羞布。马克思说：资本主义社会现实的形态和观念的形态之间必然存在差别②。马克思认为，政治平等必须建构在经济平等的基础上，没有经济平等为基础的政治平等，如镜花水月、画饼充饥。经济不平等必然导致政治奴役。因此，恩格斯说："平等应当不仅仅是表面的，不仅仅在国家的领域中实行，它还应当是实际的，还应当在社会的、经济的领域中实行。尤其是从法国资产阶级自大革命开始把公民的平等提到重要地位以来，法国无产阶级就针锋相对地提出社会的、经济的平等的要求，这种平等成了法国无产阶级所特有的战斗口号。"③

因此，真正的人人平等是经济、政治全方位的社会平等。物质生产资料私有制是经济不平等产生的社会根源，只有消灭物质生产资料私有制，才能消除人与物质生产资料关系中的不平等，才能消灭社会阶级差别，才能彻底消灭不平等的社会现象。当社会生活中的不平等现象被彻底消除的时候，法律作为维护社会阶级利益差异格局的社会机制也就丧失了存在的价值。恩格斯说："平等仅仅存在于同不平等的对立中，正义仅仅存在于同非正义的对立中，因此，它们还摆脱不了同以往旧历史的对立，就是说摆脱不了旧社会本身。这就已经使得它们不能成为永恒的正义和真理。在

① 〔德〕黑格尔：《法哲学原理：或自然法和国家学纲要》，范扬、张企泰译，北京：商务印书馆，2017 年，第 66—67 页。

② 《马克思恩格斯全集》第 30 卷，北京：人民出版社，1995 年，第 204 页。

③ 〔德〕恩格斯：《反杜林论》，中共中央马克思恩格斯列宁斯大林著作编译局编译，北京：人民出版社，2018 年，第 112 页。

共产主义制度下和资源日益增多的情况下，经过不多几代的社会发展，人们就一定会达到这样的境地：侈谈平等和权利就像今天侈谈贵族等等的世袭特权一样显得可笑；同旧的不平等和旧的实在法的对立，甚至同新的暂行法的对立，都要从实际生活中消失；谁如果坚持要求丝毫不差地给他平等的、公正的一份产品，别人就会给他两份以示嘲笑。”①

在马克思的劳动哲学视阈中，物质生产资料所有制形式取决于物质生产劳动实践的水平。物质生产劳动实践高度发达使其能够创造足够的物质财富满足所有社会成员的需要，是废除物质生产资料私有制的前提条件。只有废除物质生产资料私有制才能实现社会物质财富的按需分配，社会成员才能实现真正平等。只要物质生产劳动实践不够发达，不能充分满足所有社会成员的需要，就不能按需分配，社会就需要法律制度来维护物质利益分配的差别格局。物质生产劳动实践的进步不是一蹴而就的，需要依靠长期的发展过程。从资本主义社会到共产主义社会也不是一朝一夕的事情，作为共产主义初级阶段的社会主义的根本任务就是提高物质生产劳动实践的水平，为实现共产主义奠定坚实的物质基础。在社会主义社会中，占有物质生产资料的剥削阶级作为一个阶级被消灭了，实现了物质生产资料公有制，但物质生产劳动创造的物质财富还不够多，社会还需要法律制度维护人们由于在物质生产劳动中贡献的差别导致的物质财富占有的差别格局，还需要在一定程度上保留资产阶级法权。

社会主义法律平等不同于资本主义法律平等只是赋予社会成员政治平等的社会地位，经济上只是强调抽象的占有财富权利的平等。社会主义社会也做不到像共产主义社会那样，使社会成员在社会生活中实现完全平等。在社会成员财富占有权利方面，社会主义法律平等主张平等的基础是社会成员在物质生产劳动实践中的贡献，强调财富的占有、分配必须与生产创造统一起来，同时，社会主义法律平等意味着保护与劳动量相当的财富所有权，物质财富分配的付出与收益成等比例，即“各尽所能，按劳分配”。社会主义的法律平等确实不意味着社会成员能够享有同样的物质生活，或者说社会生活仍然存在不平等，先天的智力、体力、体相等因素都直接影响社会成员的劳动能力，致使劳动者对生产劳动的贡献不同。按劳分配就意味着因为社会成员劳动量的不同，物质财富占有的差距必然随时间而增大。在《哥达纲领批判》中，马克思分析了社会主义法律平等的内

① 〔德〕恩格斯：《反杜林论》，中共中央马克思恩格斯列宁斯大林著作编译局编译，北京：人民出版社，2018 年，第 365 页。

在矛盾性，说明了它与资本主义法律平等相比的进步性，同时，强调社会主义法律平等包含一定程度的资产阶级法权。马克思强调社会主义还不是人类真正的理想社会，社会主义发展的目的应该是实现社会成员的全面的平等即实现“各尽所能，按需分配”；到共产主义社会，实现物质财富“各尽所能，按需分配”以后，人与人之间根本的物质利益冲突就消失了，法律作为协调根本利益冲突的社会规范体系丧失了存在的价值，所以，共产主义社会中人与人之间真正的平等不再是法律平等。

中国特色社会主义建立在半殖民地半封建的社会基础上，物质生产劳动实践水平更低，社会经济基础更薄弱，以物质生产资料公有制为主体、多种所有制共存以及按劳分配为主体、多种分配方式并存的制度，都是由物质生产劳动实践的发展水平决定的，法律平等意味着不仅要保障物质财富分配与劳动者的劳动量对等，也要保护生产要素的投入量与收益之间的对等。

本章小结

马克思基于劳动哲学的法哲学认为，物质生产劳动实践是法律价值的客观基础，任何实践都是主体与客体的对立统一，事实与价值的对立统一是主客体对立统一的特殊表现形式，法律价值是事实与价值的对立统一。法律价值是物质生产劳动实践发展的产物，并伴随其不断发展变化。工业化大生产和市场经济是资本主义法律价值观念形成的经济基础。资本主义法律价值将市场经济的分配方式作为正义的分配格局，资本主义法律的自由和平等都是抽象的和形式上的，无产阶级在资本主义社会中不能真正享有自由和平等。只有消灭物质生产资料私有制，消灭阶级差别，无产阶级才能享有实质上的自由和平等。社会主义社会物质生产劳动实践水平尚不足以创造足够的物质财富满足社会成员的所有物质需要，所以社会主义法律正义保护社会成员因劳动量不同在社会利益分配中的差异，只有物质生产劳动水平高度发达,创造的物质财富能够满足所有社会成员的物质需要，才能实现共产主义，才能实现“各尽所能，按需分配”，社会成员才能实现真正平等、实现全面自由发展。真正正义的实现就是法律正义被彻底超越、失去社会存在的价值。

第八章　马克思的法律正当性理论

法律正当性问题是法律伦理的核心问题，它探讨的是法律为什么可以成为法律,人们以其为行为准则来约束自己行为的充分理由是什么的问题。西方法学一直将法律正当性问题作为一个重要的法学问题进行研究，形成了多种具有代表性的观点。马克思作为法学专业科班出身的学者，对西方法学有着全面深入的了解。在批判继承西方传统法律正当性理论的基础上，马克思提出了基于劳动哲学的法律正当性理论，该理论超越了以往所有法律正当性理论。

第一节　马克思以前西方的法律正当性理论

西方法学悠久的发展历史中，形成了自然法学派、分析实证主义法学派和社会法学派三种具有代表性的法律正当性理论。自然法学派自古希腊罗马时期产生，一直存在到近现代社会，在绝大多数历史时期占据西方法学主流，是最有影响的法律正当性理论。分析实证主义法学派是19世纪以后产生的法学理论派别，它对西方法律正当性理论的影响远远大于其建设性贡献。自然法学派主要法学家的法律正当性理论对马克思都有很大影响，分析实证主义法学派的很多学者出生晚于马克思，因此对马克思的影响也就没有自然法学派那么大。19世纪，卡尔·马克思、埃米尔·迪尔凯姆和马克斯·韦伯共同奠定了社会学的基础。埃米尔·迪尔凯姆、马克斯·韦伯、庞德、哈贝马斯从社会学出发，提出了社会学学派的法律正当性理论。这些社会学家所处的时代也大多晚于马克思，所以谈不上他们对马克思的影响，但是他们与马克思在法律社会学上达成了一系列共识：将法学建构在社会学基础上，从社会历史文化和社会实际生活中寻找法律正当性的依据；在道德和法律的相互关系上，既不是像自然法学派那样，把道德作为法律正当性的根本依据，也不像分析实证主义法学派那样，割裂道德与法律的关系，否认道德作为法律正当性的依据。当然，必须强调的是社会学学派与马克思的法律正当性理论在世界观和方法论上都存在本质的不同。

一、自然法学派的法律正当性理论

（一）古典自然法学派的法律正当性理论

近现代社会以前法学家大都坚持自然法学派的主张，认为道德是法律的基础。古希腊哲学家赫拉克利特就提出了自然法和人为法的问题，苏格拉底、柏拉图和亚里士多德丰富了这一思想。苏格拉底认为法律只有符合城邦全体公民的利益才符合道德，符合道德的法律才是正当的，但是法律一旦按照合理的形式和程序制定出来，公民就有义务遵守法律。例如，他虽然并不认同城邦对他作出的死亡判决，但是也不愿意违反城邦的不公正判决，所以宁愿放弃逃跑的机会，接受死刑。苏格拉底的弟子柏拉图尽管非常尊敬自己的老师，但并不完全赞同他的思想。柏拉图认为，法律必须建立在正义的道德基础上才是正当的，正义要求法律符合城邦成员的利益，当法律制度缺乏正当性的时候，城邦成员有权利抵制城邦法律。柏拉图的弟子亚里士多德也认为，统治者必须依据自然法制定实证法，自然法以正义作为道德基础，符合自然法的实证法是善法，否则是恶法，善法和守法是社会实现法治两个必不可少的条件。亚里士多德说："城邦以正义为原则。由正义衍生的礼法，可凭以判断[人间的]是非曲直，正义恰正是树立社会秩序的基础。"①

西塞罗是古罗马时期具有代表性的法学家。西塞罗将自然法理论系统化，认为理性是法律正当性的基础，不仅一个国家的法律应该是理性的体现，而且一个社会长期坚持的社会惯例也应该是理性的体现，善法是善治的前提，实现善治不仅要有善法，还要社会成员既遵守善法又遵循社会惯例。实证法要以自然法为基础，自然法是理性的，但是理性不只是统治者个人的理性，而应该以一个民族长期的社会实践为基础。可见，在古希腊罗马的法学思想中，自然法作为法律正当性的依据既是世界本身固有的秩序和规律，也是人的理性。西塞罗认为，"真正的法律乃是正确的规则，它与自然相吻合，适用于所有的人，是稳定的，恒久的"②。

总之，古希腊罗马法学家都认为社会法律制度应该建构在自然法的基础上，法律的正当性以正义的道德基础为前提，法律像自然规律一样，具有客观性。

---

① 〔古希腊〕亚里士多德：《政治学》，吴寿彭译，北京：商务印书馆，2017 年，第 9—10 页。

② 〔古罗马〕西塞罗：《论共和国 论法律》，王焕生译，北京：中国政法大学出版社，1997 年，第 120 页。

（二）中世纪神学自然法学的法律正当性理论

一般西方思想史也包括法律思想史。人们大都认为西方中世纪是基督教的世界，各种社会科学都沦为了基督教的婢女，中世纪是整个西方社会历史最黑暗的时期，甚至可以说是整个人类历史最黑暗的时期，除了基督教，其他文化在中世纪都没有大的发展，所以中世纪也是西方法学最衰落的时期。然而，对中世纪的这种认识在很大程度上是受西方近代某些历史学家影响的结果。理性反思的结果应该是，任何文明都不可能是空中楼阁，不可能在没有足够文化积淀的基础上凭空产生。如果西方中世纪是人类文化历史上最黑暗的时期，那么就无法诠释近现代欧洲文明发展的基础。实际上，中世纪为近现代欧美文明打下了坚实的基础，法学理论和法律制度的建构就是其中的重要因素之一。

基督教法学在西方法学发展史上占有重要位置，特别是托马斯·阿奎那关于法律正当性的思想影响久远。阿奎那认为法是一种从属于理性的东西，理智是灵魂的一种功能，灵魂是上帝赋予人的一个精神实体。法律由永恒法、自然法、人法和神法构成。永恒法是上帝的智慧原则，是一切法律的根源和基础；自然法是上帝为人制定的社会规范，即社会道德原则和规范，其首要原则是行善避恶；人法是世俗的统治者制定的法律，它应该遵循自然法制定，当然也不能违背永恒法和神法；神法是上帝通过《圣经》赋予的法律，即神学教义。托马斯·阿奎那还认为，只有符合正义原则的法律才是具有正当性的法律，法律正义的原则包括：法律要以公共福利为目标；立法要在立法者的权限范围之内；公民承担的法律义务以促进公共幸福为前提。如果法律违背正义原则，那就不具有正当性，“严格地和真正地说来就根本不是法律，而宁可说是法律的一种滥用”①。

托马斯·阿奎那的神学自然法学思想显然继承了古典自然法的思想，但是与古典自然法不同，它将作为世界本身秩序和人的理性体现的自然法，说成是上帝意志的体现。对于无神论者来说，这是没有价值的神学呓语，但客观地看西方文化，我们则不得不说阿奎那赋予了法律神圣的灵光，为西方法治社会建设奠定了信仰基础。美国法学家伯尔曼正是认识到了宗教对法律的价值，所以才说：“法律必须被信仰，否则它将形同虚设。它不仅包含有人的理性和意志，而且还包含了他的情感，他的直觉和献身，以

① 〔意〕托马斯·阿奎那：《阿奎那政治著作选》，马清槐译，北京：商务印书馆，2017年，第113页。

及他的信仰。”[①]从法律伦理的角度讲，法律制度只有契合社会成员的内在伦理价值信念，才能算是善法，才能算是真正具有正当性的法律制度；法律制度也只有真正契合社会成员的内在伦理价值信念，才能在社会生活中真正得到贯彻执行。

（三）近代西方理性主义自然法学的法律正当性理论

近代社会以后资产阶级思想家提出了理性主义自然法理论，他们坚持传统自然法理论关于法律正当性基于自然法的思想，但是他们不再像古典自然法学那样强调自然法是世界本有的秩序，也不像中世纪神学法学那样强调自然法是神意，而是强调自然法就是人的理性的体现。

洛克认为只有契合理性的才是正义的，他说：“法律只有以自然法为根据时才是公正的，它们的规定和解释必须以自然法为根据。”[②]洛克也在一定程度上继承了中世纪神学自然法学理论，强调自由权、生命权和财产权是神赋予的权利，法律必须维护神赋予的权利不受侵犯。

康德认为人的理性既可以为自然立法，也可以为自身立法，道德就是人类理性为自身确定的无条件的、必须服从的“绝对命令”，为自然立法的是人的纯粹理性，为自身立法的是人的实践理性。法律法则和伦理法则都归属于道德法则，是道德的特殊表现形态，都从道德中获得正当性。在康德这里，法律是道德的从属物，法律的正当性在于它能够确保作为自我立法的个人的道德权利。

黑格尔认为在法哲学中绝对精神有三个发展阶段：抽象法、道德和伦理。人是理性的存在，人有意志自由，自由和意志是同义语，有意志就必有自由。人有意志自由就应该享有权利，自由意志是法的基础。黑格尔说：“法的基地一般说来是精神的东西，它的确定的地位和出发点是意志。意志是自由的，所以自由就构成法的实体和规定性。”[③]人伴随自由意志生而具有的权利，是人人都应该具有的一般的、自在的权利，是抽象的权利，在这种抽象的权利中财产所有权是根本，因为“人唯有在所有权中才是作为理性而存在的”[④]。自由意志作为特殊意志与自身本来的意愿相对立，而侵犯他人的权利就是犯罪。道德建立在对抽象法扬弃的基础上。道德是

---

① 〔美〕伯尔曼：《法律与宗教》，梁治平译，北京：商务印书馆，2017 年，第 7 页。

② 〔英〕洛克：《政府论》（下篇），叶启芳、瞿菊农译，北京：商务印书馆，2017 年，第 8 页。

③ 〔德〕黑格尔：《法哲学原理：或自然法和国家学纲要》，范扬、张企泰译，北京：商务印书馆，2017 年，第 12 页。

④ 〔德〕黑格尔：《法哲学原理：或自然法和国家学纲要》，范扬、张企泰译，北京：商务印书馆，2017 年，第 57 页。

法的真理，居于较高阶段，它是自由在人的主观心理的体现。道德是人内心的法，主观意志的法，自由意志借助外物实现自身就是抽象法，在内心中实现就是道德。抽象的、形式的法是客观的，道德是主观的，只有伦理才是主观与客观的统一。国家是绝对精神在伦理阶段上的最终实现，所以国家是伦理理念的现实，是伦理精神的体现，是自在自为的理性东西，是永恒的、绝对合理的东西，个人只有成为国家成员才能具有客观性、真理性和伦理性。人民和政党都要维护国家的权威。

近代以前的自然法诉诸外在客观性寻求法律正当性的基础，近代社会以后，资产阶级法学家和哲学家由外而内，转向内在主观理性世界寻求法律正当性的基础。自然法学的转向为实证主义法学的诞生埋下了伏笔。19世纪以后，实证主义作为一种社会思潮在西方社会流行。实证主义在事实与价值之间构筑出一条鸿沟，否认一切不能被经验验证的东西的真理性，形而上学问题从科学性知识体系中被剔除。伴随实证主义的流行，分析实证主义法学对自然法理论诉诸外在客观性和内在主观性寻求法律正当性基础的传统提出挑战，认为西方传统自然法理论构筑的法律正当性理论大厦的基础并不牢固。20世纪中叶以后，西方法学学者认识到法律正当性理论对于社会法治建设的必要性，富勒、罗尔斯、德沃金等法学家重新构建自然法理论，提出了新自然法理论。

二、实证主义的法律正当性理论

18世纪，英国哲学家休谟提出“休谟问题”，即事实认识与价值认识的关系问题，或者说是不是可以从事实判断推断出价值判断的问题。休谟认为以往学者都犯了一个严重的思维跳跃的错误，即不知不觉中从事实判断直接推导出价值判断。休谟说：“在我所遇到的每一个道德学体系中，我一向注意到，作者在一个时期中是照平常的推理方式进行的，确定了上帝的存在，或是对人事作了一番议论；可是突然之间，我却大吃一惊地发现，我所遇到的不再是命题中通常的‘是’与‘不是’等连系词，而是没有一个命题不是由一个‘应该’或一个‘不应该’联系起来的。这个变化虽是不知不觉的，却是有极其重大的关系的。因为这个应该或不应该既然表示一种新的关系或肯定，所以就必需加以论述和说明；同时对于这种似乎完全不可思议的事情，即这个新关系如何能由完全不同的另外一些关系推出来的，也应当举出理由加以说明。”①

① 〔英〕休谟：《人性论》，关文运译，北京：商务印书馆，2017年，第505—506页。

19 世纪中叶，法学家将实证主义运用于法学，实证主义法学兴起，自然法理论赋予法律正当性的基础受到实证主义法学的严重质疑甚至被彻底否定。实证主义法学的主要代表人物包括杰里米·边沁、约翰·奥斯丁、汉斯·凯尔森和哈特。

杰里米·边沁是较早将实证主义研究方法运用于法学，追求道德学和法学科学化的哲学家，他认为法律是主权者的命令。实证主义哲学强调学术研究要以准确的概念界定为基础，要明确区分学术概念和日常生活用语的差别，要区分学术概念中的情感因素和价值判断因素，保持学术概念的中性。边沁将实证主义方法运用于法学，强调法学应该区分阐释性法学和审查性法学，阐释性法学探讨法律是什么，研究实然法；审查性法学探讨法律应该怎么样，研究应然法。边沁认为在法学研究中区分二者意义重大，道德和法律是两种不同的协调社会生活的规范体系，应该严格区分二者之间的界限，应该防止道德对法律的侵蚀，法学研究要使用道德上的中性词汇，只有将道德判断从法学中剔除，才能使法学科学化，阐释性法学才是真正的科学的法学。法律的正当性来自法律实际实施的社会效率，即为最大多数人带来最大幸福，而不是自然法的正义。

奥斯丁认为法律是政治上占优势的主权者发布的、以制裁为后盾的命令，社会成员应该服从这些命令。奥斯丁强调是什么的问题和应该怎么样的问题是两种性质完全不同的问题，具体到法学中，法律是什么和法律应该怎么样是两个完全不同的问题。法可以分为神法、实证法、实证道德和隐喻之法，但是只有实证法才是真正的法律，所以法学应该只研究实证法。道德和法律是两种不同的社会现象，二者之间没有必然联系，即使是违背道德的，只要已经由主权者颁布为法律，就具有法律效力，就要在社会生活中贯彻，社会成员就要遵守，即“恶法亦法”。奥斯丁说：“在没有明确的宪法与法律规定的情况下，仅仅从一个规则违反了道德标准的事实，不能够说这个规则不是法律规则；以及，相反地，也不能仅仅从一个规则在道德上是值得赞扬的，就说它是一个法律规则了。”[①]奥斯丁反对将道德因素纳入法学的考量，主张道德不是法律正当性的基础。他认为法律的正当性问题就是合法性问题，社会成员的行为只要是合法的就是正当的。奥斯丁在实证主义道路上，显然比边沁走得更远，在边沁那里法律正当性还是一个有意义的法学问题，到奥斯丁这里法律正当性问题就被合法性问题取代了。奥斯丁思想的实质是取消了法律正当性问题。

① 〔英〕哈特：《法理学与哲学论文集》，支振锋译，北京：法律出版社，2005 年，第 62 页。

后来的实证主义法学家如凯尔森和哈特等，对实证主义法学做了进一步完善。但是区分事实认识和价值认识，将价值认识从法学研究中剔除，将法学科学化，始终是实证主义法学的共识。

实证主义法学为法学发展做出的贡献显而易见，其追求法学科学化使法学思想体系逻辑更加严密、表述更加精准，同时，其强调“恶法亦法”强化了法律的社会权威，增加了法律的实效性。但是，实证主义法学的缺陷也是非常明显的，取消法律正当性问题不仅取消了批评法律制度的合理性，减少了改进法律制度的动力，而且放弃法律正当性研究也就放弃了对法律制度合理性的论证，对于增加法律权威性也有明显消极影响。也就是说，它可能使法律的工具合理性越来越突出，但是法律的价值合理性却日益暗淡。

第二节　马克思基于劳动哲学的法律正当性理论

马克思在《莱茵报》工作期间，撰写了多篇政论文章。在这些文章中，马克思讨论了大量的法律问题,其中包含了丰富的关于法律正当性的思想。从《莱茵报》辞职后，马克思虽然没有再集中研究过法律问题，但是在讨论社会经济和政治问题的时候，也无数次探讨过相关法律问题。这些讨论中，也包含了他丰富的关于法律正当性的思想。

一、法律正当性基于主观与客观的辩证统一

马克思认为以往一切社会历史哲学都是唯心主义的，因为即使是唯物主义哲学家包括费尔巴哈，都不理解实践的意义，对世界、对象和感性，都只是从客体的直观形式去理解，而不是把它们当成人的感性活动、当作社会实践去理解，不是从主体方面去理解；当然唯心主义也不知道现实的、感性活动本身的意义，所以唯心主义从主观出发去认识世界，也就不可能从主体社会实践出发去把握世界。但“全部社会生活在本质上是实践的”[①]，只有从社会实践出发，才能解开社会历史的神秘面纱，使其露出真实面目。

马克思认为，在人类所有的社会实践中，物质生产劳动实践是最基本的社会实践，所以社会物质生活是一切社会生活的基础，社会物质生活中蕴含了社会文化现象的终极原因。劳动哲学主张从物质生产劳动实践出发

① 《马克思恩格斯文集》第1卷，北京：人民出版社，2009年，第501页。

把握世界，特别是把握社会历史。劳动是打开神秘的社会历史之门的金钥匙，恩格斯说他和马克思是找到这把金钥匙的人。这也是马克思和恩格斯创造的历史唯物主义的根本要义，也就是说历史唯物主义的本质是劳动历史观。

法律也是人类社会的一种文化现象，分析认识一切法律问题都要到社会物质生活中去找原因。马克思说："法的关系正像国家的形式一样，既不能从它们本身来理解，也不能从所谓人类精神的一般发展来理解，相反，它们根源于物质的生活关系，这种物质的生活关系的总和，黑格尔按照18世纪的英国人和法国人的先例，概括为'市民社会'，而对市民社会的解剖应该到政治经济学中去寻求。"①

法律作为社会意识与其他社会意识一样，都是社会物质生活的反映，物质生产劳动实践决定社会成员生活的形式、内容和水平。所以，法律必然伴随社会物质生产劳动实践的进步不断发生变化，必须与特定历史发展阶段的社会物质生产劳动实践相适应。具有正当性的法律体系对社会成员权利和义务的规定都应该是历史的、具体的。人的权利和义务不是抽象的，其形式、内容和水平都是由特定历史阶段的物质生产劳动实践决定的。为了特定历史时期社会物质生产劳动实践的需要，人们创造了各种各样的社会文化，包括法律。所以，不是法律创造了人，而是现实社会生活中的人们制定了法律制度。马克思说："在民主制中，国家制度本身只表现为一种规定，即人民的自我规定。在君主制中是国家制度的人民；在民主制中则是人民的国家制度。民主制是一切形式的国家制度的已经解开的谜。在这里，国家制度不仅自在地，不仅就其本质来说，而且就其存在、就其现实性来说，也在不断地被引回到自己的现实的基础、现实的人、现实的人民，并被设定为人民自己的作品。国家制度在这里表现出它的本来面目，即人的自由产物……正如同不是宗教创造人，而是人创造宗教一样，不是国家制度创造人民，而是人民创造国家制度。"②

当然这里的劳动指的不仅仅是直接创造物质财富的物质生产劳动，也包括组织和管理社会物质生产的劳动。物质生产劳动实践是主体与客体、主观与客观的辩证统一。从劳动出发认识法律，就是要在主体与客体的互动中，在主观与客观的统一中把握法律。法律是社会物质生活的反映，也是人的主观意志、主观愿望的体现。在阶级社会中，在社会物质生活中占

---

① 《马克思恩格斯文集》第2卷，北京：人民出版社，2009年，第591页。

② 《马克思恩格斯全集》第3卷，北京：人民出版社，2002年，第39—40页。

统治地位的阶级，为了巩固自己的统治地位，把自己的阶级意志贯彻到社会法律制度中，用国家权力机构强迫其他阶级接受。恩格斯在 1890 年 10 月 27 日致康拉德·施米特的信中说："在现代国家中，法不仅必须适应于总的经济状况，不仅必须是它的表现，而且还必须是不因内在矛盾而自相抵触的一种内部和谐一致的表现。而为了达到这一点，经济关系的忠实反映便日益受到破坏。法典越是不把一个阶级的统治鲜明地、不加缓和地、不加歪曲地表现出来（否则就违反了'法的概念'），这种现象就越常见。"①

一个社会的法律是社会物质生活的反映，也是统治阶级意志的体现。统治阶级的意志使社会法律制度脱离社会物质生产劳动实践多远，这个社会的法律制度就会缺乏多少正当性。

法律是统治阶级意志的体现，但是只有当统治阶级意志也在一定程度上体现全社会意志的时候，这种法律制度才具有正当性，这个阶级的统治才能持续下去。马克思在《黑格尔法哲学批判》中说，一个阶级要成为统治阶级，就应该"与整个社会亲如兄弟，汇合起来，与整个社会混为一体并且被看做和被认为是社会的总代表；在这瞬间，这个阶级的要求和权利真正成了社会本身的权利和要求，它真正是社会的头脑和社会的心脏。只有为了社会的普遍权利，特殊阶级才能要求普遍统治"②。不仅"只有为了社会的普遍权利，特殊阶级才能要求普遍统治"，而且一个阶级只有代表社会的普遍权利，才能实现对社会的普遍统治。

在劳动哲学视阈中认识法律正当性问题，法律正当性的基础或者依据就不是一个单纯的主观问题，也不是一个单纯的客观问题，只有在主体与客体互动的物质生产劳动实践中，才能准确把握法律的正当性问题。

二、法律正当性建构在事实与价值的辩证统一基础上

自然法学派将法律正当性建构在道德基础上，分析实证主义法学派将法律与道德分割开来，所以这两个学派虽然对法律正当性理论都做出了自己的贡献，但是都没有真正解决法律正当性问题。马克思从劳动哲学出发，强调在主体与客体的互动中认识事实与价值的关系问题，强调事实与价值的辩证统一关系。这为弥补自然法学派和分析实证主义法学派法律正当性理论的缺陷，提供了正确的方法论。

---

① 《马克思恩格斯文集》第 10 卷，北京：人民出版社，2009 年，第 598 页。

② 《马克思恩格斯文集》第 1 卷，北京：人民出版社，2009 年，第 14 页。

（一）法律正当性建构在法律体现事物的法理本质的基础上

法律正当性基于法律与社会物质生产劳动实践相适应，而特定历史时期，人们进行物质生产劳动实践的基础是客观的、既定的，立法者制定法律制度首先要把握社会物质生产劳动实践的客观环境，法律制度要体现社会物质生产劳动实践的客观环境的性质，所以，法律应该像自然规律反映自然现象一样，反映社会物质生活的实际情况。法学家只能发现法律，不能发明法律。马克思说："法律不应该逃避说真话的普遍义务。法律负有双重的义务这样做，因为它是事物的法理本质的普遍和真正的表达者。因此，事物的法理本质不能按法律行事，而法律倒必须按事物的法理本质行事。"[①]他还说："社会不是以法律为基础的。那是法学家们的幻想。相反地，法律应该以社会为基础。法律应该是社会共同的、由一定物质生产方式所产生的利益和需要的表现，而不是单个的个人恣意横行。现在我手里拿着的这本 Code Napoléon（拿破仑法典）并没有创立现代的资产阶级社会。相反地，产生于十八世纪并在十九世纪继续发展的资产阶级社会，只是在这本法典中找到了它的法律的表现。这一法典一旦不再适应社会关系，它就会变成一叠不值钱的废纸。"[②]由此可见，马克思认为法律制度必须客观地反映当时社会物质生产方式的特点，就像自然科学要客观地反映自然发展规律一样。既然如此，法学应该具有科学性，科学对于法学研究来说是不可或缺的研究方法。马克思说："法律不是压制自由的措施，正如重力定律不是阻止运动的措施一样。因为作为引力定律，重力定律推动着天体的永恒运动；而作为落体定律，只要我违反它而想在空中飞舞，它就要我的命。"[③]既然法律必须具有自然规律一样的性质，那么法律的正当性也就要建构在法律对事物的法理本质的客观反映的基础上，脱离事物客观性质的法律不具有正当性。

（二）法律正当性建构在保障人民利益的基础上

物质生产劳动实践不是完全客观的，而是主观见之于客观的活动。从劳动出发探讨法律正当性问题，不仅要重视物质生产劳动实践的客观环境，而且要重视人的主观意愿。法律制度不仅要随着物质生产劳动实践发展变化，也要在社会主体——人的主观意愿的指导下不断完善，日益契合人的主观愿望。也就是说，对于立法者来说，立法既要保证法律客观反映社会

---

① 《马克思恩格斯全集》第 1 卷，北京：人民出版社，1995 年，第 244 页。
② 《马克思恩格斯全集》第 6 卷，北京：人民出版社，1961 年，第 291—292 页。
③ 《马克思恩格斯全集》第 1 卷，北京：人民出版社，1995 年，第 176 页。

生活的实际情况，也要体现人们的价值追求，法律的正当性是法律在契合社会生活的实际情况的基础上，给予社会成员的最广泛的自由。马克思说："自由确实是人的本质,因此就连自由的反对者在反对自由的现实的同时也实现着自由；因此，他们想把曾被他们当作人类本性的装饰品而摒弃了的东西攫取过来，作为自己最珍贵的装饰品。没有一个人反对自由，如果有的话，最多也只是反对别人的自由。可见，各种自由向来就是存在的，不过有时表现为特殊的特权，有时表现为普遍的权利而已。"①

马克思认为自由是人的本质，人类一切文化发展都是为了获取更多的自由，但是自由并不是为所欲为，人的自由应该是人通过社会实践获取符合自然和社会发展必然性的自由。人的全面自由发展是人类文化发展的终极目标。所以，法律也是人们获取自由的文化方式。马克思说："法律不是压制自由的措施"，"恰恰相反，法律是肯定的、明确的、普遍的规范，在这些规范中自由获得了一种与个人无关的、理论的、不取决于个别人的任性的存在。法典就是人民自由的圣经"②。统治阶级作为立法者，自然会将自己的意志贯彻到法律中，让法律制度更充分地保障统治阶级的自由权利，但是如果法律过多保障统治阶级的自由权利，而践踏社会成员的普遍权利，这样的政府就是专制政府，这样的法律就是缺乏正当性的法律。

总之，法律正当性问题表面看是一个价值问题，但是只有辩证把握事实与价值之间的关系，认识到价值评价要建构在事实认知的基础上，才能正确把握法律正当性问题。从事实与价值辩证统一的角度把握法律正当性，就是强调法律既要反映社会物质生产劳动实践的实际情况，也要契合大多数社会成员特别是创造物质财富的劳动者的主观价值观念。

三、法律正当性基于个人利益与社会利益的辩证统一

在马克思劳动哲学视阈中，个人与社会的关系是辩证统一的关系。劳动者个人是实实在在的社会主体，尊重劳动，从根本上表现为尊重劳动者个人的权益。人类劳动从一开始就是社会性的，劳动都是在劳动组织中展开的，劳动组织也是社会主体。劳动者合作形成的劳动组织整体效益大于劳动者个人劳动效益之和，所以劳动组织的整体利益不是组织成员个人利益的机械累加。因此，正当的法律制度应该保证个人利益和社会利益的辩

① 《马克思恩格斯全集》第1卷，北京：人民出版社，1995年，第167页。

② 《马克思恩格斯全集》第1卷，北京：人民出版社，1995年，第176页。

证统一，也就是说，法律的正当性建构在法律作为个人权利保障手段和作为维护社会秩序手段的辩证统一的基础上。

（一）法律要保障个人利益和他人利益的辩证统一

法律要保障个人利益和他人利益的辩证统一，要做到充分保证每一个社会成员的个体权益不受伤害。在社会生活中，一个人对个人利益关系的处理，只要不涉及他人利益和社会整体利益，他的行为就不应该受到任何限制。而且，公正的法律制度应该只限制对他人利益和社会利益有危害的行为，而不能限制人们的思想。所以，法律只能干预人们的行为，不能惩罚人的思想。马克思说："只是由于我表现自己，只是由于我踏入现实的领域，我才进入受立法者支配的范围。对于法律来说，除了我的行为以外，我是根本不存在的，我根本不是法律的对象。我的行为就是法律在处置我时所应依据的唯一的东西，因为我的行为就是我为之要求生存权利、要求现实权利的唯一东西，而且因此我才受到现行法的支配。可是，追究倾向的法律不仅要惩罚我所做的，而且要惩罚我在行动以外所想的。所以，这种法律是对公民名誉的一种侮辱，是一种危害我的生存的法律。"[①]

自由是人的本性，正当的法律要充分保障人的思想自由。追究思想的法律侵害了公民最根本的生存自由。"追究倾向的法律，即没有规定客观标准的法律，是恐怖主义的法律；在罗伯斯比尔执政时期，国家在危急情况下所制定的就是这样的法律，在罗马皇帝们在位时期，国家在腐败不堪的情况下所制定的也是这样的法律，凡是不以当事人的行为本身而以他的思想作为主要标准的法律，无非是对非法行为的实际认可。"[②]法律追究人的思想会导致恐怖主义。历史上凡是追究思想犯罪的时期如罗伯斯庇尔时期和罗马皇帝时期，都是专制主义制造社会恐怖的时期。正当的法律应该带来社会秩序的和谐稳定，而不是制造社会恐怖。马克思说："追究思想的法律不是国家为它的公民颁布的法律，而是一个党派用来对付另一个党派的法律。追究倾向的法律取消了公民在法律面前的平等。这是制造分裂的法律，不是促进统一的法律，而一切制造分裂的法律都是反动的；这不是法律，而是特权。"[③]追究人们思想错误的法律将导致法律规范的客观性受到危害，而且法律规范如果不具有明确的客观含义，就会导致司法者或者执法者对法律规范随意解读，使他们成为社会的特权阶层。这样的

---

① 《马克思恩格斯全集》第1卷，北京：人民出版社，1995年，第121页。
② 《马克思恩格斯全集》第1卷，北京：人民出版社，1995年，第120页。
③ 《马克思恩格斯全集》第1卷，北京：人民出版社，1995年，第121页。

法律制度不仅不能保障每个公民的平等自由权，维护社会良序，反而会制造社会分裂，制造社会冲突。

要保证个人与他人利益的辩证统一，就一定要保障社会成员平等的社会地位。法律正当性要求法律必须赋予每一个社会成员同样的权利，同时要保证每一个社会成员在所有法律程序中能够得到平等对待。法律不能给予任何特权以保护，在法律程序中也不能使任何社会成员受到不平等的对待。马克思认为正当的法律应该尊重和保障人民群众普遍性的自由权利，给予每一个社会成员平等的对待。马克思在《莱茵报》工作期间的政论文章，运用理性主义法律理论批判封建特权，认为当时普鲁士的法律本质都是维护封建特权，保护少数贵族和富人的权利，践踏农民和其他社会弱势群体的利益。马克思在《关于林木盗窃法的辩论》一文中，批判普鲁士政府的林木盗窃法只是保护林木所有者的权益，而牺牲了广大农民的利益，国家的法律沦为了林木所有者的“奴仆”和工具，这样的法律缺乏正当性。马克思在《摩泽尔记者的辩护》一文中，强调当时普鲁士政府的法律伤害了摩泽尔河沿岸地区种植葡萄的农民的利益，不仅伤害了种植葡萄的农民的人格尊严而且危害了他们生存的基本权利。按照人的现实经济地位确定人应该享有的权利的国家法律没有起码的正当性。在《评普鲁士最近的书报检查令》《关于新闻出版自由和公布省等级会议辩论情况的辩论》中，马克思批判普鲁士的法律表面上赋予社会成员言论自由的权利，但同时为言论自由设定了一系列限制，最重要的是这些限制没有客观的、可把握的标准，而且把确定权给予书报检查官，赋予了书报检查官以特权，这样的法律是虚伪的，实际上是践踏社会成员言论自由权利的不正当的法律。

（二）法律要保障个人利益和社会利益的辩证统一

马克思的劳动哲学强调具有正当性的法律制度要保证个人利益和社会利益的辩证统一，具体体现为法律作为个人权利保障手段和维护社会良序手段的辩证统一，因此，法律就要在不危害社会秩序的前提下，赋予社会成员尽可能多的自由权利。对于社会公共权力来说，法无授权不可为；对于社会成员来说，法无禁止即可为。在任何社会中，法律都要追求个人利益和社会利益的辩证统一，不能以社会整体利益作为扼杀个人利益的充分理由，一个不尊重社会成员个人利益的社会必然是某个个人或者某些个人侵占他人或者社会利益的专制恐怖社会。当然，法律也不可能允许个人随意践踏他人利益和社会利益。

法律在个人利益和社会利益之间确定的具体界限在哪里，不是一个抽象的理论问题，而是一个具体的社会实践问题。法律应该给予社会成员最充分的自由权利，但是充分不是抽象的而是具体的，是由物质生产劳动实践的水平决定的。所以，在不同的社会历史时期，为了维护社会正常秩序，法律给予社会成员的具体权利是不同的。资本主义法律制度将维护社会成员的个人权利特别是个人财产所有权提升到核心价值观念的程度，是资本主义社会市场经济发展的要求。马克思说："我们越往前追溯历史，个人，从而也是进行生产的个人，就越表现为不独立，从属于一个较大的整体；最初还是十分自然地在家庭和扩大成为氏族的家庭中；后来是在由氏族间的冲突和融合而产生的各种形式的公社中。只有到 18 世纪，在'市民社会'中，社会联系的各种形式，对个人说来，才表现为只是达到他私人目的的手段，才表现为外在的必然性。但是，产生这种孤立个人的观点的时代，正是具有迄今为止最发达的社会关系（从这种观点看来是一般关系）的时代。"[①]资本主义法律制度的个人主义价值观具有市场经济的经济基础，所以，它具有历史必然和合理性。从法律正当性应该建立在社会客观实际情况的角度看，它也具有正当性。但是马克思认为资本主义市场经济存在生产资料私有制和社会化大生产的矛盾，这个矛盾必然导致资本主义市场经济制度的灭亡。因此，资本主义法律制度的个人主义价值观不是像资产阶级法学家说的那样是天经地义的，法律对个人私有财产占有权的极端保护，也是特定社会历史发展时期的产物，个人私有财产占有权不是永恒不变的天赋人权。

从社会历史发展的总趋势来看，社会给予个人的约束和限制应该越来越少，人类文明发展是社会成员个人自由权利不断丰富的过程，人的全面自由发展是人类社会的终极理想目标。

因此，在劳动哲学视阈中认识法律正当性问题，强调法律正当性要建立在个人利益和社会利益辩证统一的基础上。在特定的社会历史时期，法律给予社会成员多大的自由权利才是正当的，是由物质生产劳动实践的发展水平决定的。

四、法律正当性建构在历史、现实与未来的辩证统一基础上

马克思的劳动哲学认为人类物质生产劳动实践的不断发展变化是人类历史不断进步的根本原因。不同历史时期的物质生产劳动实践具有不同的特点，但是作为人类的物质生产劳动实践也有共同点。马克思说："因

---

① 《马克思恩格斯文集》第 8 卷，北京：人民出版社，2009 年，第 6 页。

此，说到生产，总是指在一定社会发展阶段上的生产——社会个人的生产。因而，好像只要一说到生产，我们或者就要把历史发展过程在它的各个阶段上一一加以研究，或者一开始就要声明，我们指的是某个一定的历史时代，例如，是现代资产阶级生产——这种生产事实上是我们研究的本题。可是，生产的一切时代有某些共同标志，共同规定。生产一般是一个抽象，但是只要它真正把共同点提出来，定下来，免得我们重复，它就是一个合理的抽象。不过，这个一般，或者说，经过比较而抽出来的共同点，本身就是有许多组成部分的、分为不同规定的东西。其中有些属于一切时代，另一些是几个时代共有的。"①

法律作为社会意识是对社会经济生活的反映，随着社会经济生活而发展变化。但是法律作为人类文化也有自身内在发展逻辑，法律文化中有的内容是随着物质生产劳动实践发展变化的，是属于一个时代的，有的属于几个时代，有的则可能属于更多时代。法律正当性意味着法律要伴随物质生产劳动实践不断发展，适应发展变化的社会现实需要，同时也要保持自身历史文化传统，法律正当性要建构在历史文化与社会现实的辩证统一基础上。每个民族都有自己的法律传统，但伴随人类文化融合，每个民族现代化法治建设都要坚持民族法律传统与追求人类未来发展相统一，实现民族传统的现代化。

（一）法律正当性建构在历史文化与社会现实的辩证统一基础上

任何民族文化的现代化都不是修建空中楼阁，民族文化的现代化不能忽视自己的民族传统。传统是历史文化积淀下来的现实文化因素，法治建设从现实情况出发，就意味着不能忽视民族传统文化。马克思在《关于林木盗窃法的辩论》中也强调国家法律应该适应民族历史文化特点，在森林里捡拾干树枝是社会习惯赋予农民的权利，应该被尊重。历史法学派从国家民族的历史出发，强调一个国家的法治建设不能脱离其历史传统、习惯法、法律形成与发展的历史基础、民族文化和民族精神，是应该肯定的，但是现实毕竟不是历史，所以符合历史文化不是法律正当性的充分理由。

社会法治建设应该尊重传统，但是不能拘泥于传统。不能希望仅仅用传统文化解决现代社会的问题。马克思在《历史法学派的哲学宣言》中，批判德国历史法学派的法学家过分强调法律的历史背景，强调法律既要尊重民族历史文化，更要立足现实。马克思说："一切发展中的事物都是不

---

① 《马克思恩格斯文集》第 8 卷，北京：人民出版社，2009 年，第 6—9 页。

完善的，而发展只有在死亡时才结束。”[①]“历史学派已把研究起源变成了自己的口号，它把自己对起源的爱好发展到了极端，以致要求船夫不在江河的干流上航行，而在江河的源头上航行。”[②]马克思在《〈黑格尔法哲学批判〉导言》中对历史法学派进行了其他方面的批判：“有个学派以昨天的卑鄙行为来说明今天的卑鄙行为是合法的，有个学派把农奴反抗鞭子——只要鞭子是陈旧的、祖传的、历史的鞭子——的每一声呐喊都宣布为叛乱”[③]。

法律的历史文化是现代法治建设的文化资源，同时，也可能成为现代化的障碍。马克思运用辩证思维，强调法律的正当性要建构在历史、现实和未来统一的基础上。从劳动辩证法的角度看问题，现实是历史的积淀，也是对历史的扬弃；同时，现实既是创造未来的基础，也可能是创造未来的障碍。因此，法治建设忽视民族历史文化传统，也就意味着法律不能真正从现实出发。现实是经过改造的历史，社会法治建设要尊重历史文化传统，也不能拘泥于历史文化传统，毕竟历史在进步，社会在前进。现实中实际存在的文化因素可能也会有过时、应时和超时的区别，所以，确立法律正当性必须立足于历史、现实与未来的对立统一。法律正当性意味着法律要尊重历史、尊重现实，更要昭示社会的发展方向。

（二）法律正当性建构在民族传统与人类未来发展方向的辩证统一基础上

在现实社会生活中，习惯法是维持社会秩序的重要力量。习惯法是社会历史长期发展积淀的结果，是不是符合现实社会发展的要求还要经过现实社会实践的检验。习惯法可能是优良传统的绵延，也可能是陈规陋习的苟延残喘。现代法治建设不仅要尊重历史，立足现实，也要有未来眼光，要彰显文明发展的方向。当然这不是说正当性法律可以赋予社会成员未来社会才能享有的权利，也不是说让现代社会成员承担未来社会成员应尽的义务，而是说，要有更广阔的世界眼光，要学习先进民族的法治建设经验，在立法和司法实践中要敢于消除习惯法中的陈规陋习，对昭示未来社会发展方向的行为应该宽宥、肯定和褒扬。

马克思相关的思想对中国特色社会主义法治建设具有极其重要的指导意义。改革开放初期，为了使经济体制改革能够尽快做到有法可依，在

---

① 《马克思恩格斯全集》第1卷，北京：人民出版社，1995年，第164页。
② 《马克思恩格斯全集》第1卷，北京：人民出版社，1995年，第229页。
③ 《马克思恩格斯文集》第1卷，北京：人民出版社，2009年，第5页。

一系列法律制度建设方面，我们照搬了西方社会的法律制度。这些法律制度在相当大程度上背离了中国传统伦理文化价值观和社会主义价值观，在社会生活中导致了一些混乱现象的出现。中国特色社会主义法治建设中的中国特色也没有能够得到真正彰显。中国特色社会主义法治建设必须以中华民族数千年的法律文化作为基础。习近平说："坚持从实际出发，就是要突出中国特色、实践特色、时代特色。要总结和运用党领导人民实行法治的成功经验，围绕社会主义法治建设重大理论和实践问题，不断丰富和发展符合中国实际、具有中国特色、体现社会发展规律的社会主义法治理论，为依法治国提供理论指导和学理支撑。我们的先人们早就开始探索如何驾驭人类自身这个重大课题，春秋战国时期就有了自成体系的成文法典，汉唐时期形成了比较完备的法典。我国古代法制蕴含着十分丰富的智慧和资源，中华法系在世界几大法系中独树一帜。要注意研究我国古代法制传统和成败得失，挖掘和传承中华法律文化精华，汲取营养、择善而用。"①

总之，法律正当性要求法律不仅要能够契合社会现实，也要符合民族传统文化特色，更要昭示民族文化现代化的价值指向。

第三节　马克思对传统法学的法律正当性理论的批判与超越

马克思的劳动哲学终结了以前唯物主义和唯心主义哲学斗争的历史，在本体论、方法论、历史观和价值观上都超越了以往哲学，掀起了人类哲学史的革命。马克思劳动哲学的法律正当性理论也超越了以往法哲学，不论是自然法学还是分析实证主义法学的法律正当性理论。

一、马克思对自然法学派法律正当性理论的批判与超越

马克思以前的哲学由于不能理解人的感性活动即社会实践的意义，所以不论是唯心主义哲学家还是唯物主义哲学家，他们的社会历史哲学都是唯心主义的，因此不能真正解释人类社会历史发展的规律，社会对于人类来说存在一系列不能解说的谜题。马克思创立劳动哲学，找到了劳动这把打开社会历史之谜的金钥匙。马克思说："全部社会生活在本质上是实践的。凡是把理论引向神秘主义的神秘东西，都能在人的实践中以及对这种

---

① 习近平：《习近平谈治国理政》第2卷，北京：外文出版社，2017年，第117—118页。

实践的理解中得到合理的解决。”①

哲学是世界观和方法论。在劳动哲学产生之前，由于社会历史哲学都是唯心主义的，所以人们对社会历史中重大问题的认识都存在重大偏差。劳动哲学产生以前的法哲学也都是唯心主义的，没有真正为法律正当性建构起坚实的理论基础。

古希腊罗马法学将法律的正当性建构在自然法的基础上，将人类社会的法律与自然规律相提并论，虽然也强调自然法契合人的理性，但把人的理性也看成是自然的。中世纪神学自然法理论将法律正当性的基础归于一种客观的外在的精神力量，也就是上帝，这与古希腊罗马的自然法学有差别，但是二者力求诉诸外在客观性寻求法律正当性的基础是相同的。近代社会以后，资产阶级法学家反对基督教，批判神学自然法学，将人的理性作为自然法的基础，将道德作为法律正当性的前提，主张法律正当性就是道德合理性，寻求法律正当性的思路从外在客观世界转向内心世界，他们以为对外在权威的信仰不如内在信仰的权威牢靠。不得不承认在一定时期和某些人那里这种努力是有结果的，但是随着时间流逝，他们的愿望往往成为镜花水月。近代理性主义自然法学在法律正当性上的这种努力，与整个近代社会思潮相关。不论是马丁·路德还是让·加尔文，他们进行基督教改革的目的都是破除基督教信仰者对外在权威的信仰，进而确立内心信仰的权威。经过路德和卡尔文改革以后的基督教新教，确实在一定程度上坚定了基督教信仰者的信仰，但是也真正拉开了基督教世俗化的序幕。对此，马克思说：“的确，路德战胜了虔信造成的奴役制，是因为他用信念造成的奴役制代替了它。他破除了对权威的信仰，是因为他恢复了信仰的权威。他把僧侣变成了世俗人，是因为他把世俗人变成了僧侣。他把人从外在的宗教笃诚解放出来，是因为他把宗教笃诚变成了人的内在世界。他把肉体从锁链中解放出来，是因为他给人的心灵套上了锁链。”②马克思对这种西方近代社会思潮的分析深入骨髓。实际上在中国思想史上，慧能之于佛教，以及王阳明之于儒家，也都有这样的意义，也都是力求把信仰者对外在权威的信仰，转化为内在信仰的权威。他们的目的都是想将世俗人改造得像僧侣一样虔诚，结果却是僧侣也世俗化了。所以，基督教新教改革开创了西方近代社会思潮的先河，为个人主义价值观的流行奠定了宗教文化基础。王阳明也开启了中国社会启蒙思潮的大门。理性主义自然法

① 《马克思恩格斯文集》第 1 卷，北京：人民出版社，2009 年，第 501 页。

② 《马克思恩格斯文集》第 1 卷，北京：人民出版社，2009 年，第 12 页。

学将法律正当性基础从外在世界转移到内在世界，其目的也在于要为法律正当性建构更牢靠的理论基础，建构一种更彻底的理论，一劳永逸地解决法律正当性问题。结果却适得其反，为实证主义法学消解法律正当性理论起到了推波助澜的作用。将信念的基础完全回归内在主观世界，让人们觉得信仰失去了外在的标准和尺度，信仰可能因此而虔诚，也可能消解了信仰的外在禁锢，让思想更自由、更率性，从而弱化信仰。

马克思从劳动哲学出发，既肯定了自然法学的理论贡献，也揭示了自然法学的理论缺陷。首先，马克思认为自然法学力求证明法律正当性的努力是有意义的。什么样的法律才是真正正当的法律是一个有意义的问题，对这个问题的探讨不仅可以为法律提供信仰基础，增加法律权威性，也可以促使人们反思现实法律制度的合理性,对现实法律制度进行反思和批判，而对现实法律制度的批判，是革命的前提之一。其次，自然法学确定的作为法律正当性依据的自然法也不是天经地义的,社会规律与自然规律不同，自然法也是伴随物质生产劳动实践发展而变化的。再次，自然法学派的法律正当性理论建构在唯心主义法哲学基础上，其理论尽管有贡献，但是没有找到法律正当性的真正社会基础。法律正当性问题不是一个纯粹客观的问题，也不是一个纯粹主观的问题。古希腊罗马自然法学和中世纪基督教神学自然法学不能从外在客观世界找到法律正当性的基础，近代理性主义自然法学也不能从人的内在世界找到法律正当性的基础。法律正当性问题是价值问题，价值问题是主体与客体、主观与客观的关系问题，只有在主体与客体、主观与客观的辩证统一中才能找到法律正当性的真正基础。最后，只有从社会实践出发特别是从物质生产劳动实践出发，才能真正建构起法律正当性的基础。马克思的劳动哲学主张，法律作为社会意识，其基础在社会经济生活中，法律的正当性建构在与特定社会历史时代的物质生产劳动实践相适应的基础上，法律的正当性在于能够维护物质生产方式，推动社会发展，给予社会成员更多自由权利。

二、马克思对分析实证主义法学法律正当性理论的批判与超越

18 世纪，伴随“休谟问题”的阐发，实证主义成为整个西方社会科学的普遍共识，事实与价值之间被西方学者构筑出一条不可逾越的鸿沟，不能以经验验证的认识的真理性被否定，形而上学问题从科学性认识中被剔除。19 世纪，伴随实证主义的滥觞，分析实证主义法学学派兴起。他们强调法学要科学化，自然法学派的法律正当性理论被作为纯粹的价值问题，从法学中被剔除。他们用合法性代替法律正当性。

马克思在一定程度上接受分析实证主义法学理论，但他也反对自然法学不区分价值和事实，把法律正当性完全建构在道德基础上，反对单纯从道德的视角看待法律问题，而是强调要认识法律现象背后的更深刻的社会原因，强调立法者要像自然科学家发现自然规律一样，去发现法律，而不是主观地创造法律。也就是说，马克思也认为法学应该追求科学化。另外，马克思也认同分析实证主义法学的法律要保证体系的逻辑一致性、保证社会成员依法选择自己的行为不会陷入自相矛盾的思想。马克思在《莱茵报》工作期间，对当时普鲁士书报检查令的一个批判就是，这是一个矛盾百出的法律，这样的法律制度使社会成员在社会生活中无所适从，这样的法律“要求我们的行为合乎法律，要求我们尊重法律，同时我们又必须尊重那些把我们置于法律之外而以任性取代法的制度”[①]。马克思认为这样的法律缺乏起码的正当性，违背了法律的本质，算不上是真正的法律，没有理由要求人们去遵守。对付这种法律制度的根本办法就是废除它。

马克思从劳动哲学出发，反对分析实证主义法学将事实认识与价值认识完全割裂，用合法性代替正当性，消除法律正当性问题的理论意义。马克思主张用劳动辩证法来把握事实与价值的辩证关系，主张区分事实认识与价值认识，同时强调事实认识与价值认识的内在联系，强调事实认识是价值认识的基础，价值认识不能脱离事实认识，也不能用事实认识取代价值认识。事实认识与价值认识的辩证关系，是认识一切社会问题都应该坚持的原则。在把握法律正当性问题时，也必须坚持事实认识与价值认识的辩证统一，法律正当性的基础是法律的科学性和人文性的统一。

在阶级社会中，法律作为统治阶级意志的体现是客观事实，但是，即使是阶级社会的法律也不应该仅仅是统治阶级意志的体现，也应该体现社会的普遍利益，应该合乎人性、合乎理性，体现自由、平等，这是法律正当的前提。马克思在《关于林木盗窃法的辩论》中抨击当时普鲁士的法律制度，就是强调这个法律只是维护特权阶级利益的工具，践踏了一般社会成员的利益。

所以对于分析实证主义法学，马克思一方面认可其法学科学化的追求，另一方面反对它把法学完全科学化，强调法律正当性应该是科学性与人文性的辩证统一。

---

① 《马克思恩格斯全集》第1卷，北京：人民出版社，1995年，第123页。

本 章 小 结

总之，马克思基于劳动哲学的法律正当性理论强调，法律正当性应该建构在物质生产劳动实践的基础上。契合物质生产劳动实践实际情况的科学性与彰显人民利益至上的价值追求的统一，以及个人利益保护与维护社会和谐的统一都是法律正当性的依据。法律正当性是一个有价值的法学问题，正当性与合法性具有不同含义，同时，法律正当性问题也不是一个形而上的神秘问题，而是一个明确的社会现实问题、具体的社会实践问题。马克思的法律正当性理论与自然法学和分析实证主义法学的法律正当性理论相比较，具有更多理论创新性和合理性。

结　语

马克思哲学是一个由劳动本体论、劳动辩证法、劳动历史观和劳动人道主义价值观构成的哲学体系。以往我国马克思哲学研究受苏联哲学家影响，将马克思哲学本体论理解为物质本体论，没有充分彰显在世界观上马克思超越以往唯物主义和唯心主义的哲学革命的意义；将马克思的辩证法理解为客观辩证法，作为世界的客观规律，没有凸显马克思劳动辩证法在主客体互动中把握世界的精粹。把唯物史观理解为物质本体论在社会历史哲学中的运用，遮蔽了马克思将世界、社会和人都置于物质生产劳动实践发展史中考察的劳动历史观的真意。受马克思哲学研究的影响，我国马克思法哲学研究，没有贯彻马克思从物质生产劳动实践出发阐发一切社会现象的劳动哲学特色，在法律起源、法律演化和法律本质等一系列问题上没有准确阐发原生态马克思法哲学思想。

在法律起源问题上，马克思主张劳动创造了人，创造了人对法律的需要，创造了协调关系的风俗习惯、原始禁忌和原始行为规范，奠定了法律的社会基础和文化基础。劳动分工特别是脑力劳动和体力劳动的分工是法律产生的主要社会原因。物质生产资料私有制则是法律制度和法律文化系统化的直接原因。马克思以前的法律起源理论不能从物质生产劳动出发认识社会问题，不理解客观必然性与主观能动性的辩证关系，所以既不能准确描述法律形成的客观过程，说明法律形成的主观和客观条件，也不能准确说明法律之为法律的正当合理性。

马克思的劳动哲学认为法律是物质生产劳动发展到一定阶段的产物，而不是像资产阶级法学家所说的那样是永恒理性的反映，是恒定不变的社会规则，而是不断发展变化的，其发展变化的总趋势是由物质生产劳动实践与法律自身内在逻辑相互作用决定的，特定历史时期的法律制度和法律文化的特点是由那个时代的物质生产劳动方式决定的。法律发展变化的具体轨迹是法律自身内在逻辑与社会经济、政治及各种文化现象合力作用的结果。

马克思强调法律本质在于其阶级性与全民性、科学性与价值性、个体性和社会性的对立统一。在马克思劳动哲学视阈中，法律既是统治阶级意志的体现，也是人民意志的体现；人类法律实践既要遵循客观规律也要维护人民利益；法律既是维护社会和谐的机制，也是社会成员个体自我权利保障的手段。马克思的法律本质思想较之西方法律思想史上的自然法学派、分析实证主义法学派等主流法学学派的理论，对法律本质的把握要更全面、更深刻。当前，我国法学关于法律本质的认识取得了重大成就，也存在许多问题，贯彻马克思劳动哲学的方法论，是解决这些问题的不二选择。

马克思主张法律价值既要适应法律事实，又要超越法律事实，引导对社会现实的批判和改造。马克思既反对资产阶级自然法学和理性法学的法律价值绝对主义，也反对分析实证主义法学的法律价值相对主义。马克思认为对正义、自由、平等等主要的法律价值观念的理解不能停留在抽象概念层面，它们都是物质生产劳动实践发展到一定阶段的产物，伴随物质生产劳动实践的发展不断变化。法律价值观念的具体价值取向取决于物质生产劳动实践的发展水平。资本主义社会的法律价值观念是工业化大生产和市场经济发展的产物，其本质是维护自由竞争的市场经济秩序，捍卫资本的利益所得。社会主义社会的法律价值观念是劳动者的价值观念，其本质是维护与劳动创造等比例的利益所得。只有到共产主义社会才能实现真正的社会正义，那时法律作为一种社会现象就进入历史博物馆了。

在马克思劳动哲学视阈中，法律不是社会生活的决定性因素，也不是无关紧要的因素。马克思既反对法律万能论，也反对法律虚无论。在阶级社会中，法律是统治阶级将其确立的社会权利分配格局规范化、程序化的社会制度。法律既是阶级统治的工具，也是人民自由的圣经；法律是阶级斗争的手段，也是进行社会管理的方式。法律制度是社会制度的核心，对社会经济、政治和文化发展都具有根本性影响。

马克思在批判西方传统法律正当性理论的基础上，创立了以劳动哲学为基础的法律正当性理论，强调法律正当性应该建构在主观与客观、事实与价值、个人与社会、历史与现实辩证统一的基础上。法律的正当性在于，法律既要反映社会物质生产劳动实践的实际情况，也要契合大多数社会成员特别是创造物质财富的劳动者的主观价值观念；既要充分保障社会成员的个人权利，也要维护社会秩序的和谐稳定。马克思的法律正当性理论较之自然法学派和分析实证主义法学派的法律正当性理论更具合理性。

参考书目

一、马克思主义经典著作

《马克思恩格斯选集》第1—4卷，北京：人民出版社，2012年。
《马克思恩格斯文集》第1—10卷，北京：人民出版社，2009年。
〔德〕恩格斯：《反杜林论》，中共中央马克思恩格斯列宁斯大林著作编译局编译，北京：人民出版社，2018年。
〔德〕恩格斯：《家庭、私有制和国家的起源》，中共中央马克思恩格斯列宁斯大林著作编译局编译，北京：人民出版社，2018年。
〔德〕马克思：《1844年经济学哲学手稿》，中共中央马克思恩格斯列宁斯大林著作编译局编译，北京：人民出版社，2018年。
〔德〕马克思：《哥达纲领批判》，中共中央马克思恩格斯列宁斯大林著作编译局编译，北京：人民出版社，2018年。
〔德〕马克思、恩格斯：《德意志意识形态（节选本）》，中共中央马克思恩格斯列宁斯大林著作编译局编译，北京：人民出版社，2018年。
〔德〕马克思、恩格斯：《共产党宣言》，中共中央马克思恩格斯列宁斯大林著作编译局编译，北京：人民出版社，2018年。

二、国内相关学术专著

本书编写组：《〈中共中央关于全面推进依法治国若干重大问题的决定〉辅导读本》，北京：人民出版社，2014年。
本书编写组：《全面推进依法治国学习读本》，北京：国家行政学院出版社，2014年。
蔡宝刚：《经济现象的法律逻辑：马克思法律反作用思想研究》，哈尔滨：黑龙江人民出版社，2003年。
曹刚：《道德难题与程序正义》，北京：北京大学出版社，2011年。
曹刚：《法律的道德批判》，南昌：江西人民出版社，2001年。
曹建民：《中国特色社会主义法治问题研究》，兰州：兰州大学出版社，2009年。
陈征楠：《法正当性问题的道德面向》，北京：中国政法大学出版社，2014年。
程凯：《社会转型期的纠纷解决研究：基于马克思主义法律思想中国化的研究视角》，广州：广东人民出版社，2017年。
迟方旭：《〈马克思恩格斯文集〉私法思想考论》，北京：中国社会科学出版社，2011年。
邓正来：《中国法学向何处去——建构“中国法律理想图景”时代的论纲》，北京：商务印书馆，2006年。
杜万华：《马克思法哲学与法律社会学理论研究》，北京：法律出版社，2003年。

樊晓磊：《马克思权利思想研究：以占有、劳动、分配为视角》，北京：法律出版社，2014年。
范笑迎：《国际法碎片下的WTO法律解释：正当性、合法性与宪法化解释》，天津：天津社会科学院出版社，2018年。
房香荣：《行政法学视角的马克思法哲学研究》，北京：人民出版社，2018年。
付子堂：《历史与实践之维：马克思主义法律思想时代化问题研究》，北京：法律出版社，2011年。
付子堂：《文本与实践之间：马克思主义法律思想中国化问题研究》，北京：法律出版社，2009年。
付子堂：《马克思主义法律思想研究》，北京：高等教育出版社，2005年。
葛洪义：《法理学教程》，北京：中国法制出版社，2000年。
葛洪义等：《法治中国：中国法治进程》，广州：广东人民出版社，2015年。
公丕祥：《全面依法治国》，南京：江苏人民出版社，2015年。
公丕祥：《法哲学与法制现代化》，南京：南京师范大学出版社，1998年。
公丕祥：《马克思法哲学思想述论》，郑州：河南人民出版社，1992年。
公丕祥：《马克思的法哲学革命》，杭州：浙江人民出版社，1987年。
公丕祥、龚廷泰：《马克思主义法律思想通史》第4卷，南京：南京师范大学出版社，2014年。
宫敬才：《重建马克思经济哲学传统》，北京：人民出版社，2018年。
宫敬才：《马克思经济哲学研究》，北京：人民出版社，2014年。
宫敬才：《经济个人主义的哲学研究》，北京：中国社会科学出版社，2004年。
龚群：《追问正义：西方政治伦理思想研究》，北京：北京大学出版社，2017年。
贺汉魂：《回到马克思、培育和谐美：马克思劳动伦理思想现代解码》，北京：光明日报出版社，2017年。
贺善侃：《实践主体论》，上海：学林出版社，2001年。
胡光宇：《中国治理：依法治国 让社会更加公平正义》，北京：清华大学出版社，2015年。
黄建都：《〈黑格尔法哲学批判〉文本思想及当代价值研究》，北京：人民出版社，2019年。
江必新：《辩证司法观及其应用》，北京：中国法制出版社，2014年。
江必新：《法治政府的制度逻辑与理性构建》，北京：中国法制出版社，2014年。
江必新：《领导干部的法治思维与法治方式》，北京：中国法制出版社，2014年。
蒋传光：《马克思主义法律思想中国化理论与实践研究》，北京：中国法制出版社，2013年。
靳松、江优优：《正义与平等：马克思法哲学理论的现实批判意蕴》，郑州：河南人民出版社，2017年。
黎国智：《马克思主义法学论著选读》，北京：中国政法大学出版社，1993年。
李光灿、吕世伦：《马克思恩格斯法律思想史》，北京：法律出版社，1991年。
李建华等：《法律伦理学》，长沙：中南大学出版社，2002年。
李凯林：《马克思劳动主体性思想研究》，北京：北京出版社，1996年。
李可：《马克思恩格斯环境法律思想研究》，北京：法律出版社，2006年。
梁治平：《法辨：中国法的过去、现在与未来》，北京：中国政法大学出版社，2002年。

林端：《儒家伦理与法律文化：社会学观点的探索》，北京：中国政法大学出版社，2002 年。
刘爱龙：《立法的伦理分析》，北京：法律出版社，2008 年。
刘日明：《马克思法哲学理论的当代意义》，上海：同济大学出版社，2016 年。
刘学灵：《社会主义法律学说史论》，上海：上海远东出版社，1993 年。
刘杨：《法律正当性观念的转变：以近代西方两大法学派为中心的研究》，北京：北京大学出版社，2008 年。
刘永佶：《劳动主义》，北京：中国经济出版社，2011 年。
刘永佶：《劳动人道主义——马克思主义的原则》，郑州：河南人民出版社，1997 年。
罗志坚：《法治中国：不懈的价值追求》，南昌：江西人民出版社，2015 年。
吕世伦、叶传星：《马克思恩格斯法律思想研究》，北京：中国人民大学出版社，2018 年。
马东景：《马克思法哲学思想研究》，南宁：广西人民出版社，2018 年。
马军：《马克思"劳动自由"思想的当代解读》，北京：中国社会科学出版社，2021 年。
马朱炎、邵诚、葛洪义：《马克思恩格斯法律思想述要》，北京：中国政法大学出版社，1992 年。
毛勒堂：《经济生活世界的意义追问 经济正义与和谐社会的构建》，北京：人民出版社，2011 年。
毛信庄：《〈资本论〉法律思想研究》，上海：上海三联书店，1992 年。
莫纪宏：《全面推进依法治国党员干部读本：以案释法版》，北京：中国民主法制出版社，2016 年。
莫纪宏：《法治中国的宪法基础》，北京：社会科学文献出版社，2014 年。
彭道伦、汪永忠、谢小庆：《新常态下的法治国家建设研究》，北京：红旗出版社，2016 年。
秦国荣：《市民社会与法的内在逻辑——马克思的思想及其时代意义》，北京：社会科学文献出版社，2006 年。
秦国荣：《马克思市民社会与法律发展思想述论》，北京：社会科学文献出版社，2006 年。
全国人大常委会办公厅研究室、中国社会科学院法学研究所：《马克思恩格斯列宁斯大林论法》，北京：法律出版社，1986 年。
任岳鹏：《西方马克思主义法学》，北京：法律出版社，2008 年。
荣兆梓等：《劳动平等论：完善社会主义基本经济制度研究》，北京：社会科学文献出版社，2013 年。
沈慧：《马克思法哲学思想与当代中国法治建设》，长春：东北师范大学出版社，2019 年。
石文龙：《法伦理学》，北京：中国法制出版社，2006 年。
司春燕：《马克思恩格斯法正义观研究》，北京：人民出版社，2014 年。
宋秉武、赵菁、杨栋：《马克思主义法律思想研究》，北京：中国社会科学出版社，2017 年。
粟丹：《立法平等问题研究》，北京：知识产权出版社，2010 年。
唐丰鹤：《在经验和规范之间正当性的范式转换》，北京：法律出版社，2014 年。
王江松：《劳动哲学》，北京：人民出版社，2012 年。

王文臣：《论马克思哲学的劳动概念与历史唯物主义》，上海：上海社会科学院出版社，2013年。
王昕杰、乔法容：《劳动伦理学》，开封：河南大学出版社，1989年。
王政勋：《刑法的正当性》，北京：北京大学出版社，2008年。
王政勋：《正当行为论》，北京：法律出版社，2000年。
吴学东：《马克思的劳动思想研究》，北京：中国社会科学出版社，2018年。
武建敏：《实践法哲学：理论与方法》，北京：中国检察出版社，2015年。
武建敏：《马克思法哲学的当代阐释》，北京：中国检察出版社，2013年。
习近平：《习近平谈治国理政》第3卷，北京：外文出版社，2020年。
习近平：《习近平谈治国理政》第1卷，北京：外文出版社，2018年。
习近平：《习近平谈治国理政》第2卷，北京：外文出版社，2017年。
夏明月：《劳动伦理研究：和谐劳动关系与和谐社会构建》，北京：人民出版社，2012年。
夏一璞：《中国特色社会主义劳动观研究》，北京：首都经济贸易大学出版社，2017年。
肖小芳：《道德与法律哈特、德沃金与哈贝马斯对法律正当性的三种论证模式》，北京：光明日报出版社，2011年。
徐涤宇：《原因理论研究——关于合同、法律行为效力正当性的一种说明模式》，北京：中国政法大学出版社，2005年。
徐显明：《以人为本与法律发展》，济南：山东人民出版社，2008年。
徐显明：《法治与社会公平》，济南：山东人民出版社，2007年。
杨绪盟：《民主党派与依法治国》，北京：人民出版社，2015年。
俞可平：《国家底线：公平正义与依法治国》，北京：中央编译出版社，2014年。
张波：《马克思主义法律思想中国化路径研究》，北京：人民出版社，2011年。
张文显：《二十世纪西方法哲学思潮研究》，北京：法律出版社，2006年。
张文显：《马克思主义法理学——理论、方法和前沿》，北京：高等教育出版社，2003年。
张文显等：《全面依法治国 迈向国家治理新境界》，北京：党建读物出版社，2017年。
张小军：《马克思主义法学理论在中国的传播与发展（1919—1966）》，北京：中国人民大学出版社，2016年。
张雄：《经济哲学：从历史哲学向经济哲学的跨越》，昆明：云南人民出版社，2002年。
张雄：《市场经济中的非理性世界》，上海：立信会计出版社，1995年。
张雄：《历史转折论 —— 一种实践主体发展哲学的思考》，上海：上海社会科学院出版社，1994年。
中共中央文献研究室：《习近平关于全面依法治国论述摘编》，北京：中央文献出版社，2015年。
中共中央宣传部：《习近平总书记系列重要讲话读本》，北京：学习出版社、人民出版社，2016年。
中共中央政法委员会：《社会主义法治理念读本》，北京：中国长安出版社，2009年。
周尚君：《自由主义之后的自由：马克思〈巴黎手稿〉的法哲学问题》，北京：法律出版社，2010年。

三、国外相关学术专著

〔美〕阿伦特：《马克思与西方政治思想传统》，孙传钊译，南京：江苏人民出版社，2007年。
〔美〕艾伦·布坎南：《马克思与正义》，林进平译，北京：人民出版社，2013年。
〔英〕巴里：《正义诸理论》，孙晓春、曹海军译，长春：吉林人民出版社，2004年。
〔美〕本杰明·卡多佐：《司法过程的性质》，苏力译，北京：商务印书馆，2011年。
〔英〕边沁：《道德与立法原理导论》，时殷弘译，北京：商务印书馆，2000年。
〔美〕波斯纳：《法律的经济分析》上、下卷，蒋兆康译，北京：大百科全书出版社，1997年。
〔美〕伯尔曼：《法律与革命》第1卷，贺卫方等译，北京：法律出版社，2008年。
〔美〕伯尔曼：《法律与革命》第2卷，袁瑜琤、苗文龙译，北京：法律出版社，2008年。
〔古罗马〕查士丁尼：《法学总论》，张企泰译，北京：商务印书馆，2011年。
〔加〕大卫·戴岑豪斯：《合法性与正当性：魏玛时代的施米特、凯尔森与海勒》，刘毅译，北京：商务印书馆，2013年。
〔英〕戴维·麦克莱伦：《马克思传》，王珍译，北京：中国人民大学出版社，2016年。
〔美〕德沃金：《认真对待权利》，信春鹰、吴玉章译，北京：中国大百科全书出版社，1998年。
〔美〕德沃金：《法律帝国》，李常青译，北京：中国大百科全书出版社，1996年。
〔德〕费希特：《自然法权基础》，谢地坤、程志民译，北京：商务印书馆，2004年。
〔美〕富勒：《法律的道德性》，郑戈译，北京：商务印书馆，2005年。
〔英〕哈耶克：《个人主义与经济秩序》，邓正来译，北京：三联书店，2003年。
〔英〕哈耶克：《法律、立法与自由》第1—3卷，邓正来等译，北京：中国大百科全书出版社，2000年。
〔英〕哈耶克：《自由秩序原理》上、下卷，邓正来译，北京：三联书店，1997年。
〔德〕黑格尔：《法哲学原理：或自然法和国家学纲要》，范扬、张企泰译，北京：商务印书馆，2017年。
〔英〕亨利·梅因：《古代法》第1—3卷，高敏、瞿慧虹译，北京：九州出版社，2007年。
〔美〕黄宗智：《经验与理论：中国社会、经济与法律的实践历史研究》，北京：中国人民大学出版社，2007年。
〔奥〕凯尔森：《共产主义的法律理论》，王名扬译，北京：中国法制出版社，2004年。
〔美〕康芒斯：《资本主义的法律基础》，寿勉成译，北京：商务印书馆，2003年。
〔德〕考夫曼：《当代法哲学和法律理论导论》，郑永流译，北京：法律出版社，2002年。
〔英〕柯林斯：《马克思主义与法律》，邱昭继译，北京.法律出版社，2011年。
〔英〕科恩：《卡尔·马克思的历史理论——一种辩护》，段忠桥译，北京：高等教育出版社，2008年。
〔德〕马克斯·韦伯：《法律社会学 非正当性的支配》，康乐、简惠美译，上海：上海三联书店，2019年。
〔德〕马克斯·韦伯：《论经济与社会中的法律》，张乃根译，北京：中国大百科全书出版社，1998 年。
〔法〕孟德斯鸠：《论法的精神》上、下卷，许明龙译，北京：商务印书馆，2012 年。
〔意〕密拉格利亚：《比较法律哲学》，朱敏章等译，北京：中国政法大学出版社，2004 年。
〔美〕佩弗：《马克思主义、道德与社会正义》，吕梁山、李旸、周洪军译，北京：高等教育出版社，2010 年。
〔法〕皮埃尔·勒鲁：《论平等》，王允道译，北京：商务印书馆，2009 年。
〔美〕施特劳斯、克罗波西：《政治哲学史》，李天然等译，石家庄：河北人民出版社，1998 年。
〔美〕泰勒：《人们为什么遵守法律》，黄永译，北京：中国法制出版社，2015 年。
〔古罗马〕西塞罗：《国家篇 法律篇》，沈叔平、苏力译，北京：商务印书馆，2009 年。
〔英〕休谟：《道德原则研究》，曾晓平译，北京：商务印书馆，2010 年。
〔德〕伊曼努尔·康德：《道德形而上学原理》，苗力田译，上海：上海人民出版社，2012 年。

四、相关学术论文

陈瑞华：《程序正义的理论基础——评马修的“尊严价值理论”》，《中国法学》2000 年第 3 期。
法律文化研究中心：《法律的本质：一个虚构的神话》，《法学》1998 年第 1 期。
付子堂、崔燕：《马克思早期法律思想核心问题意识论析——以“起源语境”为考察判准》，《甘肃理论学刊》2012 年第 6 期。
高金榜：《法的起源探源——再论马克思主义的法起源观》，《中国地质大学学报（社会科学版）》2003 年第 3 期。
宫敬才：《论马克思的劳动历史唯物主义理论》，《北京师范大学学报（社会科学版）》2018 年第 3 期。
宫敬才：《诹论马克思的劳动哲学本体论（上）》，《河北学刊》2012 年第 5 期。
宫敬才：《诹论马克思的劳动哲学本体论（下）》，《河北学刊》2012 年第 6 期。
宫敬才：《“阿尔都塞问题”与“人学公式”的误读》，《马克思主义与现实》2011 年第 2 期。
宫敬才：《“两大发现”还是“七大发现”（上）》，《学术月刊》2011 年第 10 期。
宫敬才：《“两大发现”还是“七大发现”（下）》，《学术月刊》2011 年第 11 期。
贺军、汪雪梅：《法的起源、原始规范的价值基础及与公共权力异化的关系》，《船山学刊》2005 年第 2 期。
黄晓峰：《季卫东谈法治改革（上）》，《新华月报》2014 年第 9 期。
黄晓峰：《季卫东谈法治改革（下）》，《新华月报》2014 年第 10 期。
季卫东：《程序比较论》，《比较法研究》1993 年第 1 期。
蒋传光：《良法是法律正当性基础》，《中国司法》2015 年第 6 期。
李晓安、杨宏舟：《寻找法律秩序正当性基础——和谐社会的法律供给》，《政治与法律》2006 年第 3 期。
李晓辉：《法论证：现代法律的正当性基础》，《贵州民族大学学报（哲学社会科学版）》2015 年第 4 期。

梁兴国：《法的起源：国家性、伦理性、公共性及其它》，《政治与法律》2010 年第 8 期。
刘平：《法起源的论证基础辨析（上）》，《辽宁公安司法管理干部学院学报》2000 年第 2 期。
刘平：《论法起源的论证基础》，《中国社会科学院研究生院学报》2000 年第 4 期。
麻宝斌、杜平：《关于社会公平正义认知状况的调研》，《理论探索》2017 年第 6 期。
秦露：《依法治国之“法”》，《理论视野》2015 年第 10 期。
邱耕田、唐爱军：《论社会发展的三种机制》，《北京大学学报（哲学社会科学版）》2016 年第 6 期。
童之伟：《社会主要矛盾与法治中国建设的关联》，《法学》2017 年第 12 期。
童之伟：《当代中国应当确立什么样的法本质观——法的本质研究之三》，《法学》1998 年第 12 期。
徐显明：《处理好党与法关系的五个要点》，《民主与法制》2016 年第 9 期。
徐显明：《我们需要什么样的民主》，《求是》2016 年第 9 期。
张文显：《习近平的国家治理现代化思想论析》，《新丝路》2018 年第 5A 期。
张文显：《中国法治 40 年：历程、轨迹和经验》，《人民法治》2018 年第 11 期。
张文显：《关于构建中国特色法学体系的几个问题》，《中国大学教学》2017 年第 5 期。
郑文革：《法律正当性论证的实践理性范式——对“休谟问题”的回应》，《江汉学术》2018 年第 3 期。
祝小茗：《依法治国：治国理政的基本方略》，《长江论坛》2014 年第 5 期。

后　记

自 1980 年进入中国人民大学哲学系学习开始，我与哲学特别是马克思主义哲学和伦理学就结下了一辈子的缘分。20 世纪 80 年代的大学哲学专业特别突出马克思主义哲学的教学，中国人民大学哲学系尤其如此。四年的学习使我在马克思主义哲学中受益良多，很多观念成为影响我一生抉择的指导思想。现在，四十多年过去了，“马克思主义哲学原理”课上肖前、李秀林、王永祥、李淮春等老师们睿智的形象还一直深深印在脑海。当年，中国人民大学哲学专业非常重视马克思主义哲学原著的教学。记忆中《费尔巴哈与德国古典哲学的终结》《反杜林论》《唯物主义与经验批判主义》《哲学笔记》等著作都开设了一个学期的课程，而西方哲学课程特别是现代西方哲学课程的学习则较少。毕业时，很多同学因为课程中现代西方哲学内容较少感觉很遗憾。现在反思起来尽管马克思主义哲学的课程相对多一些，但是学习的原著主要集中在恩格斯和列宁的著作上，而没有涉及马克思的哲学原著。之所以这样，可能与中国人民大学哲学专业的苏联传统有关吧。马克思几乎没有专门的哲学著作，其哲学思想大都与其经济学思想融合在一起，以经济哲学的形式展现出来。工作以后，我才开始接触马克思的哲学著作《1844 年经济学哲学手稿》《哲学的贫困》《德意志意识形态》《1857—1858 年经济学手稿》《1861—1863 年经济学手稿》《1863—1865 年经济学手稿》《资本论》。真正全面了解马克思的哲学体系，则是跟随宫敬才教授攻读博士学位以后。宫敬才教授采取“回到原生态”的研究方法，将马克思哲学概括为一个由劳动哲学本体论、劳动辩证法、劳动历史观和劳动人道主义价值观构成的哲学体系，形成了对马克思哲学的辩证法和唯物史观的新认识：马克思哲学的特色就是从物质生产劳动实践出发认识世界，将整个世界和人类社会的每一种社会现象都置于物质生产劳动实践发展史中去考察。这既避免了以往唯物主义哲学单纯从客观物质世界出发认识世界的僵死性，也避免了唯心主义哲学单纯从主观精神出发认识世界的虚幻性。以此为指导思想再认识各种社会现象，能够对各种社会问题形成更加深刻的理解。

1984 年自中国人民大学毕业以后，我一直在河北大学哲学系从事马克思主义伦理学和宗教学的教学和研究工作。2000 年河北大学哲学系和法律系合并成立政法学院，需要开设法律伦理学课程，我开始更多了解法学知识，曾经给本科生和研究生开设过法律伦理课程。2016 年，我申请了河北省教育厅人文社会科学研究重大招标项目“劳动哲学视阈下马克思法律伦理思想研究”，2021 年课题研究成果《马克思法律伦理思想研究》在人民出版社出版，课题顺利结项。在课题研究过程中，我全面阅读了马克思法学思想的相关著作，对马克思的法学思想也有了更加系统的了解。为了全面认识马克思的法律伦理思想，我也阅读了很多国内马克思主义法学学者的学术著作和学术论文，发现以往我国马克思主义法学研究尽管取得了丰硕成果，但是囿于我国传统教科书的马克思主义哲学体系，对马克思法哲学思想的理解有诸多不够准确的地方，将马克思法哲学思想还原到其劳动哲学或者叫作经济哲学的哲学体系中去认识，才能更加准确把握马克思的法哲学思想。

2019 年 10 月卸任河北大学马克思主义学院院长后，没有了行政工作，我开始全身心地投入教学科研。2020 年春节后，新冠疫情肆虐，我有了更多时间居家阅读和思考。用了一年的时间，我完成了《马克思法哲学思想研究：基于劳动哲学视阈》一书的初稿。2021 年，申请了国家社会科学基金后期资助项目，并顺利获批立项。此外，本书最终能够顺利出版，也离不开科学出版社各位编辑老师的辛勤付出，在此，我表示衷心感谢！

黄云明

2022 年 12 月